日本語
ライブラリー

漢　字

沖森卓也

笹原宏之

[編著]

鳩野恵介

吉川雅之

尾山　慎

マシュー・ジスク

吉本　一

清水政明

[著]

朝倉書店

編著者

沖 森 卓 也	立教大学文学部	(1.1 節)
笹 原 宏 之	早稲田大学社会科学総合学術院	(1.3 節, 5.2 節)

著　者

鳩 野 恵 介	朝日新聞東京本社	(1.2 節, 2.1〜2.3 節, 3.3 節)
吉 川 雅 之	東京大学大学院総合文化研究科	(3.1 節, 7.1 節)
尾 山 　 慎	奈良女子大学研究院人文科学系	(3.2 節, 5.1 節, 6.1〜6.3 節)
マシュー・ジスク	山形大学大学院理工学研究科	(4.1〜4.4 節)
吉 本 　 一	東海大学国際教育センター	(7.2 節)
清 水 政 明	大阪大学大学院言語文化研究科	(7.3 節)

(執筆順)

はじめに

　漢字は中国語を書き表す文字体系として生み出されました．一方，日本語には固有の文字がなく，この漢字を借用することで，日本語として書きとどめられるようになりました．今日，日本語は漢字仮名交じり文で書かれますが，仮名（平仮名・片仮名）も漢字を母胎として生み出されたものです．

　このように，日本語に用いられる文字表記は漢字を基盤として体系づけられています．そこで，文字体系として重要な位置を占める漢字について詳しく知りたい，本格的に学びたいという方々を対象に，わかりやすく平易に解説した概説書として本書を編集しました．

　本書では，まず漢字の成り立ちから，その構成原理および歴史的発展を述べた上で，漢字の有する三つの側面，すなわち形音義（字形・字音・字義）というそれぞれの観点から，中国，そして日本における発展の経緯を余すところなく説き明かしました．その際，日本語の文字体系として用いられる場合の独自の発達という面にも留意し，特に，社会的位相や言語政策・国語教育にも言及しました．さらには，漢字文化圏であるアジアの各地域において，それぞれ独自に発展した経緯についても概観しました．

　漢字の歴史と発展についての理解を通して，日本語の表記体系についての認識を深める一方，漢字文化圏の各地域に対する意識を高めることで，グローバルな視点とともに，自らを相対化する契機となることを願っています．

　　2017 年 9 月

編 著 者

目　　　次

第1章　成り立ちからみた漢字 ………………………………………………1

　1.1　文字とその歴史 ………………………………………[沖森卓也]…1

　　1.1.1　文字の分類　　1

　　1.1.2　世界の文字　　1

　　1.1.3　文字の誕生　　2

　　1.1.4　子音文字とアルファベット　　3

　　1.1.5　漢字の前史　　4

　　1.1.6　甲骨文字の出現　　5

　1.2　漢字の構成 …………………………………………[鳩野恵介]…6

　　1.2.1　「六書」について　　6

　　1.2.2　象　　形　　8

　　1.2.3　指　　事　　9

　　1.2.4　形　　声　　10

　　1.2.5　会　　意　　11

　　1.2.6　転　　注　　11

　　1.2.7　仮　　借　　12

　1.3　漢字の出自 …………………………………………[笹原宏之]…13

　　1.3.1　中　　国　　13

　　1.3.2　中国周辺の地域と国家　　14

　　1.3.3　日本で用法が変えられた漢字　　15

　　1.3.4　日本で作られた漢字　　16

第2章　形からみた漢字 ……………………………………[鳩野恵介]…20

　2.1　書　　体 …………………………………………………………20

　　2.1.1　書体とは　　20

　　2.1.2　甲骨文字・金石文　　20

　　2.1.3　篆書・古文　　22

　　2.1.4　隷　　書　　24

　　2.1.5　草　　書　　25

iv 目 次

2.1.6 行 書 26

2.1.7 楷 書 26

2.1.8 明朝体，教科書体 27

2.2 字 体 ‥‥‥‥‥‥‥‥‥‥‥‥‥‥‥‥‥‥‥‥‥‥‥‥‥‥‥27

2.2.1 字体とは 27

2.2.2 異体字とは 29

2.2.3 正字・本字 30

2.2.4 旧字・新字・略字 32

2.2.5 俗字・誤字 33

2.2.6 動用字 34

2.3 字 形 ‥‥‥‥‥‥‥‥‥‥‥‥‥‥‥‥‥‥‥‥‥‥‥‥‥‥‥34

2.3.1 手書き字形 34

2.3.2 印刷字形 37

2.3.3 書 風 40

2.3.4 正誤に関与しない字形 41

第3章 音からみた漢字 ‥‥‥‥‥‥‥‥‥‥‥‥‥‥‥‥‥‥‥‥‥43

3.1 中国漢字音 ‥‥‥‥‥‥‥‥‥‥‥‥‥‥‥‥‥‥‥‥［吉川雅之］‥43

3.1.1 上古音 43

3.1.2 中古音 47

3.1.3 近古音 51

3.1.4 明清音 53

3.1.5 現代音 54

3.2 日本漢字音 ‥‥‥‥‥‥‥‥‥‥‥‥‥‥‥‥‥‥‥‥［尾山 慎］‥55

3.2.1 はじめに——日本漢字音 55

3.2.2 呉 音 56

3.2.3 漢 音 58

3.2.4 唐 音 60

3.2.5 慣用音 61

3.3 同 音 異 字 ‥‥‥‥‥‥‥‥‥‥‥‥‥‥‥‥‥‥‥［鳩野恵介］‥65

3.3.1 同音異字とは 65

3.3.2 日本漢字音と同音異字 67

3.3.3 声 訓 70

3.3.4 通仮・合音字 71

3.3.5 「同音の漢字による書きかえ」 72

目　　次　　　　　　　　　　v

第4章　義からみた漢字……………………………………………[マシュー・ジスク]…73
　4.1　漢字は如何にして意味を表すのか…………………………………………73
　4.2　字　　　義…………………………………………………………………75
　　4.2.1　本　義　75
　　4.2.2　転　義　78
　4.3　字　　　訓…………………………………………………………………85
　　4.3.1　日本語の「訓」と中国語の「訓」　85
　　4.3.2　和訓の誕生　86
　　4.3.3　和訓が字義に与えた影響と字義が和訓に与えた影響　88
　　4.3.4　同訓異字の問題　91
　4.4　字義から字訓へ──日本語表現の原動力としての漢字………………96

第5章　表記からみた漢字……………………………………………………97
　5.1　日本語表記と漢字……………………………………………[尾山　慎]…97
　　5.1.1　はじめに──「表記」という用語　97
　　5.1.2　日本語表記における漢字の存在感　97
　　5.1.3　書く行為と読む行為　103
　　5.1.4　漢字の"動態"と"静態"　105
　　5.1.5　おわりに──漢字は表記のなかで"稼働"する　110
　5.2　当て字（熟字訓，振り仮名）・文字表記のニュアンス………[笹原宏之]…111
　　5.2.1　当て字とは何か　111
　　5.2.2　熟字訓　115
　　5.2.3　当て字の分類　117
　　5.2.4　当て字と意識　118
　　5.2.5　当て字の現在と未来　119

第6章　社会からみた漢字……………………………………………[尾山　慎]…123
　6.1　漢字の位相──集団・場面…………………………………………………123
　　6.1.1　はじめに──「位相」と漢字使用　123
　　6.1.2　インターネット上の"スラング的表記"　124
　　6.1.3　位相語ではない語に当てるとき　126
　　6.1.4　文字レベルの位相　128
　　6.1.5　おわりに　129
　6.2　漢　字　政　策…………………………………………………………………129
　　6.2.1　常用漢字　129

vi 目 次

　　6.2.2　送り仮名　　133

　6.3　漢字教育 ……………………………………………………………135

　　6.3.1　はじめに——文字教育・学習　　135

　　6.3.2　義務教育——小学校　　137

　　6.3.3　義務教育——中学校　　139

　　6.3.4　まとめ——漢字教育と社会　　140

第7章　アジアのなかの漢字 ……………………………………………143

　7.1　中国・台湾・香港・シンガポール ………………………[吉川雅之]…143

　　7.1.1　中　国　　143

　　7.1.2　台　湾　　146

　　7.1.3　香　港　　149

　　7.1.4　シンガポール　　152

　7.2　韓国・北朝鮮 …………………………………………[吉本　一]…154

　　7.2.1　借字表記　　154

　　7.2.2　訓民正音　　158

　　7.2.3　韓国・北朝鮮の漢字・漢字語　　162

　7.3　ベトナム ………………………………………………[清水政明]…163

　　7.3.1　ベトナム漢字音　　163

　　7.3.2　字　喃　　165

　　7.3.3　ローマ字表記　　167

参 考 文 献 …………………………………………………………………170

索　　　引 …………………………………………………………………178

第1章　成り立ちからみた漢字

1.1　文字とその歴史

1.1.1　文字の分類

文字は言語を書き表す記号であり，体系としてまとまりをもっている．ある言語を書き表すために必要にして十分な要素として，それぞれの言語には文字体系が存する．言語には語や音という単位があるから，それに応じて文字は大きく次のように分類される．

表語文字は表意文字とも呼ばれてきたが，その一つである漢字を例にすると，「南」は中国語で［nán］，日本語の音で「ナン」を表すと同時に，〈みなみ〉という意味を表している．つまり，意味（語義）だけではなく，同時に音（語形）をも表し，全体として語という言語単位を表す記号である．従来，表音文字の「音」と対比させて，意味の側面に重点を置いたことから「表意文字」と呼ばれることが多かったが，その文字の性質からみると「表語文字」と呼ぶのが適切である．

これに対して，表音文字は言語の音だけを表す記号である．その音には，最小の単位である単音（音素）と，それが一まとまりをなし，前後に切れ目をもつものとして意識される音節とがある．これをそれぞれ単位として書き表した文字が単音文字，音節文字である．ローマ字や英語などのアルファベットは前者の，日本語の平仮名・片仮名は後者の代表的なものである．ただし，ハングルのように，単音文字であるが，音節相当で一まとまりの形をなすものもある．それとすこし性質が異なるが，インド系文字，例えばデーヴァナガリーも同じく音節を単位として一まとまりで表記される．

1.1.2　世界の文字

言語の数だけ文字体系が存するといってよいが，その多くは，別の言語から文字を借りて，それをもととしてその言語に特異な音韻を何らかの形で書き表すべく改良が

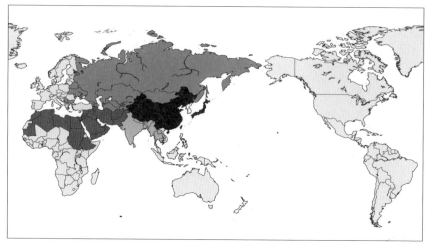

図 1.1　世界の主要文字圏概略図（河野ほか 2001）

加えられたり，また，独自に変化したりしたものである．近接する有力な地域・国家に文化的に大きな影響を受けるとともに，そこから文字を借用するのも自然な成り行きである．

　さて，それぞれの文字の歴史的な系統を遡っていくと，共通の祖先をもつ，いくつかの文字のグループにまとめられる．このような，系統を同じくする文字のグループを空間的な広がりとして捉えて「文字文化圏」と呼ぶことがある．世界の主要な文字文化圏として，漢字圏，インド系文字圏（これらの祖がブラーフミー文字である），ラテン文字圏，アラビア文字圏，キリル文字圏などがある（図 1.1）．

1.1.3　文字の誕生

　文字の起源が事物を描いた絵文字に遡ることは疑いのないところで，それが言語記号としての象形文字となったと考えられる．現在確認されている最古の文字はメソポタミアで用いられたシュメール文字である．このほか，エジプトのヒエログリフ，中国の漢字，マヤ文明のマヤ文字なども象形文字から発達したものであり，また，事物を書き表す単位，すなわち語に対応する表語文字でもある．文字は象形文字ならびに表語文字を起源としているが，それ以前には，縄や草などを結んで物事を表すことがあったかとみられる．

　シュメール文字の最古のものは，ウルク遺跡第 4 層（紀元前 3100 年ころ）のウル

1.1 文字とその歴史 3

表 1.1 楔形文字（河野ほか 2001）

	古拙文字	前 2350 年ころ	アッシリア文字	補注
会意				ka「顔，口」と ninda「パン」を会して kú「食べる」を表す.
指事				線の交叉によって kúr「敵，他人の，別の」などを指す.
形声				は意符で卵または穀粒，は音符 gig, gig「小麦」を表す.
仮借				temen「土塁」の音価の一部の類似から te「近寄る」にも使用.
転注				原意 utu「太陽」から ud「日」，babbar「白い」，zalag「清い」その他に転用.

ク古拙文字で，絵のような文字を尖った筆で線状に粘土板に書いたものである．後に，先を尖った状態に切った葦の茎で粘土板に押しつけて書くようになったため，角張った楔のような形状になった．そのような形から，これを楔形文字と呼ぶ．ウルク遺跡出土の粘土板には，家畜や麦などの物品名とその数量を記したものが数多く残されているが，象形文字が特定の概念と結びつき，やがて語だけでなく文の単位を書き表すようになると，行政上の記録，さらに宗教的儀式や王家の記録など，いわば政治的権力のシンボルとしても用いられていった．一般に，国家の規模が大きくなり複雑になると，構成員全体に音声では意思が伝達できず，文字によって伝え広める必要に迫られる．シュメール文字・ヒエログリフ・漢字など，文字の発明が国家の起源と密接に結びついているといわれるのはそのためである．

シュメール文字はすでに最古の資料において，表語文字の用法以外にも，音節を表す表音用法（漢字でいう仮借）の用法がみられる．ある語を表す文字をその語と同じ，または類似の音をもつ別の語にも用いる，いわゆる「当て字」の用法である．このように，表語文字は古くから音節，または音節の一部を表すという表音性をも兼ね備えていたことは注目される．その際，シュメール文字やヒエログリフなどでは，音形を借りると同時に，意味範疇を示す弁別的要素として限定符（determinative）を用いて記された．これは，漢字における，音を表す声符（音符）と，意味範疇を表す義符（意符）とからなる形声という構成原理と相通じる手法である（表 1.1）.

1.1.4 子音文字とアルファベット

エジプトのヒエログリフ（聖刻文字）は絵文字から発達したもので，シュメール文字とは体系的に異なる．シュメール文字のように音節を表記するという性質はなく母

図 1.2 半坡遺跡陶文（『西安半坡』文物出版社，1993 年）

音を無視した表音文字として発達し，書きやすい線形の字形に変形させて，特に子音だけを表記する純粋な表音文字の体系が派生した．このような単音文字を単子音文字と呼ぶ．それは，セム語族の言語は子音（ふつう3子音）だけで語根が構成されていたため，文脈によって母音（ふつう a・i・u の3種）を類推することができるという性質に即応するものであった．ただし，その表記法はシュメール文字の影響を受けた可能性も否定しきれない．

シュメール文字の系譜をひく単子音文字の一種であるフェニキア文字からアラム文字（紀元前900年ころ，シリア），ナバテア文字を経て，単子音文字の系統として400年ころにアラビア文字が生じ，イスラム教の普及とともに周辺に広まった．ブラーフミー文字はマウリヤ王朝第3代のアショーカ王によって造られた紀元前3世紀中葉の碑文にみられるものが最も古いが，すでに体系化された表記法が備わっている．その成立の経緯は明らかでないが，あるいはアラム文字から刺激を受けたものかもしない．ブラーフミー文字は各子音が母音 a を伴うという母音随伴型の子音文字で，他の母音と結合させる場合には記号を添加し，また子音だけで用いる場合には脱母音記号を付すという方法をとる．

また，単子音文字のフェニキア文字をギリシア人は借用し，ギリシア語に適応するように改変していった結果，新たに母音を表す文字が工夫されて，子音・母音ともに単音として把握するアルファベットの文字体系を紀元前1000年紀の初めころに作り上げた．これがエトルリア文字（紀元前800年ころ，イタリア）を経てラテン文字となり，広くヨーロッパに普及する一方，同じくギリシア文字から9世紀のグラゴル文字を経て，10世紀にキリル文字も成立した．

1.1.5 漢字の前史

1952年，西安市郊外の半坡村で，陶器の口縁部を帯状に黒く彩色した部分に刻まれた幾何学的な文様が発見された（図1.2）．半坡遺跡は新石器時代中期の紀元前5000年紀ころに黄河上流・中流域に出現した仰韶文化の代表的な遺跡で，その後，陶文（陶器や土器などに刻まれた記号）は陝西省臨潼県姜寨遺跡などからも発見されており，新石器時代文化だけでなく，殷の時代，さらには春秋戦国時代の山西省侯馬市牛村遺跡からも同じような模様が発掘されている．その意味用法は明らかにし難い

図 1.3 丁公遺跡陶文（『考古』1993 年第 4 期）

が，甲骨文字や金文などと並行して殷代以降も用いられていることからみると，漢字という文字体系とはもともと無関係の記号として使用されてきたとみるべきものであろう．

この仰韶文化に先立つ裴李崗文化（新石器時代）の，河南省舞陽県北舞渡鎮賈湖村の遺跡（一説に紀元前 8000 年まで遡るともいわれる）からは，亀の腹甲に刻まれた図像的な文様が発掘されている．甲骨文字に類似した形状ではあるが，単独で刻まれたもので，何かを象徴する記号ではあっても，単語（もしくは文字）を記したものとは考えにくい．その後も黄河下流域や長江下流域など広い範囲で，このような陶文が発見されている．特に，龍山文化晩期の「丁公陶文」（図 1.3）を出土した山東省鄒県丁公村などの，黄河下流域，淮河下流域にかけての地域は，中原からみると，東夷と呼ばれる異民族の地域であり，そこから陶文が発見されているということから，この地域には独自の記号体系が伝承されていて，漢字とは別の文字の存在も想像されている．

このように，漢字の前史には幾何学的，図像的な文様が数多く存在している．これらの原文字ともいうべき数多くの記号を基盤として，漢民族が中原の地に漢字を生み出したということになろう．

1.1.6　甲骨文字の出現

19 世紀末，河南省安陽市の郊外で，ある農民が模様を刻み込んだ古い骨を掘り出し，それを保存していたが，その後大きな肩胛骨を掘り当てるに及んで，これらは漢方薬で用いる龍骨ではないかと思い，薬屋に持ち込むと買い取ってくれたという．こうして掘り出された古い骨は薬屋に売られ，市中に出回るようになった 1899 年に，それに刻まれた模様が漢字の祖先に当たることが，金石学に詳しい王懿栄の気づくところとなった．彼は翌 1900 年，いわゆる義和団事件に乗じて外国の軍隊が北京に攻め入った責任を，守備すべき役目の長にある者として負って井戸に身を投げたが，その資料を買い取った劉鶚は，自らも蒐集したものを合わせたなかから 1058 点の拓本を『鉄

図 1.4 呉城遺跡陶文(『「漢字の歴史」展』大修館書店，1989年)

雲蔵亀』(1903年)と題して刊行した．これによって甲骨文字が世に知られることとなった．その後，甲骨文字の研究はただちに大きく進捗した．それは，殷周時代の青銅器の銘文に用いられた金文について北宋以来の研究の蓄積があり，高い研究レベルに達していたことから，それとの比較考察によって解読が比較的容易に進んだからであった．金文がなければ，甲骨文字の研究も今日のレベルに達することは困難であったとみられる．

殷の時代を二分して，前期を二里崗文化期，後期を殷墟文化期とも呼ぶが，その殷墟第一期の武丁の時代から甲骨文字がみえるようになり，また，盛んに用いられたが，それ以前の盤庚・小辛・小乙の時代には存在が確認されていない．このことから，紀元前13世紀ころに甲骨文字が用いられ始めたと推定されている．牛・鹿などの骨を卜占に用いることは，古く龍山文化の時代からみえるが，卜占の内容を甲骨（亀甲や獣の骨）に青銅製の刀で刻むようになるということは神の意志を尊重し，そのことばを視覚的に書き留めるという特殊な場が意識されたからにほかならない．祭政一致という「まつりごと」の場が漢字の誕生の一つの要因になっているといえよう．

ただ，文字を記した竹簡を紐で束ねた形状にかたどった「冊」，物を載せる台にかたどった「丌」の上に，その「冊」を置いた形からなる「典」，また，〈ふで〉の形をかたどった「聿」（「筆」のもととなる字）も確認できることから，甲骨に刻む以前に，すでに竹簡などに筆で書き記されていた可能性も高い．1987年には，殷墟遺跡から甲骨文字の出現よりも古い殷墟初期とみられる土器の破片に卜辞が朱書されたものも発掘されており，甲骨文字が漢字の濫觴であるとはまだ断言できない．殷墟第一期に突如甲骨文字が出現し，しかも，すでに複雑な構成法をもっているという点からみると，その成立過程にはまだ多くの謎がある．殷代前期の江西省清江県呉城遺跡（図1.4），河北省藁城県台西遺跡などから出土した陶文には甲骨文字にかなり似たものもあり，今後も新たな出土資料によってさまざまな事実が明らかにされるに違いない．

[沖森卓也]

1.2 漢字の構成

1.2.1 「六書」について

後漢のなかば，儒学者の許慎（字は叔重；58〜148または30〜124）が『説文解字』（以下，『説文』と呼ぶ）を著した（図1.5）．書名は，「文を説き字を解した」

1.2 漢字の構成

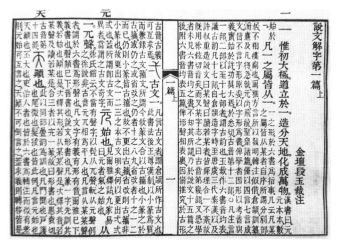

図 1.5 清の段玉裁が『説文』に注釈を施した『説文解字注』(経韻楼本). 双行になっているのが段氏の注釈部分.

書物であることを意味する.「文」はそれ以上分解できない「独体」を,「字」は独立した文字を二つ以上組み合わせてできた「合体」を表す(独体,合体については後述する).

同書は,末尾[*1]の序文(この序文を以下,「許叙(きょじょ)」と呼ぶ)および目録の一篇を合わせた全十五篇(三十巻)から成る. 9353 の漢字を採録して部首別に分類しているため,中国でできた最初の本格的な字書といわれるが,実用的な漢字字書というよりも,漢字の構成原理を説いた一種の思想書というべき性格をもつ. 原本は現存せず,最も古いのは 9 世紀前半ころの写本で,しかも断片の形でしか残っていない.

許慎の生きた時代には,殷周代の「甲骨文字」の存在は知られていなかったし,「金石文」を考究する学問分野もまだ発達していなかった. そのため許慎は,漢字の起源を考究するにあたって「小篆」を見出し字に掲げ,それを主として用いた. さらに必要に応じて「古文」や「籀文」も参照している(これらの各書体については 2.1 節参照).したがって,今日的観点からすると不徹底な点も少なからず見受けられるが,漢字をその構成原理に基づいて分類・整理した功績はきわめて大きいといえる.

『説文』が,漢字の字形や本来の意味を解釈するための分類基準として用いたのが

[*1] 序文はかつて末尾に付されるのが普通であった.『史記』の「太史公自序」などもその類である. なお,許叙の日付は永元 12 年 (100) の元日になっている. それで『説文』は西暦 100 年ころに編まれたらしいことがわかる.

「六書」という方法であった。六書とは、「象形・指事・形声・会意・転注・仮借」
の六つをいう。

　『説文』に先行して、前漢の劉歆（？〜23）による『七略』と、それを抜粋した
後漢の班固（32〜92）の『漢書』藝文志が、「象形・象事・象意・象声・転注・仮借」
という同様の分類形式に言及しており、後漢の鄭衆（？〜83）も、『周礼』地官の
保氏（職掌の一種）に施した注[*2]で「象形・処事・諧声・会意・転注・仮借」の六つ
をあげている。呼称はそれぞれに違うし、あげる順序も各々異なっているが、内容と
してはいずれも同じものを指すとみてよいだろう[*3]。

　今日では、『説文』における「象形・指事・形声・会意・転注・仮借」というのが
もっぱら六書の呼び名として使われるようになっている。『晋書』衛恒伝や、『魏書』
江式伝にみえるものもこれである。そこで以下は、この呼称によることとする。

　六書はその性質に基づき、「体」「用」の二つに大別することができる。体は「象形・
指事・形声・会意」の四つで、これらは「造字法」、すなわち「文字のできかた、構造」
に関わるものである。一方、「転注・仮借」の二つは用、つまりは「用字法」で、「文
字の使いかた、運用」に関わるものである。

　さらに前者の四つは、文字構造上の観点から、「象形・指事」と「形声・会意」と
の2類に分けることができる。「象形・指事」は、それ以上は分割できない基本的な
文字のパーツがそのまま文字となる独体＝単字（基本字）であり、「形声・会意」は、
単字の組み合わせによってできた合体＝複字（合成字）である[*4]。

　こうして六書は、「象形・指事」（独体）、「形声・会意」（合体）、「転注・仮借」（用）
の三つに分類され、結果的に「三耦」（耦は pair のこと）と呼ばれる整然とした体系
をなしていることになる。

1.2.2　象　　　形

　「象形」は六書のうち最も基本的なものである。これは文字どおり、物の形をかた
どって字形を作ったものを指す。

[*2] 『周礼』の本文は、「保氏掌諫王悪，而養国子以道，乃教之六藝，一曰五禮，……五曰六
書……（保氏は王の悪を諫むるを掌り、国子を養ふに道を以てす。乃ち之に六藝を教ふ。
一に曰く五禮，……五に曰く六書……）」となっている。文中の「六書」は、鄭衆の注
釈などによって象形等の「文字学の六書」と長らく解されてきたが、本来は「六種類の
書体」を表していたという見かたがある（詳細は阿辻 1985，1988 を参照）。

[*3] 「六書」そのものの呼称が異なっていることもある。例えば荀悦（148〜209）の『漢紀』
巻二十五は六書を「六本」と呼ぶ（阿辻 1985）。

[*4] 六書を「体」「用」の面から二分したのは、清の学者・戴震（1724〜1777）である。また、
「独体」「合体」の分類は、戴震の弟子・段玉裁（1735〜1815）の考えかたによっている。

1.2 漢字の構成

許叙には象形について,「象形者,畫成其物,隨體詰詘,日月是也(象形は画きて其の物を成し,体に随って詰詘す.日・月是れなり)」と述べられている.「詰詘」は「屈曲」と同義で,「折れ曲がること」である.「体に随って詰詘す」というのは,「対象物の見た目の特徴にあわせて筆画を屈曲させる」ことを意味していると考えられる.『説文』に掲げられた小篆は,楷書等と比べて曲線の多い書体であるから,なおさら屈曲の状態が意識されたことであろう.

ここには例字として「日」「月」があげてあるが,そのほか,次のような字も象形の例としてあげられる.

山 川 水 雨 人 目 口 馬 牛 羊 象 魚 鳥 鼠 亀

漢字のみならず,メソポタミアの「シュメール・アッカド文字」(楔形文字)やエジプトの「ヒエログリフ」(聖刻文字),ギリシア南方の「クレタ文字」なども,物の形をかたどるところから発達しており,象形は文字の原初的なありかたといえる.しかし,言語化の対象は目に見える具体物だけでなく,抽象的な概念である場合もありうるから,次に述べる指事という方法が要請されることになる.

1.2.3 指　　事

「指事」は,位置や状態など抽象的な概念を字形上で表したものを指す.象形に対応させて表現するなら,「事柄をかたどったもの」ということができる.前項の象形が具体物を絵画的に描き取ったものであるのとは違って,指事は抽象的な概念を印などで象徴的に表現したものといえる.

許叙には,「指事者,視而可識,察而見意,上下是也(指事は,視て識るべく,察して意を見る.上・下是れなり)」とある.「一目で見てそれとわかり,頭を働かせるとその意味を知ることができる」という意味であろう.

指事の例には,許叙があげた「上」「下」のほか,以下のようなものがある.

- 旦　（地平線から日が昇ることを表す）
- 刃　（刀に印をつけてその部分が「は」であることを指し示す）
- 本,末　（「木」の根や梢に印をつけて「もと」「すえ」であることを表す）

指事は,造字法を表す四体のなかでは所属字数が最も少ない[5].

---

[5] 朱駿声『説文通訓定声』(1848年刊)によると,『説文』採録字は,象形364字,指事125字,会意167字,形声7697字と分類されるという.もっともその大半は,「象形にして指事」「会意にして象形」のように二者を兼ねている.また同書は,転注例(ただし朱氏独自の解釈に基づいた転注)として7字,仮借例として115字をあげる.

1.2.4 形　　声

「形声」は，象形や指事によって造字された独体を二つ以上組み合わせた合体で，「諧声」ともいう．音を表す部位を備えているのが特徴で，その部分を「声符」「音符」「諧声符」などという．一方，義に関わる部分は「義符」または「意符」という．声符・義符の位置関係から，形声は次の六つに分類することができる（原田 1989）．

①左形右声（銅，銀，猫など）　②右形左声（鶏，歌，創など）

③上形下声（草，雲，簿など）　④上声下形（鷲，怒，盛など）

⑤外形内声（開，匣，裏など）　⑥外声内形（問，輿，膳など）

許叔には，「形聲者，以事爲名，取譬相成，江河是也（形声は，事を以て名と為し，譬を取って相成る．江・河是れなり）」とある．ここにあげられた例でいうと，「江」（長江のこと），「河」（黄河のこと）の左側の「氵」（さんずい）は「水に関係する」ことを表し（つまり義符），右側の「工」「可」はいずれも「コウ」「カ」という音のみしか表さず，義には関与しない．

一方，形声字の声符にも意味を求めようとする立場もある．この考えかたによると，「江」字の「工」は大地を縦に「つらぬいて」流れる意味を表し，「河」字の「可」はカギ形に「折れ曲がって」流れる意味を表すという．しかし，声符がどこまで意味を表すかという判断基準はきわめて曖昧なものである[*6]．

これと類似する説は古来あった．それを「右文説」[*7]といい，北宋代（960〜1127）に流行したことが知られている．この右文説が行きすぎると，漢字の表音機能をすべて否定して表意機能しか認めないことになる[*8]．では逆に，すべての声符に表音機能しか認めてはならないのかというと，それもまた行きすぎであろう．例えば，「肢」「枝」の声符「支」は「シ」（または「キ」）という音だけでなく「分岐」という義も表すだろうし，「清」「晴」「静」の声符「青」は「セイ」（または「ショウ」）という音のみならず「すみきった」という義も表すだろう．

このように，声符が何らかの意味を表している場合も考えられるため，会意（1.2.5 項参照）と形声とを明確に分類するのは困難である．そこで，両者を区別せずにまとめて「会意形声字」と呼ぶことがある．この方法によって作られた文字の数は，実に漢字全体の8割から9割を占めるといわれる．いずれにしても，独体を声符に利用す

[*6]　王（1980）は，後述の右文説をだいたいにおいて認めながら，音のたまたま似通った語を表す文字に同じ声符が用いられるケースもあることを述べている（p.619）.

[*7]　形声によって造字されたものは，文字の左部が義符で右部が声符になっていることが最も多いため，このように命名された．右文説は王聖美という人物が創始したとされている（沈括『夢渓筆談』巻十四による）.

[*8]　『字説』（現在は散佚）を著した王安石（1021〜1086）はその代表的存在である．

るという形声[*9]の確立が，漢字急増のきっかけとなったことは間違いない．

1.2.5 会　意

「会意」も形声と同じく，象形や指事で成立した独体を組み合わせて，別の新しい意味を表すために作った合体である．形声と異なるのは，声符を用いずに，義のみを利用して造字するという点である．例えば「休」字は，「人」が「木」にもたれかかって「休む」ことを意味すると説明される．この場合，「人」も「木」も声符の機能をもっていない．

許叙には，「會意者，比類合誼，以見指撝，武信是也（会意は，類を比して誼を合はせ，以て指撝を見はす．武・信是れなり）」とある．「誼」は「義」の本字とされるから，「合誼」は 2 字の「義」を合わせるということであろう．「指撝」は指し示すという意味．よって「合誼，以見指撝」は，全体で「2 字を合わせて別の意味を表す」ことだと考えられる．

ちなみに，ここにあげられた例字の「武」は，「戈」と「止」とを組み合わせて「戈を止める」ことを表すと解される場合があったし，現在でもそのように見なされることがある[*10]．しかし「止」は足の象形で，「進む」の義であるから，「武」字はもともと進軍の義を表したとみられる．

同様の俗解をもう 1 例みておく．例えば「明」字は，太陽と月とが同時に空に出ると「あかるい」から「日」「月」の会意になっているのだ，と説かれることが間々ある．しかし甲骨文字では，「明」の左部には窓枠を表す「囧」の形をしているものと，「日」の形をしているものとの 2 系統があり，元来は前者が「あかるい」の義を，後者は「あけがた」の義を表していたとおぼしい．後世に至って，それらが形の上でも義の面でも統合されたと考えられる（落合 2014：247）．

　　　朙：「あかるい」の義　⎫
　　　　　　　　　　　　　　⎬　明：「あかるい」「あけがた」
　　　明：「あけがた」の義　⎭

1.2.6 転　注

「転注」が用字法であることは論者の間で共通するが，その解釈はさまざまで，い

---

*9 　形声字のなかには例外的なものもある．例えば「歯（齒）」字は，上部の「止」が「シ」という音を表し，下部が歯をかたどった形になっている．甲骨文字では，この下部のみの形で「は」を意味する象形文字であったが，後に声符として「止」が加えられたのである．この場合は，形声にしてかつ象形ということができる．

*10 　この解釈の歴史は古く，『春秋左氏伝』宣公 12 年の条にすでにみえる．

まだに定説がない.『説文』本文では,掲出字が「象形の場合は「象形」と明示され,指事の場合は「指事」,会意の場合は「从某(从)某」,そして形声の場合は「从某某声」としてあるが,転注と仮借の場合はそのような」説明がなされない(河野 1978:47).それゆえ転注解釈は諸説紛々としているのである.

まず許叔には,「轉注者,建類一首,同意相受,考老是也(転注は,類を建て首を一にして,同意相受く.考・老是れなり)」とある.この文章の意味が解釈しにくく,したがって読みかたもさまざまである.「建類」は,会意について許叔が述べた「比類」に対応するものであろうが,「建類一首」「同意相受」のどちらに重点をおくかで,転注の解釈は変わってくる.またここでは,「考・老」の2字が転注の関係にあるといっており,この少ない挙例を根拠として,これまでに多くの解釈が提出されている.その主な説をあげる(河野 1978によった).

① 「老」という部首のもとに「考」字が属しているという説
② 「老」は「考」であり,また「考」は「老」であるとする「互訓」(互いに同種の意味をもつ)説[11]
③ 形声字のうち特に同義の字を指すという説
④ 既成の文字の意味や音の区別が曖昧になってきた時,それに他の文字を加えて字義を明らかにしたことを指すという説
⑤ 既成の文字を,音の関係ではなく意味上関連のある他の語に転用するという説(つまり同字異語を表すという説)

ここでは,⑤の河野六郎説を主に紹介することとしたい[12].河野は,転注例の一つとして「立」字をあげる.すなわち「立」は,「リツ」(たつ)以外に「イ」(くらい)の意味をも表していた.しかし,字義が曖昧になることを避け,後者の場合は後ににんべんを加えて「位」とした.河野によれば,「老・考」の関係も同様で,「老」字を「ロウ」のみならず「コウ(=考)」と読むことがあった.これでは字義が曖昧になるので,後者の場合は後に声符「丂」を加えて「考」としたのではないか――,という[13].

1.2.7 仮 借

「仮借」は,もともと表す字のなかった概念や事物を,別のある字でもって表現することをいう.これも転注と同じく用字法の一つである.

---

[11] 転注を互訓と考えた人物としては,清の戴震と,その弟子・段玉裁とが有名である.
[12] 河野説は,饒烱による④の説に修正を加えて発展させたものといえる.
[13] 河野によれば,現在も残る数少ない転注例としては,「楽」を「ガク」(音楽)・「ラク」(たのしい)と読み分ける同字異語があげられるという.

許叙には、「假借者，本無其字，依聲託事，令長是也（仮借は，本其の字無く，声に依りて事を託す．令・長是れなり）」とある．ただし，ここにあげられた「令」「長」の例がいささかわかりにくい．だからこれは「引伸義」*14 を表すのではないか，という説さえ生まれた．広義の仮借には複数のパターンがあって，以下の三つに分類することができる（洪 1984 などによる）．

① 造字の仮借：専用の字が作られず，既存の同音もしくは近似の音をもつ字を借りて表記される場合（例：新，然，莫など）

② 用字の仮借（1）：専用の字がもともとあったが用いられず，別の字を借りたままそれが専用字の地位に取って代わる場合（例：草，容など）*15

③ 用字の仮借（2）：常用の本字があるのに用いず，臨時的に同音もしくは近似の音をもつ字を借りて表記される場合（いわゆる当て字）

このうち③は主として訓詁学上の手法で，文字学上の仮借は①②を意味することが多い．①の例字「然」は，元来「もやす」の義であったが，「しかり」という義の語と近似する音だったため，その意味でも使われるようになった．また「莫」は，草むらの中に日が沈むことを表した象形字で，本来「くれる」の義であったが，近似の音の「なし」の意味も表すようになった．そこで新たに「火」を加えて「燃」字を作り，「日」を加えて「暮」字を作り，「もやす」「くれる」義をそれらの新しい字に担わせた．いわば機能分化を行ったわけである．

この場合，「然」「莫」などの本来の字（初文）に対して，仮借によって生まれた「燃」「暮」を「今文（今字）」「後起字」「後起本義字」という． ［鳩野恵介］

1.3　漢字の出自

1.3.1　中　　　国

漢字は，殷代中期に中国の黄河中下流域の地で出現した．甲骨を用いた占いを担当した貞人や王のことばを記す書記が造字を行うこともあったのだろうが，それより古くに原形があったとも考えられる．半坡遺跡から出土した陶器片には，「一」「个」のような線画が記されているものの文字として解読されてはいない．

当初，漢字は，殷の人々の言語を記すために使われていたが，西方から来てそれを

---

*14　引伸義とは，すなわち派生義である．例えば「道」字が「みち」だけでなく，「理」「才芸」をも表すようになるということ（洪 1984：134）．

*15　「くさ」にはもともと「屮」という字があったが，「どんぐり」の意味の「草」を借用し，「かたち」にはもともと「頌」という字があったが，「いれる」の義の「容」を借用したままそれらがついには本義となってしまった．

倒した周の人々が用いるようになり，周の言語を記すようになる．殷人の言語と周人の言語との間には，語彙だけでなく文法的な違いも存在したが，仮借や形声文字には共通するものがあり，その詳細は明らかではない．なお六書は後代になって，古代に遡及して設定された構成法と運用法であり，各字が何によって造られたのかはすべて解明できてはいない．

周は中原から版図を広げていくが，その標準的な言語は雅言と呼ばれ，それを記した文章は漢文と呼ばれるようになり，変化を止めない口語に対してそのまま維持される傾向をもち，文語としての地位を確立していく．

漢字は，中国文明のなかで生み出されたさまざまな事物を表す語を記述する．漢語を話す勢力の拡大とともにそれを表記する役割を担った．春秋戦国時代には，言語の異なる呉，越や楚などの各地でも漢字は読解の対象となり，やがてそうした国々も漢字を用いるようになった．それぞれの言語を正確に表記するためには，漢字に種々の応用，改変を加える必要があったが，漢字はその構造，要素ともにそれを受け入れる素地をもっていた．それらの人々が漢化するか少数民族のままでいるかにかかわらず，漢字を用い続ける人々は存在し続けた．

中国において漢字は，社会情勢の変化に応じて造字がなされてきた．それぞれの地（独立国も現れた）で独自の書体だけでなく，字義（地域訓や国訓；これらの「訓」は字義の意）や字体が生じ，さらに新たな字種（地域字や国字）が生じていた．

1.3.2　中国周辺の地域と国家

孤立語の特徴をもつシナ・チベット語族の中国語には，漢字の特に形声文字がよく適合した．古代漢語は，オノマトペの類を除けば基本的に単音節の語から成り立っており，そこに屈折・活用はなく，一つの漢字が1語を表記しえた（声調の別もあったが，字体に直接明示されることはなかった）．2字，3字から構成される熟語などに対しては，甲骨文，金文などでは合字が作られることもあった．

タイ・カダイ語族（かつては漢語と同一の祖語をもつとも考えられていた）に属するタイ系の言語も漢語と融合して方言を形成した．南方の福建語では唐代，広東語では清代以降，方言字が作られた．漢語の語彙を借用するにとどまった少数民族の一つ（現在，人口は少数民族のなかで最も多い）であるチワン族も自身のチワン語を表記するために唐宋のころから「㽞」（水田の意，na）などの字（おそらく「閂」「夬」などもそれに当たる）を作った．

同じく単音節で孤立語的な性質をもつオーストロアジア語族のベトナム語（もとは声調をもたなかった）を話す人々は，秦漢のころより中国の支配下に入ったが，10世紀に独立を果たした前後から民族語であるベトナム語を漢字で表記し始めた．典型的な字喃といえる造字は，襲来した元（モンゴル）を駆逐したころから盛んになされ，

1.3 漢字の出自 15

次第に形声文字が主流となった（字喃は日本でも江戸時代に知られるようになる）．チャム族など異民族の住む地にも版図を広げ，字喃にも時代差，個人差のほか地域差が生まれ，またタイー族などの字喃にも影響を及ぼした．

中国の西方では，ウイグルやチベットなどが独自の宗教や文字をもっていたために漢字は普及しなかったが，北方ではアルタイ系の鮮卑語（後にはモンゴル語や満州語）などを話す人々が暮らしていた．そうした土壌において六朝時代以降，「甦」（蘇）のような俗字のほか，それらの固有語や漢語に外来語として入ったものに「靴」「㲮㲮（フートン）」「圐圙（クーリュエ）」などの造字がなされた．アルタイ色の強い朝鮮語（韓国語）では，三国時代より造字が行われ，地域差も現れた．「畓」（水田の意，non，tap），「椋」（後述）のように朝鮮の国字や国訓，異体字などが日本に影響を及ぼすこともあった．

清朝で勅撰された字書『康熙字典』には，「団」など一部の歴史のある方言字のほか梵字，契丹文字・女真文字などに由来する漢字（朝鮮，日本の地名，人名用字とするものには譌字が多い）が，現代の『新華字典』などにも，広東語などの方言字「冇」，広西やベトナムの地名用字としてチワン文字「岜」や字喃「椥」「豝」，日本製漢字「畑」「腺」「鱈」など，方言字，外国製の漢字が部分的に収録された．「畑」は字喃にも灯りの意の形声文字としてあるが，そこではあくまでも日本人の姓として登録されている．「坌」のように同じ字体が日中韓越に別々の出自と用法によって存在しているケースもあり，字体衝突と捉えうる（ただし，それらによる混乱はまず起こらない）．「佛」の異体字「仸」は，時に「仸」と変形しながら周辺国へと広まって用いられた．

1.3.3 日本で用法が変えられた漢字

漢字は，紀元前後より中国大陸から直接日本に伝えられ，その後，朝鮮半島からも日本列島に断続的に伝えられた．当初日本では，それらの地での用法に従って漢字を使用していた．例えば，「樫」を「かし」（木の名）として用いるのは中国で生じた用法による訓読みである．また，「椋」を「くら」（蔵・倉）として用いるのは朝鮮で生じた用法によるもので，その意味（朝鮮の国訓）に従った訓読みである．

日本に伝来した漢字は，日本で用いられていくなかで，あらゆる点で日本化が起こった．例えば字音は，声母，韻母，声調のいずれにも日本語化が発生し，また旁などからの類推も行われ，ついには「輸（ユ）」「絢（ジュン）」など慣用音も派生した．

日本の人々によって漢文のなかで漢字が読まれるだけでなく，漢字で日本語（当初は主に和語）を表記するようになる．そうして漢字に中国とは異なる意味や用法を与えるケースが現れ始める．それを国訓と呼ぶ．こうした変容は，他の漢字圏にもみられるが，江戸時代に新井白石が『同文通考』において，それまでにあった中国の漢字とは字義が異なるものという概念を整理し，呼んだものである．国訓は，中国の漢字

の意味を変えたり，中国に同じ形の字があることを知らずに別の意味の字として作ったもの（形態上の衝突）である．つまり，加工と創作の結果が混在している．

国訓は，7世紀の木簡に，「椿」を万葉仮名で「つばき」と読ませたものが出土している．この字は，中国では霊木の名を指した．その後，「鮎」で「あゆ」（中国ではナマズ；鯰・粘と字音に共通性があった），「鮭」で「さけ」（中国ではフグ），「杜」で「もり」（「社」に基づくと考えられる；中国では木の名，コリンゴ，ふさぐ，杜甫などの姓）などと生み出された．漢字の意味や使いかたを派生させたり転用することによって，字音語にも「番」（バン；見張りの意）のような国訓が生じた．

たとえ日本の筆記者が新たな文字として創作行為をしたつもりでも，中国の著名な文献に先に同一の字体が存在していた場合には，国訓と見なされることがある．そうしたものも従来は，字義が日本で拡大，派生したものと合わせて国訓と一括りにされてきた．しかし，日本語の漢字を正確に把握するためには，個々の漢字や使用文献の来歴や伝播を捉えつつ個別に検討を加える必要がある．「杜（もり）」は，中国で姓，「杜絶」などの語で使用されていたことを知った識字者が，あえてその訓義を加えたものと考えられる．「串」もクシの義は国訓とされ，実際に奈良時代からみられるが，クシを表す漢字「弗」を「串」と記した例は中国でも仏典には存在し（笹原 2013），「鮑」「蚫」のアワビも国訓（後者は国字とも）とされてきたが金石文まで検討すると容易には断定しがたい（笹原 2012）．日中での造字による同形衝突なのか漢字義の日本での転義なのかは，出現した時代，文献の伝播の事実，字義，用法，使用媒体，位相の状況などから総合的に判断しなくてはならない．

「桜」（櫻）は，中国では，ユスラウメを表した．日本ではサクラと同定されたことで国訓となり，さらにソメイヨシノに用いられることが増え，中国製のこの略字は中国では廃れたが日本で当用漢字に採用された．その場合でも「観桜会」など漢字音で「オウ」と読まれることがある．近代に，中国にも移植され，「樱」（簡体字「櫻」）がying[1] という発音でサクラの字義を指すようになった．「回帰語」にならって「回帰字」や「回帰訓」と呼びうる．

1.3.4　日本で作られた漢字

日本の人々は中国の漢字を受け入れるなかで，中国や朝鮮での造字の影響を受けながら奈良時代以前から日本独自の漢字用法を生み出し，さらに独自の漢字を造り出してきた．そうして漢字の構成法と要素を模倣して日本で造られた文字を国字と呼ぶ．造り字，和字，倭字などとも呼ぶ．漢字系文字，擬製漢字の一つともされる[*16]．

[*16]　なお国字は，一国における標準的な文字体系や，和字などと同様に仮名（合字を含む）などのことを指すこともあるが，ここでは日本製漢字と，それに準ずる文字のことを

1.3 漢字の出自

　日本では，受容した漢字が血肉化しつつ普及するなかで，仮名よりも真名という価値意識や表現性を追求する意識を背景に国字が作られ続けた．国字は，天武天皇が『新字』というものを編纂させた時からあるとも説かれる．この記載が仮に史書編纂時に生じた潤色によるものだとしても，国字は奈良時代以前に出現していた．

　7世紀の金石文に「鵤（いかるが）」が法隆寺を指す「鵤大寺」として現れる．くちばしが角のように見えるところに着目して作られた会意文字と解しうる．漢語では「斑鳩」がよく用いられていたが，『和名類聚抄』にこの字を漢籍から引き，形声文字のように説く記述があり，佚存文字（中国製だが，ほとんど日本にしか残らなかった字）である可能性が残る．ただし，現存する漢籍には衝突する用例しかない．飛鳥池出土木簡には「𪍑」で「さらけ」（水を運んだり酒造するための底の浅い甕）といった国字もみられる（図 1.6；奈良時代には文書で，平安時代には『延喜式』で使われる）[*17]．

図 1.6 飛鳥池遺跡出土木簡の「𪍑（さらけ）」（奈良文化財研究所提供）

　7世紀末の戸籍帳には，「旱（くさか）」という熟字訓「日下」の合字が使われている．これは「旱」などの漢字が下敷きとなったと考えられる．熟字訓の合字化は，漢語で朝鮮でも用いられた「白田」に基づく「畠」なども該当しうる．

　『古事記』『日本書紀』には，「䩨（とも，ほむた）」という武具を表す国字も使われている（後者の中国系の渡来人が筆録したとされるいわゆるα群には，国字の使用がみられない）．この「革」は素材だが，「丙」は象用形用に選ばれたとの説がある．このころの国字「薦（くぼて）」の「冊」も，象形といわれている（「蓆」の異体字にも類似の字体はみられる）．

　奈良時代には，「鴫（しぎ）」（『万葉集』）のように動物，魚類に対する国字が出現

指す．漢字に包含されるが，漢字を中国製のものに限って狭く捉える場合，その対として国字という．

[*17] 最古の国字として，7世紀の金石文の「乎古」の1字めがあげられることがある．この人名は「まらこ」や「へ（乙類）こ」などと読まれ，「閇」つまり「閉」の中国北部，朝鮮での異体字に類似することが知られており，男陰を表すとみても国訓としか見なすことができない．異体字が国字と認定されることは「鴇（ちどり）」が変化した「鵆」など例が多い．なお女陰を表す字の一つ「屄」は，近世から国字と認定されてきたが，敦煌文書に同じ字義で用いられており，佚存文字であった（笹原 2016）．

する．漢字の形声文字「鷸（イツ，しぎ）」よりも理解しやすく感覚的に受け入れやすい字が求められたのだろう．平城京から出土した木簡や正倉院文書には，「鰯（いわし）」も用いられている．藤原京出土木簡などでは「伊和之」などの万葉仮名表記であったものが，1字の国字に切り替わったのである．

　日本で造られた国字は，和語（やまとことば）を訓読みとして表すものが多く，会意文字が大半を占める．国字に会意が多いのは，形声文字が漢語の音節を表すのに適していたのに対し，和語を訓読みとするためにはイメージを喚起しやすい会意の方法が文字の表意的な面と表語機能により即していたためであろう．

　構成要素の選びかたにも日本らしさが現れる．例えば「栬」もすでに現れているのだが，この「卆」という構成要素は後代まで好まれていく．中国でも六朝隋唐までは，「弄」を大まかな形と意味から俗字で「卆」と書くケースがあり，日本でも上代前後にはそうした俗字の影響を受けた使用が起きた．「華」よりも会意性の高い「花」も同様に日本で好まれた．「靴」を「鞾」と書く字体は中国でも敦煌文書にみられ，日本の正倉院文書に受け継がれている．「樺」を「椛」に変え，「糀」「𫄷（しつけ）」などを創造するに至った．「麻呂」は「麿」へと合字化するが，この背景には類似する合成パターンが中国に先にあること，「磨」のような下敷きとなりうる類例があること，「丸」のように1概念が1字で表記される傾向があることが考えられる．

　平安時代においては，『新撰字鏡』所引「小学篇」のなかの国字が注目される．これは，奈良時代の字書と推測されているが，「榊（さかき）」のように概念自体が日本にしかないものに対する国字もみられる．東国武士が扱われた『将門記』には「䎰（そぞろ）」（「静」の字の内部での同化による異体字としては中国に現れる．それに「情」が影響し，会意文字となったものか）が現れる．江戸時代の国学者，黒川春村はこの字に対する字誌的な記述と考証を行った．院政期ころには国字の種類が増える．『今昔物語集』には，「榊」を応用した「梻（しきみ）」や「俤（おもかげ）」といった国字も用いられる．「十（と）かける千（ち）は万」という木としてできたと考えられる「杤（とち）」が観智院本『類聚名義抄』に収録された．辞書に載る前に何らかの文献で使用されていたのであろう．その後も，中世，近世期には細分化する社会において国字は造られ続け，明治，大正期には衰えるものの，なおもメディアを通して新たに広まる字があり，辞書に採用されるものさえあった．

　漢字は，『大漢和辞典』には5万余りの字種を収めるが，そのうちで「国字」と明示された字は200種に満たない．「改定常用漢字表」（2010）では，2136の字種が公認されているが，そこに採用された国字は「働」「込」「畑」「腺」など10字程度にすぎない．「腺」は漢字圏に広まったが，出自から国字と言える（図1.7）．漢字「蜹」が日本で変化して生じた「蟎（だに）」は，今はほぼ中国や台湾でしか使われなくなった．しかし日本製の漢字と認定しうるものは各種の文献において数千種は存在し，

固有名詞の用字を含めれば今なお数百種は使用されている（笹原 2007a）．

造字は，時代の要請，書き手個人の理解字や着想に左右されるために，部首と旁との意味的な関係，選ばれた旁のもつ意味，字体の配置など必ずしも体系性をもってはいない．エビを例にとると，中国では漢語を表す形声文字の「鰕」や「蝦」であったが，日本では奈良時代以前からウミノオキナを表す「海老」が当てられてきた．それから室町時代に「蟦」，江戸時代には「蛯」となったという歴史がある．対義的にノノノオキナと呼ばれた「芋（トコロ）」とも，「鯔」（ボラなど）という国字とも異なる発生，構成と変化を経た．「蛯」は主に東日本で用いられた．近年，テレビや雑誌でタレントの蛯原友里が人気を得たため，「蛯」を理解字として読める人が若年層の女性に増加した（笹原 2007b, 2007c）．語誌だけでなく字誌や表記誌も記述することで，こうした国字の変化（時代差），変異（地域差，位相差）が捕捉でき，それによって定着や衰微の背景を探求することが可能となる．

図 1.7　国字「腺」(宇田川榛齋訳述（諏訪俊筆記)『医範提綱』巻 1)

[笹原宏之]

第2章　形からみた漢字

2.1　書　　体

2.1.1　書体とは

「書体」は，文字を書く際に現れる一まとまりの様式や傾向を指す（図2.1）．その様式は，文字を書く道具・文字の書かれる書写材料（用材ともいう）の違いや，地域や時代の相違によって少なからず異なっている．

現在，手書き文字として一般に広く使用される書体は「楷書」だが，その楷書が完成するまでに，漢字の形は，書く際の便宜などによってさまざまな変遷を遂げてきた．本節では，その歴史的変遷をたどることとしたい．

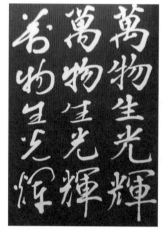

図2.1　（右から）楷書，行書，草書．江守（2000）より自筆の手本．

2.1.2　甲骨文字・金石文

黄河中流域の新石器文化（紀元前5000～前2500年ころ），いわゆる仰韶（ギョウショウ）（ヤンシャオ）文化で生まれた文様つきの彩陶に記された陶文は，文字というよりもむしろ原始的な記号にとどまっていたが，紀元前16～前11世紀の殷（商）代後期には，「甲骨文字」が大量に使われた．

甲骨文字は「甲骨文」「卜辞（ボクジ）」「亀甲獣骨文字」ともいわれる．その語が示すように，亀の腹側の甲羅（背側の甲羅もたまに用いられた）や，牛や羊の肩胛骨などに刻まれた文字を指す．しかし甲骨文字は，日常の用途ではなく，卜占（占い）に使用された．そしてその使い手も，王家に限定されたものでしかなかった．具体的には，占いの日付，その内容，判断，結果などを決まった形式で記す[*1]．占いの内容は，農事や軍事

[*1]　占いの方法は，まず甲羅や骨に小さな穴をいくつかうがち，火にかける．するとそこにひびが走る．卜人（貞人）と呼ばれる人物が，そのひびの入りかたによって吉凶などを

2.1 書体

図2.2 甲骨文の例．一旬（10日間）の末日に，次の一旬の吉凶を占う内容．白川（1972）より．

図2.3 周初に製作された鼎（上海博物院蔵）に刻まれた金文の拓本．「惟れ九月，王，宗周に在り」と始まる長文で，鼎の由来を伝える．白川（1971）より．

の吉凶，狩猟の日時に関するものなどで，祖先の霊や神におうかがいを立てる形式であった（図2.2）．

甲骨文字は1899年以降，殷代後期の祭祀陵墓跡（現在の河南省安陽市の西北郊外小屯村付近）で集中的に出土しており，これまでに20万片近くが見つかっている．現在でもすべて解読されたわけではなく，4000字ほどの文字が同定されたにすぎないともいわれる．

また，青銅器[*2]などの金属，石碑に刻んだ文章を「金石文(きんせきぶん)」といい，金属に記された文字を特に金文（または鐘鼎文(しょうてい)）という．鉄など硬い材質を使用する場合には，くぼみに金や銀などをはめ込んで象嵌に仕上げることもあった（図2.3）．

金文資料は，殷代から周代，春秋戦国時代にかけて一貫してみられるが，特に多くみられるのは西周代（紀元前1100年ころ～前771年）のものである．

青銅器等にどのようにして文字が鋳込まれたかについては諸説あるが，なめし革な

占う――，というものであったと考えられる．
[*2] 青銅器は，ほとんどが祭祀用の礼器として使用された．食料の煮炊きをする鼎(てい)・鬲(れき)・甗(げん)，酒器の爵・角・觚(こ)，水器の盤・匜(い)，楽器の鐘・鎛(はく)，武具の戈・矛・剣，農具の鏟(せん)など，用途や形状によって分類される．

どに筆で文字を書いたのを彫り込んで型として，それを鋳型となる粘土に押しつけて，浮き彫りにされた文字を作った，という説が有力である．

金文はやがて，太さが均一で曲線的な形となり，字の大きさや行間も次第に整えられていった．このような展開は，「記すべき内容が増大し，可読性も含めた文字筆記の効率性に配慮が向いた結果としてとらえられる」が，「なめし革という柔らかい素材」がそれを可能にしたとみられる（齋藤 2014：30）.

金石文を対象に研究する学問を，伝統的に「金石学」（または銘辞学）という．中国の金石学は，宋代（特に北宋）に古代研究や文献の校合のための学問として盛んになり，元から明代にかけての一時期は衰えたものの，清代に復興した．

一方，日本の金石学は，江戸後期の寛政年間（1789〜1801）に盛んになった．寛政6年（1794）には藤貞幹（藤原貞幹または藤井貞幹，1737〜1797）が『好古小録』を著し，3年後に『好古日録』を刊行して日本の金石文を整理した[*3]．

殷周時代の文字は，甲骨や青銅器だけではなく，玉石や帛布や陶器，貨幣などにも記された．それらの文字は，「玉石文」，「帛書」，「貨幣文」（刀布文字）などと呼んで，甲骨文字とは区別する．また，これらは毛筆で紙に書かれた後の時代の書体とは大きく異なっている．

しかもその出土資料は，甲骨文字と同じく，記された内容が非常に限定的で，用途も限られていたとおぼしい．そのころに一般的な書写材料として何が使用されていたかは定かでない．

2.1.3 篆書・古文

前項で述べた甲骨文字や金文などの書体は，文字が書かれた書写材料に基づく名称であった．しかしそれ以後の書体は，用途や誕生の経緯に着目して命名されることになる．

紀元前221年に全国統一を果たした秦（紀元前778〜前206）は，統一以前に中国西部の地方文字を公的な書体として使っていた．それが「籀文」[*4]である．これに加えて，統一以前から使われていた私的な書体もあったと伝えられる．その二つを合わ

[*3] 江戸中末期はこのほか，『金石私志』を著した市川寛斎（1749〜1835），『集古十種』を著した松平定信（1758〜1829），『寺社宝物展閲録』を著した屋代弘賢（1758〜1841），『古京遺文』を著した狩谷棭斎（1775〜1835），松崎慊堂（1771〜1844），伴信友（1773〜1846），『金石年表』を著した西田直養（1793〜1865）らが輩出した．

[*4] 西周の書記官である籀が『史籀篇』で考案したとされるためにそう呼ばれる．一説に，籀は人名ではなく「読」の義で，「周の史（書記官）の読本」であろうかという（原田 1989：221）.

2.1 書　　　体

せて「大篆」という[*5].

　また当時，秦の東方にあった斉や魯，南方の越の国[*6]では，大篆とは別の書体が使われていた．それらの書体や，東方六国（斉のほか韓・魏・趙・楚・燕）で用いられた書体を，まとめて「古文」（古字），「古体」と呼ぶことがある[*7]．例えば，後漢の許慎『説文解字』（1.2節参照）で補足的に掲げられた「古文」も，斉や魯で用いられた書体を示したものと考えられる．

　なお古文は，先秦代から伝えられてきた儒学のテキストにみられる書体の「科斗文」（科斗書または科斗文字）を指す場合もあるという（笹原 2003など）．科斗文は，頭部が太くて尾が細いことが科斗（蝌蚪＝オタマジャクシ）に似ているため，そう名づけられた[*8]．ちなみに，3世紀なかばの「三体石経」（2.2.3項参照）には，古文として刻まれた科斗文がみられる．

　このように，殷や周で長きにわたって使われていた金文などの書体は，群雄割拠の春秋戦国時代を経た後，地方差も加わって，各地でさまざまな変種を生ずるに至っていた[*9]．

　全国統一を果たした秦の始皇帝は，度量衡の統一などとともに，統治のためには文字の統一も必要であることを痛感していたに相違ない．

　そこで彼は，皇室の儀式用として使用していた私的な書体を，国の公式の標準書体と定めた．これが「小篆」である（図2.4）[*10]．「篆書」は，一般的にはこの小篆のみを指していう呼称であるが，大篆や金文などを含む場合もある．

---

*5　大篆は籀文のみを指すという見かたもある．

*6　越では，装飾的な「鳥書」という書体が使われていたといわれる．

*7　古文や古字は，異体字表示の術語として用いられることもある．例えば行均『龍龕手鑑』（統和15年（997）成立）は，のぎへんに作る「授」の則天文字（武周の女帝・武則天が制定した文字）を「古文」に分類する．もっとも，則天文字「圀」（国）を「俗」と判定するなど，その基準は不統一である．また後世の『康熙字典』は，見出し字（親字）の下に，「古文」として許慎『説文解字』の古文・籀文・篆書を楷書で表現した字形を掲げている．

*8　竹木の棒に漆をつけて文字を書くと，科斗のような形で書けるという．

*9　秦代には，「大篆」「小篆」のほかに，「刻符」「蟲書」「摹印」「署書」「殳書」，そして「隷書」の計八つの書体が混在していたと伝えられる．

*10　一説に，小篆は単に大篆を簡略化したものともいう．また小篆の筆画は一様の太さであるから，洋画を描く際に使うひら筆のようなもので書かれたと考えられる（藤枝1971）．小篆は，現在も印章などに使われている．また，「大篆」「小篆」の「大・小」は大きさを表すのではなく，「旧・新」を意味する．小篆は，始皇帝の政治的ブレーンだった丞相の李斯が改良して広めたともいわれる．

図2.4 泰山石刻（前219年）にみえる小篆の例．右列上から「斯臣去疾御史」という6字が読み取れる．原田（1989）より．

図2.5 隷書にみられる波磔の例（上）と懸針の例（下）．佐野（1985）より．

2.1.4 隷　　書

　全国を統一した秦は，小篆を正式な書体と定めた上で，その簡略体としての「隷書」の使用も認めた．隷書はその後も長く使用せられることになるが[*11]，秦代に使われた書体を特に「秦隷」といって区別することもある．しかし，隷書という名称そのものが，後の時代，おそらくは後漢（25〜220）に入ってから生まれたものであって，秦から前漢（前202〜9）にかけての史書等には当該語がみえない．

　このころ——，つまり，紀元前2, 3世紀ころから後漢のなかば（蔡倫（さいりん）が製紙の技術を編み出すまで）にかけて最も一般的だった書写材料は，木簡や竹簡などの「簡牘（かんとく）」である[*12]．簡牘に記された書体は主として隷書であったが，大量に書写する必要に迫られた場面では，手早く書くために崩して「草書」（2.1.5項参照）のような書体になっている（以上，冨谷 2015など）．

　隷書は，役人の程邈（ていばく）が罪を犯して獄につながれていた時に発明したといわれるが，あくまで伝承の域を出ない．「隷」は隷人（囚人）もしくは臣隷＝下級役人の義であ

[*11] 隷書がまだ新しい書体であったころ，古い象形文字と隷書とのどちらが正統かという「古今文論争」が起きた．象形文字派を「古文辞学派」と呼び，隷書派を「今文学派」と呼んだので，このようにいう．許慎の『説文解字』は，古文辞学派の正当性を訴えるために書かれたという側面もあったとされる．

[*12] 「冊」（册）は，その木や竹の札をなめし皮で綴じ合わせた様子をかたどった文字である．

ろうが，後者の「役人」説をとるならば，隷書は役人が能率的な文書作成のために用いたものだと解釈されたために，このような名称になったと思われる．また隷書は一時期，「佐書」(補助的な書体)，「史書」(役所の文書に使われる書体) などとも呼ばれた．その後，前漢，新 (9～25) を経て後漢の初めまでに使われた隷書を「古隷」または「漢隷」と呼ぶこともある．

さらに隷書は，毛筆で書かれることによって，芸術的観点から装飾性を施されるようになった．これが「八分(はっぷん)」である．その大きな特徴としては，横画や右はらいの収筆 (2.3.1 項参照) に波磔(はたく)(波状の形) が認められることや，懸針(けんしん)(縦画を長く伸ばすこと) などがあげられるが，波磔のないものを「今隷」といって区別する場合がある (図 2.5)．このように隷書は，「古隷」「八分」「草隷」などの一連の流れの総称だということもできる．

隷書の波磔や懸針などの際立った特徴は，やがて失われ，漸次「楷書」(2.1.7 項参照) へと移り変わっていく．ゆえに，隷書と楷書とは連続性があるものであり，「どの辺までを隷書，どの辺からを楷書と呼ぶと，明確な一線をひくことはできない」(藤枝 1971：163)．

現在，隷書または隷書風の書体は，新聞の題字にその名残を見ることができる．

図 2.6 漢代の木簡 (敦煌馬圏湾簡) に書かれた草書．冨谷編 (2015) より．

2.1.5 草　　書

後漢ころに，隷書を速く書くことによって生まれたのが「草書」である (図 2.6)．草書の「草」は，「草卒」，すなわち「いそぐ」「あわただしい」などの意味を表す．草書のうちでも隷書の余波をとどめるものを「草隷」，波磔が完全になくなって丸みを帯びたものを「章草」といって区別することもある．この「章草」の意味は諸説あって，「章奏」(天子に奉る文書) に用いられたから，「章程」(法令) などの下書きに用いられたから，などといわれる．

また，続けて書かない草書を「単体草」，続けて書く草書を「連綿草」，さらに崩して書いた草書を「狂草」という．

しかし，これらの境界はきわめて微妙で，いずれも後世になって名づけられたものであるから，一連の呼称は論者の間でも一致をみないことが多い．

図 2.7 右列が北魏楷書の「有」字，左列が唐代楷書の「有」字（魚住 2010／1996）

2.1.6 行　　書

「行書」も，隷書を省略して速く書くことで生まれた．発生時期は楷書の誕生よりも早いが，なかには楷書が成立してから生まれた行書もある．また，草書の筆勢を帯びた書体を「行草」，楷書の筆勢を帯びた書体を「真行」という（原田 1989 など）．楷書と比べると，行書には「全体的にやわらかみが出ている」「点画の筆脈がはっきりと続いているのがわかりやすく，次の字への筆脈もわかりやすい」などの特徴がみられるが，場合によっては，「筆順が違っている」ことさえある（江守 1965）[*13]．

2.1.7 楷　　書

「楷書」は，「真書」「正書」「正楷」などと呼ばれる．「楷」は模楷，規範という意味で，つまり楷書は規範と見なされる正格の書体ということになる[*14]．後漢以降，隷書は少しずつ改良されて楷書となっていく．具体的には，隷書にみられた波磔や右への大きなはねだし（挑法）が，三国時代から西晋にかけて次第に失われていった結果，楷書が成立したと考えられる．

楷書が盛行したのは，後の北魏（386～534）ならびに唐代とされるが，両者には，個々人の書風（2.3.3 項参照）を超えて，対照的な共通した特徴がみられる．魚住（2010／1996）によると，北魏の楷書は左はらいが伸びやかで字の重心が右側にあるが，唐代のそれは左はらいが短くて横画が右に長く，字の重心が左側にあるという（図 2.7）．

以上の楷書・行書・草書を，まとめて「三体」（楷行草三体）といい，ここに篆書・隷書の二体を含めて，「五体」と呼びなすこともある[*15]．

[*13] 現代中国には，小学高学年になると行書を書く練習をさせられる慣習があるという（荒川 2014）．
[*14] 「正楷」の「正」は，形体が「方正」であることを示すという見解もある．
[*15] 「～体」は，時代によっても指すものが異なる．例えば西晋の衛恒（252～291）の撰になる書論『四体書勢』の「四体」は，「古文」「篆書（小篆）」「隷書」「草書」の四体を指している．

明 朝 体： 令　道　北　糸
教科書体： 令　道　北　糸

図 2.8　明朝体と教科書体

2.1.8　明朝体，教科書体

「明朝体」「教科書体」は，いずれも「活字書体」である（2.3.2 項も参照）．

「明朝体」は，もともと木版に彫られる書体の一種で，明朝時代（1368～1661）の正徳～嘉靖年間（1506～1566）ころに確立された．手書きの楷書の筆運びをモデルにしながらも，彫りやすさや見やすさを追究した結果，①水平垂直構造，②縦画が垂直で太い，③横画が水平でかつ細い，④「筆押さえ」や三角形のうろこなどの意匠を凝らす，などの特徴が目立つ書体になっている．

ただし，その源流は宋代の木版本に刻まれた書体に求められるという見かたがあり，事実，現代中国ではこれを「宋体」（ないしは宋朝体）と呼んでいる[16]．明朝体の呼称自体が日本でいつごろから使われるようになったかは不明であるが，大体明治初期ころであろう．最初期には，「明朝風」とも呼ばれることもあった（小宮山 2009）．

また明朝体は，手書きの際の自然な筆運びを無視したため，手書き字形（2.3.1 項参照）との大きな隔たりを生じてしまった．例えば「糸」字は，1 画めが 2 画で構成されているように誤認させるデザインになっている．

その隔たりを埋める活字書体が，「教科書体」である[17]．教科書体は，中国では「楷体」（楷書体）と呼ばれる．これは毛筆の楷書を基調とした活字書体で，その名のとおり，一般の教科書の表記に用いられている．明朝体と比べると，例えば図 2.8 のような違いがある．

2.2　字　　　　　体

2.2.1　字体とは

「字体」という術語は多義的である．論者によっては，前項の「書体」と同義に用いることがあるし，「字形」（2.3 節参照）の意味で使う場合もある．しかし学術用語としての字体は，書体や字形とは区別して定義しておくのが適当である．

---

[16]　欧米でも，「宋」の字音に基づいて"song"と表現するという．日本には「宋朝体」という書体もあるが，こちらは中国で「仿宋体」と呼ぶ（小塚 2013）．

[17]　日本の教科書体は，1935 年の『小学国語読本』にはじめて採用されたが，教科書会社によって形が不統一だったため，1977 年の改訂学習指導要領で標準形が示された．その後，数回にわたってデザインが修正されたようである．

近年の一般的な考えかたでは[18]，字体は目に見える物理的なものではなく，われわれの脳内に存在する抽象的な文字の構成上の観念，いわば「骨組み」だとする．それは，社会的な約束ごととして決まっているもので，基準[19]といってもよい．その基準に沿いながら，さまざまな書体を用いることによって，目視できる具体的な形として実現させたものが，すなわち字形である．

「改定常用漢字表」（2010年11月30日内閣告示；6.2.1項参照）も，「字体は文字の骨組みである」と述べているが，一方で「便宜上，明朝体のうちの一種を例に用いて『印刷文字における現代の通用字体』を示した」と注記するように，「字体」を目に見える具体的な文字の形を指す語としても用いる．だが，上述の考えかたに則るなら，「印刷文字における現代の通用字体」は可視化されたものだから，字体ではなく一種の字形と見なしておくべきである．

では，ある漢字「A」と「B」とで（さらには，「C」「D」「E」などと）「字体が異なる」というのは，いったいどのような状況を意味していると考えるべきであろうか．例えば，「田」「由」「甲」「申」の4字は，縦画の長さが異なっていることで，それぞれ形音義の異なった「別の文字」だと見なされる．これは，「縦画がはみ出るかはみ出ないか，はみ出るとすればどのように／どの程度はみ出るか」という「骨組み」の段階からして異なっていると考えられるから，字体が違っていること（字体差）を意味すると考えてよいだろう．

しかしそうすると，例えば「斎」「齋」などの如く，音義は共通していても形が違うものも同様に「字体の違い」と見なしてよいかというのが問題になる．普通の感覚では，「田」「由」「甲」「申」それぞれが違う文字であることと，「斎」「齋」が違う文字であることとは，次元の異なる話だと思えるのではないか．

そこで，字体の上位概念として「字種」を設けることがある．「字種が違う」とは，形はもちろん音義を異にすること，つまり「別の文字」であることを意味する．逆に「字種が同じ」というのは，音義が共通することを表す．この考えによるなら，「田」「由」「甲」「申」は別の字種だといえる．また，「斎」と「齋」とは字種は同じだが字体が違う，と考えることになる．同様に，「斉」「齊」や「島」「嶋」「嶌」なども，字種は

---

[18] 犬飼（2002）に，「字の形の標準的な観念を「字体」と呼び，同じ語や音韻に対応するさまざまな具体的な字の形を「字形」と呼ぶのが適当であろう．このとらえ方は，今，文字を専門とする研究者の間でほぼ合意となっている」（p.35）とある．

[19] 亀井ほか（1966／2008）に，「〈字体〉はある様式〔＝書体：引用者〕内のいちいちの単字内の，形の基準のみをさすほうが適切」だ（p.403）とある．ただし，そこでは字体が目に見えるかどうかは特に問題とされていない．日本において字体が不可視のものと定義されるようになったのは，「1960年代後半」ころかと思われる（鳩野 2010）．

2.2 字体

図 2.9 字種，字体，字形の関係

「字形」には印刷文字しか示していないが，ここには手書き字形（2.3.1 項参照）も含まれる．また掲げた「字体」は，代表的なものに限っている．

同じで字体が違う文字の集合と捉えられる[20]．

ところで字種は，字音・字義を共通項としてくくり出したものだから，特定の形をもたず，目に見える形で書き表すことは不可能である．そこで，字種を便宜的に《　》を用いて書き表すことにする．また前述のように，字体も不可視のものと定義したから，それを／　／を用いて書き表すことにする[21]．

すると「字種」「字体」「字形」の三者の関係は，図 2.9 のように図示できる．

2.2.2 異体字とは

前項であげた「斎」「齋」や「斉」「齊」は，それぞれ「異体字」（「異体」とも）の関係にある．異体字とは，二つまたは複数の漢字のそれぞれが字音・字義の機能としてまったく同一で，ある文脈のある文字列において互いに入れ替えが可能な関係にあるものを指す[22]．ただしそれは，日本語の漢字表記に限定された狭義の異体字と考えるべきだろう．というのは，中国で異体字は「通仮」（3.3.4 項参照）などを含めて定義される場合も多く，広義に解釈できるからである[23]．ここでの定義は狭義のものに従う．

「異体（字）」という術語そのものは，「正体」に対するものとして，江戸前期の中根元圭（なかねげんけい）（1662〜1733）『異體字辨』（いたいじべん）（元禄 5 年（1692）序）の「導言」にみることがで

---

[20] 字種が違っても字体としては「同じ」と捉えうる場合もある．例えば，漢字「口」とカタカナ「ロ」とは「同じ字体」であるし（佐藤 2013a, 2013b），「星」を表す則天文字「○」は，漢数字としての「〇」（零）に同じである．

[21] この表示法は佐藤（2013a）や高田（2009）を参考にした．字種は，一般に通用する代表的字形を掲げた．字体の／　／は，「音韻」になぞらえた符号である．

[22] 異体字の発生は，古く殷（商）代にまで遡ることができる．例えば甲骨文字には，「戈」「才」を組み合わせた形の「災」字や，左右の部位を入れ替えた形（左右反転字）の「我」字などが存在する（落合 2011）．

[23] そもそも「異体字」という術語の日本での使用は，中国での使用に先んじていると考えられている．

きる．すなわち，

凡字逢異體而欲知其字正体者須就〔帰正門〕考之

（凡そ字異体に逢ひて其字の正体を知らんと欲せば，須らく〔帰正門〕に就きて
之を考ふべし）

とある．文中の「正体」は「正字」と言い換えてもよい．つまり，文字ごとに正字と
いう絶対的基準が前提としてまずあって，それとは字体の異なるものを「異体（字）」
と定義していることになる．

しかし，「正字とか異体字というのはあくまでも相対的問題であって，明確に両者
を区別できるものではない．……正字とは何かと問うならば，本質的には言語それ自
体からみちびき出されるものではなく，現体制側が，正式なものとして定め，用いる
ように規定した故に〈正字〉なのである」（杉本 1974：21）といわれるように，正字
も通時的にみると，数多ある異体字の下位分類の一つに過ぎないものとなる．

異体字の下位区分には，「正字」のほか，「古体」（古字），「新字」，「旧字」，「俗字」，
「略字」などさまざまなレッテルが存在する．それぞれの定義等は次項以降に述べる
が，これらがいずれも可変的であることには注意を要する．字書類の間でも，これら
の指すものが一致しているわけではない．

加えて，異体字を考えるにあたっては，次の2点にも留意すべきだろう．

① 元来は異体字の関係にあったが，すでに別の字となったものがあること
② 固有名に使われる漢字は異体字で代替できない場合も多いこと

まず①の例は，「笑」「咲」の関係があげられる．両者はもと異体字の関係にあったが，
「笑」は「わらう」の義，「咲」は「さく」の義に分化した[*24]（ただし「咲」には，名
乗り字として「えみ」の訓が残る）．また，「著（チョ・チャク，あらわす・きる）」
字は，かつて隷書や楷書（2.1節参照）で「着」とも書かれていたが，字音と字義と
が分化して，「著（チョ，あらわす）」「着（チャク，きる）」という区別がなされるよ
うになった．中国でも使い分けを生じている．

次に，②の例としては「梅」「楳」がある．両字は本来，互いに等価の「同字」[*25]で
あったが，姓や地名としての「梅田」「楳田」「楳図」などでは区別されている．

2.2.3 正字・本字

「正字」は，「正体」「正字体」ともいう．何らかの典拠のもと標準的と見なされる

[*24] 「咲」は「笑」の古字とされるが，実際はもとくちへんの「关」（「咲」）に作ったとされ
る（笹原 2003：45）．なお唐代の石刻では，たけかんむりに「犬」と作るものが多い
（劉 2010：35）．
[*25] これも異体字の下位区分で，「或体」「別体字」「別字」「通用字」ともいう．

2.2 字体

字体・字形を指す．その典拠は，国などの権威であったり，古典籍であったりして，共通の決まったよりどころがあるわけではない．「本字」と呼ぶこともあるが，本字は，小篆（2.1.3 項参照）の点画を楷書の形として置き換えた「込」（亡）や「囘」（因）などを指す場合もあるから，避けたほうがよい．

中国で正字に対する意識が高まり始めたのは，楷書（2.1.7 項参照）の成立以降，すなわち漢末以降のことである．

後漢（25〜220）代には，文字が役人のみならず庶民の間にも広まり，異体字が一気に増えた．そこで，「正しい文字」を後世まで残しておくことが要請されたとおぼしい．記録媒体として選ばれたのが石で，文字などが刻まれた石のことを「石刻」または「石碑」という[*26]．その国家事業として，特に儒教の経典[*27]を石に刻みつける行為がしばしばみられた．これを「石経」という．

図 2.10　藤枝（1971）より熹平石経の断片の拓本．藤井有鄰館蔵．

石経はまず「熹平石経」(183) に始まる（図 2.10）．これは後漢の熹平 4 年（175）から約 8 年の歳月をかけて制作され，洛陽の太学の門外に建てられた．蔡邕（132〜192）の揮毫によると伝えられ，当時の通行書体であった隷書（2.1.4 項参照）で『易経』など九つの儒教の経典の字句が記されていた．現在は断片しか残っていない．

次いで魏の正始年間（240〜249）には，『書経』など別の三つの経典を補った「正始石経」が，熹平石経の傍に建てられた．別名を「三体石経」という．三体とは，「古文」「小篆」「隷書」の三つを指す．ここで古文というのは，「科斗文」とされるものである（いずれも 2.1 節参照）．

唐代（618〜690，705〜907）は，かかる事業がますます盛んになった．代表的なものに，「開成石経」（開成 2 年（837）成立）がある．それと連動して，正字や異体字を整理した書物の編纂も，隋代から唐代にかけてしばしばみられるようになった．

[*26] 唐代に入るとさらに多くの石刻が建てられた．そのうち岸壁に刻まれたのを「摩崖」，墳墓などの参道に立つ石門に刻まれたものを「闕」といって，細かく分類することもできる．このほか，自然石に近い状態のものを「碣」，人工的に削って直方体の形に仕上げたものを「碑」と呼んで区別することもあるが，冨谷（2014）によると，その相違は，後世での区別に基づくもので，漢代は特に区別されていなかったという．

[*27] 6 世紀以降には仏教の石経もみられるようになるが，儒教とは事情が異なり，個人的な事業として完結することが多かった．

例えば，郎知本[*28]『正名要録』（594〜601 年ころ成立），顔元孫[*29]『干禄字書』（成立年未詳，大歴 9 年（774）石刻），張参『五経文字』（大歴 11 年（776）成立），唐玄度『九経字様』（太和 7 年（833）成立）などが編まれた．

このうち『干禄字書』は，本文中の異体字に関する術語の定義を述べており，とりわけ重要である．同書は，所収字を四声順に排列し，それぞれの文字について「俗」「通」「正」のいずれであるかを判定したものである[*30]が，各術語については次のように定めている．

① 俗：浅近で雅でないもの．当座用の日常的なもの．帳簿や文案，契約書や医薬の処方箋に用いる．

② 通：すでに長らく用いられているもの．上表・上奏など上申文書，官衙間の手紙，判決書などに用いる．

③ 正：よりどころがあって正式なもの．著述や文章，対策（官吏登用のための試験問題）や碑文に用いる．

これらの独自の定義が，当時どれほどの拘束力をもっていたかは不明としなければなるまい．しかし，先述の『五経文字』や『九経字様』などが「正字」か否かということに主眼を置いたのに対して，『干禄字書』は，「俗」も単純に誤りとはせず，さらに長らく用いられてきた「通」をも認めるという緩やかな規範のもとでの文字の運用を目指していたことが知られる．

2.2.4　旧字・新字・略字

異体字の成立過程にはさまざまなパターンがあるが，なかには「元来は同じであったが書体や筆法の違いによって異なる形に書かれるようになったもの」もある．

主な例としては，「數」「数」がある．「數」は行書（2.1.6 項参照）で「数」と書かれたので，元来は書体の差であった．それが同じ楷書としても書かれるようになった結果，字体差となった．

また「來」は，漢代の隷書の段階ですでに「来」という形にほぼ落ち着いており（こ

---

*28　西原（2015）によれば，敦煌から出土した『正名要録』（『敦煌俗字典』などに写真整版が収載されている）の撰者「郎知本」は，『旧唐書』一八九などに出る「郎知年」と同一人物であろうかという．

*29　元孫の大伯父・顔師古（581〜645）が，唐の太宗治下で『顔氏字様』（633）を編んだ．600 字余の異体字（楷書字形）を正俗に分けて示したと伝えられる．『干禄字書』はこれを引き継ぐものである．

*30　同書は，すべての文字について「俗」「通」「正」にあたる字形を逐一示したわけではない．なかには，「衿襟[並正]」「禮礼[並正]」の如く両字とも「正」だと示したものもあるし，三者のいずれかを欠いたものも多数ある．

れを隷変という），初唐では正字と見なされていた．しかし中唐に至ると，許慎『説文解字』（1.2 節など参照）に掲載された篆書に依拠して「來」のほうが正字と見なされるようになった．

「數」「数」，「來」「来」は，現代中国ではいずれも「繁体字」「簡体字」の相違となっているが，日本では「旧字」「新字」の対立とされる．旧字は「旧字体」ともいう[*31]．これは戦後日本に生まれた定義で，そもそもの出発点は，「当用漢字表」（1946 年 11 月 16 日内閣告示，6.2 節参照）が採用した 1850 字のうち 131 字に新字が設定され，それぞれに対応する旧字が示されたことにある．さらに，「当用漢字字体表」（1949 年 4 月 28 日告示）には，先の 131 字を含めて 774 字の新字と旧字との組が示された[*32]．次のような例がある（括弧内が旧字）．

万（萬） 乱（亂） 塩（鹽） 仏（佛） 真（眞）

新字のほとんどは，中国や日本で古来，「略字」として使用されてきたものである．略字は，筆記上の便宜，あるいは読みやすさを向上させるため筆画を省いたものを指す．「数」の例でみたように，草行書などの崩し字に由来するものも多い[*33]．

一方「句」は，楷書でも略字の「勾」で書かれるようになった例である．「改定常用漢字表」（2010 年 11 月 30 日告示）は，後者を「句」とは別に追加したが，本来同字である（現在は「句（ク）」「勾（コウ）」という字種差を生じている）．

なお略字は，「鬪」に対する「斗」，「歳」に対する「才」など，正式でない代替字をいう場合もある[*34]．

2.2.5 俗字・誤字

張（1996）は，「俗字」の性格を次の如くまとめている（抄録，拙訳）．

① 俗字は漢字の歴史上のそれぞれの時期に存在し，文字が作られるにしたがって俗字もまた作られる．

② 俗字は時代性を有する．ある時期の俗字は別のある時期の正字である．

[*31] 同様に新字を「新字体」ともいう．このように，「字体」を抽象的な概念と定義しつつ，目に見える違いをも「字体」と称する場合もあることが，混乱を生ずる一因になっていると思われる．

[*32] これを引き継ぐ「常用漢字表」（1981 年）にも採用されなかった文字のうち，旧字を部位に有するものは，当該部位が対応する新字に改められ，JIS 規格のフォントに「拡張新字体」として多数取り入れられた（「掴」「鴎」など．旧字はそれぞれ「摑」「鷗」）．

[*33] 例えば「會」「盡」「歸」も，草書からそれぞれ「会」「尽」「帰」という略字が生まれた（現在はいずれも旧字–新字の対立）．

[*34] 日本の中世期の講述筆記にみられた「井」（菩薩）や「广」（魔・摩など）は「抄物書き」といい，ふつうここには含めない．

34　　　　　　　　　　　第2章　形からみた漢字

③　俗字は主に民間で用いられる．総じていうと，俗字は「凡夫俗子」が作って
使用するものである．しかし，それが広く一般に認められると，上層社会で
の文字の生産に影響を及ぼすこともある．

　②，③にあるように，俗字も正字に容易に転化しうる．また俗字は，私的な場で使
われる文字を指すこともあるが，場合によっては「誤字」と見なされる[*35]．ところで
佐藤（2013a）は，誤字を2種類に分けている．まず，「専門」を「専問」と書くな
どの「ふさわしくない別字」を「誤用字」と呼ぶ．それから，「達」を「シンニョウ
に幸」に作るなど，「字形を間違えたもの」を「誤形字」と呼ぶ．両者の重なり合う
部分があることは，佐藤も認めるところであるが，後者の誤形字は伝統的に「譌字（かじ）」，
一般的には「ウソ字」などと呼ばれる．

　ただし譌字も，通時的観点から異体字と見なしうる場合もある．例えば前述の「シ
ンニョウに幸」も，隷書でそのように作った例がしばしばあるし，江戸期の版本等に
も同様の形がみえる[*36]．

2.2.6　動　用　字

　「動用字」は，日本独自の術語で，田中道斎（1722〜1788）『道斎随筆』（宝暦七年
（1757）刊）に出る．「同字異構」「異構字」などともいう．これは，次のように偏旁
冠脚を互いに入れ替えても等価の異体字関係にあるものをいう．

　　蘇―蔵　棋―棊　町―甼　鑑―鑒　憨―慚　雑（雜）―襍

　なかには，日本語として使い分けを生じている動用字もある．例えば「裏」は「う
ら」，「裡」は「うち」という訓で読まれて，別字のように扱われる．

2.3　字　　　　　　　形

2.3.1　手書き字形

　「字形」は，共通概念としての字体（2.2節参照）の枠組みに基づき，紙などの書写
材料（「用材」ともいう）に，ある特定の書体（2.1節参照）によって書かれたり印刷

[*35]　俗字と誤字との境界は，「元の字をきちんと知っていて，あるいは習慣を取り入れて略
　　　すか，元の字を知らずに個人が誤解して略すか」にある．「つまり，誤字という呼称は，
　　　人の意識による判断であり，時代や社会により可変的なレッテルである」（笹原 2006：
　　　22-23）．

[*36]　そのほか，「秘」字の例がある．これは元来，しめすへんの「祕」に作り，「秘」は譌
　　　字という位置づけであったが，楷書としてはむしろ「秘」が一般的な形となった．大
　　　熊（2009）によると，王羲之（303〜361？）も「秘」を使用しており，それ以後の北
　　　魏楷書ではほとんどが「秘」に作るという．

2.3 字　　　形　　　　　　　　　　35

されたりした，具体的な文字の形そのもののことである．

　このうち，筆やペンなど何らかの筆記具を用いて手で書かれた文字の形を，「手書き字形」と呼ぶ．「筆写体」「書写体」ともいう．また，手書きの際に一筆で書かれる部分のことを，「点画」「筆画」「字画」[37] などという．

　一方，手書きではなく何らかの方法で印刷されたものを「印刷字形」と呼ぶ（次項参照）が，両者が別々に命名されているのは，手書き字形と印刷字形とはそれぞれ異なった歴史を有するためである．まずは，手書き字形と印刷字形とを明確に区別しておくことが重要である．すなわち，いずれかが正しくていずれかが誤りである，ということではない．しかし近年，「手書き文字と印刷文字の字形のどちらか一方が正しいとみなされたり，本来は問題にしなくてよい漢字の形状における細部の差異が正誤の基準とされたりするといった状況が生じ」た．そこで，「文化審議会国語分科会」が「常用漢字表の字体・字形に関する指針（報告）」（2016 年 2 月 29 日）を作成し，常用漢字 2136 字について具体例をあげ，手書き字形と印刷字形との形の違いが「字形」差によるものに過ぎないことを改めて示した．

　手書き字形は，厳密にいうとあくまで「一回性」のものである．つまり，同一人物が同じ文字をたとえ何百回書いたとて，その大きさや形（傾き具合や画の長短，とめ・はね・はらいの程度など）がどれ一つとしてまったく同じになることはない．同じ形をしているように見えても，わずかに異なるはずである．

　とりわけその違いは，墨で書いた場合に顕著に表れる．というのは，例えば筆の毛の材質の相違や，筆の毛の側面を使った筆づかい（「側筆」という）の有無などによって，墨の濃淡や強弱（「墨痕」という）が異なってくるし，線の太さ（「肥痩」という）も違ってくるからである[38]．

　また毛筆の筆づかいには，鉛筆などの硬筆によるものとは違って，3 段階の動きがある．すなわち，毛筆で 1 本の線分あるいは曲線を書こうとするときに，まず筆を置

---

[37]　点画等は「字形」の意味で使われる場合もある．なお，かつての字書類には「弁（辨）似」が付されていた．弁似とは，「筆画が近似しているが，音も意味も異なっている字を弁別し」たもので（原田 1989：271），中国の字書『字彙』は巻末，『正字通』『康熙字典』は巻首にこれを付載している．『字彙』『正字通』の弁似は全同である．弁似と同形式のものは，日本にもしばしば見出される．例えば，『下学集』『節用集』諸本に付された「点画少異字」や「分毫字様」があり，これらにも中国小学書からの影響がうかがえる（分毫字様は中国の『大広益会玉篇』巻末にすでに出ており，この部分は本文よりも早く成立したと考えられる）．明治期以降の日本では，弁似も字書類の付録として多くみられたが，やがて廃れた．

[38]　その個々の違いに，「美」という客観的な評価を見出しながら発展してきたのが「書」である．ちなみに，日本のいわゆる「書道」は，中国では「書法」，韓国では「書芸」などともいう．

図 2.11 「永字八法」.「數位教學資源網」*40 より.

き（「起筆」），そして縦ないしは横に運び（「運筆」または「送筆」「走筆」），最後に筆をとめて形をととのえる（「収筆」または「終筆」）．この3段階の動きのことを「三過折筆（さんかせっぴつ）」という．

さらに運筆には，8種の基本的な決まりがあるとされる．それは「永」字を書く際の運筆にすべて尽くされているため，「永字八法（えいじはっぽう）」*39 と言い習わされる（図2.11）．

「永」の書き順に従ってそれらを示すと，以下のようである*41．

① 「側」（点）　② 「勒」（おさえの横画）　③ 「弩」または「努」（縦画）
④ 「趯（てき）」または「挑」（はね）　⑤ 「策」（短い横画で斜め上に向かうもの）
⑥ 「掠」または「撇（へつ）」（左斜め下へのはらい）　⑦ 「啄（たく）」（短い左斜めはらい）
⑧ 「磔（たく）」または「捺（なつ）」（右斜め下へのはらい）

また，運筆の方法は個人によって異なるため，手書き字形には各々の個性が表れる．それを「筆跡個性」と呼ぶ．なかには独特の強い特徴を備えた筆跡個性もあるが，それを「筆跡の稀少性」という．そのような筆跡個性を各人が有しているため，手書き字形は多少の変化を伴いつつもおおむね決まったパターンを示すことになる．これを「恒常性」という．

よって，自分の筆跡を隠すために手書き文字に何らかの作為を加えたとしても

---

*39 永字八法は，後漢の蔡邕（さいよう）（133～192）の考案とも，また晋の王羲之の考案ともいわれるが，伝説にすぎないだろう．文献としての初出例が唐代のものだからである．また，王羲之の「蘭亭序（らんていじょ）」が「永和九年……」に始まるため，その最初の「永」を代表字として意図的に採用したという説もある．

*40 http://etoe.tc.edu.tw/

*41 唐の欧陽詢（557～641）による別の永字八法には，「戈法（かほう）」（右斜めにおろした筆画をはねあげる）と「勹法（ほうほう）」（勹の2画めの形）とが見え，標準的な永字八法では運筆法のすべてを表せないという見かたもある．

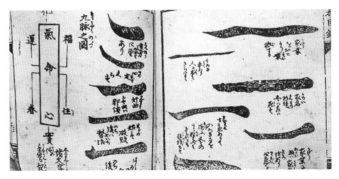

図 2.12 朝見五通（一貫堂）『墨色早指南 全』文政 4 年（1821）序

（「韜晦筆跡」という），筆跡個性は隠しおおせるものではなく，不自然な乱れが出やすくなる．筆跡鑑定においては，その 3 要素（①筆跡個性，②筆跡の稀少性，③恒常性）[*42] を踏まえつつ，作為の有無を見極めることが重要になる．

また日本では，江戸時代ころに，漢字の筆跡個性のなかに個人の性格や運勢を読み取ろうとする「墨色診断」の思想も生まれた．これは，漢数字の「一」を毛筆で書かせて，その形やかすれ具合から運勢等を判断するというのが主な方法であった（図 2.12）．墨色診断は，後に陰陽五行説とも結びついて複雑な様相を呈するものの，あくまで占いの域を出なかったため廃れていった．

2.3.2 印刷字形

印刷は，「木版印刷」（「整版」「一枚版」），「活版印刷」の二つに大別することができる．まず中国で木版印刷が発明されたのは，6 世紀ころであるとされる．木版印刷は，文字や絵画を左右逆に彫りつけて作った 1 枚ごとの「版木」に墨を塗り，上に紙などを載せて馬棟などを押し当てて刷るものである．

木版印刷は，版さえ保存しておけば増刷時に困らないという利点はあったが，文字が一つずつ独立して組み換え可能であったほうが，複数の同じ文字を使って多種多様な文章が印刷できるし，効率はよい．そこで活版印刷が登場することになる．活版印刷に用いられる各々の文字を「活字」という[*43]．

[*42] 個人的に誤って覚えた形の漢字が交じることも間々あり，筆記者特定の有力な情報となる．なお，各人が誤って覚えた字形が筆記者間でたまたま一致した形となるものを「共通誤字」という（笹原 2006 など）．

[*43] 写真植字機（写植）によるかつての光学的印刷や，ブラウン管やレーザーによる表示文字などの印刷字形も活字と呼ぶことがある．現代では一般に，こちらの広義の活字が使われている（小塚 2013）．

原始的な活版印刷は，北宋の慶暦年間（1041〜1048）に畢昇が「粘土活字」（膠泥活字ともいう）を発明したのが初めであったとされる．これは，泥を膠で固めて焼いて作った活字群を鉄の枠にはめ込んで印刷する方式だったというが，秘伝とされて現物も残らない．中国では，下って元代（1271〜1368）に「木活字」（14世紀初めころ）[44] による印刷が，明代（1368〜1644）には「銅活字」（15世紀後半）[45] などの金属活字による印刷が始まった．

金属活字の一種である鉛合金の活字（鉛活字）は，15世紀中葉にドイツのヨハネス・グーテンベルク（1398?〜1468）が始めたといわれる．鋳造した鉛活字で文章等を組んで活字の表面にインクを塗り，そこに紙を被せて印刷機でプレスするという原理であった．

この西欧式の活版印刷術が日本に伝わったのは天正18年（1590）で，その翌年以降，イエズス会等によって「キリシタン版」と呼ばれる一連の書物が刊行された．この流れは，キリシタンに対する大規模な追放令が出される慶長19年（1614）ころまで続いた．その後日本では，江戸初期に中国から伝わった木活字印刷[46] が盛行して，次いで木版印刷が主流になるという複雑な過程をたどる[47] が，幕末には再び西欧から活版印刷の技術を輸入することとなる．

このように印刷方法には種々のものがあったが，それらの印刷によって書写材料に記された文字の形を，「印刷字形」「印字形」などという．

漢字の印刷字形としての書体には，①明朝体，②教科書体，③ゴシック体などがある（2.1.8項も参照）．これら各々の書体でデザインされた字形群のことを「フォント」と呼ぶ．フォントは，現在はコンピュータで利用する書体のデータ（「デジタルフォント」ともいう）のことを指す．

明朝体や教科書体などは，「活字書体」ともされるが，本来，木版印刷で用いられた．当初，中国の木版職人の作成にかかる書体（「匠体」という）は毛筆の楷書にならっ

---

[44]　王禎（生没年不詳）が『農書』を印行するために発明したとされる．

[45]　銅活字の起源は，高麗とそれに続く李氏朝鮮にあるとされる．中国宋代の書物には，「晋の天福年間（936-943）の銅版本」についての記述がみえ，これを銅活字版の嚆矢とみる余地もあるというが（陳 1957），従い難い．また朝鮮銅活字には，西洋の鋳造活字とは違って，同一字に異なる形の活字が複数みられるという．その理由については，鈴木（2015：23〜28）を参照のこと．

[46]　この方式で印刷されたものを「古活字版」という．古活字版は，キリシタン版の技法がきっかけになって一時隆盛を極めたという説もある．

[47]　このような「逆行現象」が生じた主な理由としては，組版技術の未熟な時代は活版のほうが不経済であったから（増刷の際の組み直しに時間がかかる，多数の活字が必要になるなど）という点があげられる．

2.3 字　形

たものであったが[48]，作業効率向上のため，次第に彫刻風の書体へと変化した．それを「宋朝体」などと呼ぶ．この「宋朝体」の様式化・形式化が進んで成立したのが，明朝体だったといわれる[49]．

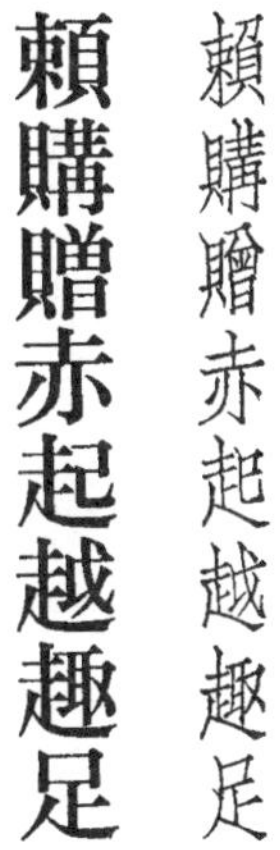

日本の活字書体としては，明朝体が最もよく知られている．明朝体活字のうちでは，佐久間貞一（1848〜1898）らが創業した秀英舎を前身とする大日本印刷の「秀英体」，上海美華書館の漢字字形を取り入れた「築地体」などが有名である．この秀英体と築地体との違いを指して「書体の違い」ということもある（図2.13）．

明朝体は様式化の進んだ印刷字形であるから，手書き字形との間に大きな隔たりが生じた．例えば，明朝体特有の「筆押さえ」（「ツメ」「ヒゲ」「ヒッカケ」ともいう）は，楷書の運筆に由来するものではあるが，印刷字形として誇張された「デザイン」とみる

賴購贈赤起越趣足
頼購贈赤起越趣足

図2.13 築地活字の宋朝体（右列）と明朝体（左列）の形の相違．「築地活字 書体見本帳」より．

べきものである．図2.14に，「常用漢字表」の「（付）字体についての解説」から，「『筆押さえ』等の有無に関する例」を引いておく[50]．

また教育現場では，手書き字形を明朝体などの印刷字形に合わせて書くような指導がしばしばなされてきた．しかし先にも述べたように，手書き字形と印刷字形とは別のもので，異なる歴史をもつ[51]ものであるから，手書き字形にはさまざまの形が認

---

[48]　毛筆楷書を活字化したものを「楷書体」ということがあり，日本の「教科書体」などはむしろその下位分類として位置づけられる（2.1.8項参照）．先にあげた木活字や銅活字はこの楷書体であったという．また日本で最も早く制作された楷書体は，明治8年（1875）に発表された弘道軒清朝体だといわれる．

[49]　明朝体の特徴の一つである「水平垂直構造」がみられるようになったのは，明代の天啓・崇禎年間（1621〜1644）あたりとされる（長村 2009）．

[50]　このうち「筆押さえ」の例は，「芝」「更」の2字である．「八」「公」の2字は正確にいうと筆押さえではなく，「八屋根」と呼ばれる例で，「雲」は「うろこ」と呼ばれる例である．しかし漢和辞典などでは，筆押さえ・八屋根の有無を「旧字体」「新字体」の対立とみる場合もある．これは，戦前の明朝体の印刷字形に筆押さえ・八屋根をつけてデザインされる字形が普通にみられたことによる．もっとも，「これを汎用的なルールとすることには無理があり，これらのルールの適用は常用漢字に限定すべきで」ある（長村 2009：73）．

[51]　例えば「青」は，唐代以降，手書き字形でこの形が一般的であったが，『康煕字典』（1716年刊）の活字が「青」に作ったために，活字としてはこちらが「正字」ということになった．このようなものを「康煕字典体」と呼ぶ．ただし，『康煕字典』そのものでも，認

芝芝　更更
八八八　公公公　雲雲

図 2.14　「『筆押さえ』等の有無に関する例」.「(付) 字体についての解説」より.

令─令令　外─外外外
女─女女

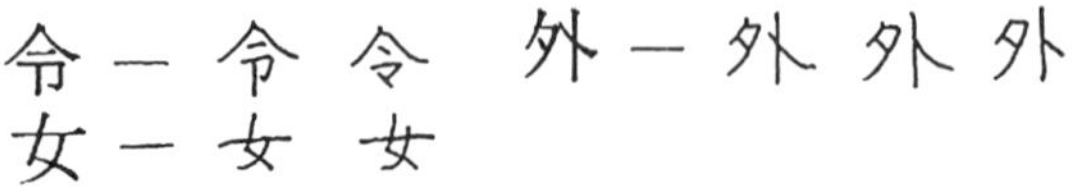

図 2.15　明朝体活字（左側）と楷書の手書き字形（右側）の相違.「(付) 字体についての解説」より.

められることをわきまえておかなければならない.

　同じく「(付) 字体についての解説」から，図 2.15 に明朝体活字と楷書の手書き字形の相違を示した例の一つを引く[*52].

2.3.3　書　　風

「書風」とは，「地域により，時代により，一そろいの文字群ごとに様式が認められる」場合，「その様式を，個人・流派などの好尚・意図にまで細分化したもの」(志村 1988：29) のことをいう.それは，「時代様式，地域様式，民族様式，個人様式，さらにはある個人のある時期の作品群に対しても適用されることがある」(杉村 2002：10).

　例えば上位の分類基準としての書風に，中国風の「唐様（からよう）」と日本風（大和風）の「和様（わよう）」とがある.和様は，平安時代前期ころに仮名が成立するのに伴ってみられるようになり，次第に洗練されていった.

　　版本の違いによって示された字形に違いがある.

[*52]　「令」「令」は書体差でもあるが (2.1.8 項参照：ただし「令」形の明朝体活字も存在する)，手書きとしては「令」の形に作るのが普通である.このように，図 2.15 に示した例は，正誤に関わらない手書き字形の字形差なのである.このほか，手書きできへんの縦画ははねてもよいとか，いとへんの 4〜6 画を点の形で書いてもよいとかの例がある.なお，2015 年 10 月 16 日には，「文化審議会国語分科会漢字小委員会」により，手書き字形に多様な形を認めるべきだとする指針の中間報告案がまとめられた.それを土台として，翌年には「常用漢字表の字体・字形に関する指針」(2016 年 2 月 29 日, 2.3.1 項参照) が，国語分科会の報告という形で発表された.

2.3 字　　形

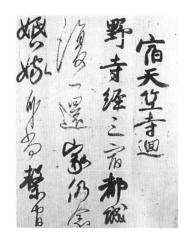

図 2.16 『特別展 和様の書』(読売新聞社, 2013 年) より. 小野道風筆「玉泉帖 (ぎょくせんじょう)」から白居易「宿天竺寺廻」詩の一部. 行書, 楷書を交えた自由闊達な書風である. 宮内庁三の丸尚蔵館蔵.

　個人の書風としては, 唐代のいわゆる四大家[*53]である欧陽詢 (557〜641), 虞世南 (ぐせいなん) (558〜638), 褚遂良 (ちょすいりょう) (596〜658), 顔真卿 (709〜785) がそれぞれ独自の書風をなした. 日本でも, 弘法大師空海 (774〜835), 嵯峨天皇 (786〜842), 橘逸勢 (はやなり) (?〜842) の「三筆」, 小野道風 (とうふう) (894〜966), 藤原佐理 (さり) (944〜998), 藤原行成 (こうぜい) (972〜1027) の「三跡」による書風 (図 2.16) はそれぞれに違っている[*54].

　特に行成の書風は, 「世尊寺流」と称されてもてはやされた. 孫の伊房 (これふさ), 曾孫の定実 (さだざね) をはじめ, 17 代の行季 (ゆきすえ) に至るまで, 彼の子孫によって室町末期まで長く継承された. このように, 個人の書風が代々受け継がれて画一化したものを「書流」という.

2.3.4　正誤に関与しない字形

〈補　空〉

　本項では, 「字体差」(2.2.1 項参照) ではなく正誤に関与しない「字形差」と見なされうる現象の二, 三について述べておく.

　まずは「補空」と呼ばれるものがある. 行書や楷書の手書き字形には, 不要な点画

[*53] 欧陽詢, 虞世南, 褚遂良の三家を特に「初唐の三大家」という. また, 諸家個人の書風を「欧体」「虞法」「顔書」などということもある. 宋代の木版本に使用された字形には, 欧陽詢, 柳公権 (778〜865), 顔真卿の三家の書風を模倣したものが多い. 例えば 皕宋楼 (ひょくそうろう) (清・陸心源) の所蔵にかかる『宋礼部官書六籟』には, 欧法や顔法がうかがえる.

[*54] 三跡は同時代の人物ではないので, 三家を一くくりにすることには無理があるという見かたもある.

図 2.17 貞観（じょうがん）6 年（632）の欧陽詢筆「九成宮醴（れい）泉銘」より楷書字形の補空の例．左から「氏」「土」．

を加えたものがあり，それを補空という（「捨て筆」「咎無し点」ともいう）．

補空には二つの役割があるとされる．第一に，類似の字と区別するためであるという．例えば図 2.17 にあげた「土」字に対しては，「士（シ，さむらい）」という似た形の別の字が存する．「土」「士」は，手書き文字では，しばしば上の横画と下の横画とがちぐはぐの長さで実現された．そのため，「土」字のほうにだけ補空を加え，ひとめで「士」と区別できるようにしたというわけである（大熊 2009）．また第二の役割としては，運筆の自然な流れで補空を加えることによって，字形のバランスを整えようしたのではないかといわれている．

〈避諱字〉

「避諱字」（「避諱改字」）は，皇帝への敬意を表するため，その名に相当する漢字を版本等でそのまま使うことを避けたものである．

避諱字の種類には，①同音ないし字音の近い字に置き換える，②欠画（闕画・欠筆）をする[*55]，③さらに高い敬意を表すため改行して当該字を行頭に置く（平出という），などがある．甚だしい場合には，唐代に太宗の名「世民」を避けて，旁に「民」がある字を「氏」に作ったり，「乱世」「世俗」を「乱代」「時俗」と言い換えたり，「民風」を「人風」と言い換えたりした例がある．宋代にも，君子と関係のある「天」「玉」「帝」字などの使用を避けた時期があるという．

唐宋代に盛んだった避諱字は，元明代にほほみられなくなるが，明の天啓・崇禎年間に再びやかましくいわれるようになった．さらに清の康熙年間以降は徹底して行われるようになった（井上 2006）．字書『字貫』は，凡例に清朝皇帝の諱を記したがために，撰者の王錫侯が死刑になったという話も伝わる．　　　　　　　　　　［鳩野恵介］

[*55] 玄宗皇帝の「玄」字の最終画を欠画にするという例が有名だが，①の適用で「玄」字を「元」字に置き換えることもしばしばあった．ちなみに「富」「冨」の相違は欠画ではなく，いわば減画に由来するもので，両者は異体字の関係にあたる．

第3章　音からみた漢字

3.1　中 国 漢 字 音

　本節では，上古音，中古音，近古音，明清音，そして現代音について紹介する．各時期とも先に概説を行い，続いて声母，韻母，声調の順で要点のみを簡潔に述べる．同一の学説や見解についての挙例は原則として一件にとどめ，例えば「李栄 1952 など」の「など」は省略する．漢字音と漢語音（中国語の音）は厳密には同義ではないが，本節では同義として扱う[*1]．なお，漢語派以外の諸言語に見られる借用された漢字音には触れない．

3.1.1　上 古 音
〈概　説〉

　目下，漢語を記した文字資料として最古のものは殷代の甲骨文であり，殷から主に周にかけての金文がそれに次ぐ．「上古音」の指す時期は研究者間で必ずしも一致しないが，一般に周代から漢代にかけてを指す．カールグレン（Bernhard Karlgren，中国語名は高本漢，3.1.2 項参照）は「Grammata Serica」で甲骨文，金文，そして『詩経』を基礎資料とし，漢字を 1260 の部類に分けて Archaic Chinese と Ancient Chinese の推定音価，そして現代音を併記している．この Archaic Chinese が中国語でいう「上古音」に相当するものである[*2]．

　上古音の研究で伝統的に用いられてきた文献資料上の事象は，①『詩経』や『楚辞』

[*1]　中国語学では漢語の音節構造を「声母（initial）＋韻母（rime）／声調（tone）」で表す．声母とは頭子音を指す概念であり，音韻論でいう開始部（onset）に相当する．韻母は頭子音に後続する部分を指し，音韻論でいう脚韻部に相当する．韻母は韻頭，韻腹，韻尾に細分されるため「韻母＝韻頭＋韻腹＋韻尾」である．韻頭（介音）は主母音の直前に現れる渡り母音（medial）である．韻腹はいわゆる主母音であり，音韻論で言う中核（nucleus）に相当する．韻尾（final）は末音であり，末尾（coda）に相当する．音声実体のない部分については，音韻解釈でゼロ（∅）という値を設定する場合があり，「ゼロ声母」や「ゼロ韻尾」などと呼ぶ．

[*2]　英語では近年 Archaic Chinese よりも Old Chinese という呼称が広く用いられている．

といった韻文の押韻，②形声字の声符，③字形の借用（仮借，そして異文），④音釈（声訓や直音），⑤漢字で表記された外国語音，などである．現代では，以上の諸事象に加えて，⑥現代漢語音（特に古音を留める閩語の漢字音），⑦近親関係にあるチベット・ビルマ語派の語形，が論証に援用されている．そして，近年は簡書や帛書といった，新発見の出土資料に記される漢字の声符や通仮（3.3.4項参照）を利用した研究が注目を集めている．中国古代史研究に大きな衝撃を与えた出土資料は，時期や地点の特定が行いやすい，後世の書き換えがなされていないといった長所をもって，漢字音研究でも新たな一次資料となっている．

　上古音より前の段階についてはよくわかっていない．文字資料が存在しないため，比較言語学の手法を用い，漢祖語という理論上の産物を再建し，それをもって答えとするほかない．しかし，斯界の現状は漢祖語という概念についての共通認識すら得られたとは言い難い．さらにそれ以前の段階となると，漢祖語とチベット・ビルマ祖語からシナ・チベット祖語を再建することになるが，それについては年代の比定自体不可能に近い．

　上古音自身についても，いまなお多くの点で論争が続いている．また，中古音との関係，つまり上古音が中古音の直系の祖先であるか否かについての証明も十分になされたとはいえない．その一方で，上古音を言語系統上の近親関係が従来定説視されてきたチベット・ビルマ語派ではなく，オーストロネシア語族と結びつけようとする研究（Sagart 1993）も試みられている．しかし，いずれにしても論拠とされる語形が果たして同源なのかそれとも借用にすぎないのか，判別は難しい．だが，そのような困難を抱えつつもなお，上古音の研究は漢語音研究のフロンティアと称するにふさわしい活況を呈している．

〈声　母〉

　声母の体系や総数についてまだ定説はない．それには子音連結の問題が絡んでいる．**kl- や **xm- といった子音連結の存在については，それによって声符を同じくする漢字（例えば「各」と「洛」）の関係が説明できるため，カールグレンをはじめとして肯定する研究者のほうが多い[3]．子音連結の根拠には形声字，同源語，聯綿詞（双声，畳韻），異文，仮借，声訓などが用いられる．しかし，子音連結の数や具体的音価については，存在を主張する研究者の間でも一致をみていない．これに加えて，近年で

---

[3] "**" は本来，比較言語学において，祖語間にみられる対応規則から再建された大祖語の推定音価を表すのに用いられる記号であるが，本稿ではこれを主に文献に記された情報から推定された上古音の音価を表すために借用する．同様に "*" を文献に記された情報から推定された中古音の音価を表すために使用する．

は声母前子音（pre-initial consonant）や接辞という観点から論じる研究（Baxter 1992 や Sagart 1999，鄭張 2003）が注目されている.

　すでに清代以来考証学者が論じ，現在では多くの研究者が肯定している事柄も数点ある. 上古音では，等韻学（p.49 参照）で「軽唇音」と称される中古音の非組（非母*f・敷母*f^h・奉母*v・微母*m）が「重唇音」と称される幇組（幇母*p・滂母*p^h・並母*b・明母*m）と区別がなかったことや，「舌上音」と称される知組（知母*t・徹母*t^h・澄母*d）が「舌頭音」と称される端組（端母*t・透母*t^h・定母*d）と区別がなかったことは，銭大昕が『十駕齋養新録』巻五で論じている. これらは，現代語（特に呉語，閩語，客家語）のなかに非組字（非母「飛」など）が幇組字と同じ p など両唇破裂音で，知組字（知母「猪」など）が端組字と同じ t など歯茎破裂音で実現する地点があることから，定説となっている. ただし，趙（1989）のように漢代にはすでに軽唇音の分化がみられると主張する研究もないわけではない.

　章炳麟は『国故論衡』で，上古音では中古音の日母（*nʑ）が娘母（*n）とともに泥母（*n）と同じ部類に属していたと論じている. これも，現代語（官話と晋語を除く）で日母字（「人」など）の口語音が鼻音 n や ɳ で現れる現象が広範囲にわたり観察されることから，定説となっている.

　現代の言語学者によって指摘された事柄としては，例えば近現代に起きた「基」ki＞tɕi とは別の口蓋化がある. 李（1980）は中古音で照三組（p.48 参照）や日母に属する字の一部分（「枝」「饒」など）について，音価を**krj や**ngrj などと推定した. 梅（1983）は照三組に閩語で軟口蓋音で実現する字（「枝」ki など）が含まれていることや，照三組字と見組字とで現れる同源と思しき語（例えば「処」と「居」）が存在することをあげ，**Kri＞*TɕJ（照三組），**Krj＞*Kj（見組）という変化を導いている.

〈韻　母〉

　韻部の数については，清代にすでに 10（顧炎武），13（江永），17（段玉裁）と諸説紛々たる状況がみられた. 現在でも韻腹の数や具体的音価について統一された見解が存在するわけではない.

　韻頭については，中古音で二等韻に属する字に対して**-l- を立てる説（Yakhontov 1960）が出されていたが，李（1980）はこれを**-r- に修正した. 中古音から遡って上古音の音韻体系をみると，中古音の一等韻字と二等韻字が上古音で同じ韻部に属する現象に遭遇するが，一等韻：二等韻の対立を -V-：-rV- の違いと推定すればそれが説明が可能になる.

　韻尾の音価については，陽声韻（**-m，**-n，**-ŋ）でも入声韻（**-p，**-t，**-k）でもない，「陰声韻」と呼ばれる韻部に対して子音韻尾を推定するか否かで，学説が

分かれる．これには陰声韻の字が陽声韻の字と声符を同じくしたり，上古音期におい
て押韻したりする現象が絡んでいる．例えば，声符を同じくする「寺」と「等」はそ
れぞれ之部（陰声韻）と蒸部（陽声韻）に属する．そして，「特」は職部（入声韻）
に属する．蒸部の推定音価$**$-əŋ（職部は$**$-ək）に対して，韻尾の調音部位を同じく
する$**$-əgを之部に推定するのは説得力があろう．しかし，「Grammata Serica」のよ
うに陰声韻の大多数に子音韻尾を推定すると，上古音には開音節が稀少という難点も
生じるため，子音韻尾を推定しない学説の支持者も少なくない．

〈声　調〉

　声調の有無や数については研究者間の見解のへだたりが大きい．清代には顧炎武の
ように「四声一貫」（四つの声調はあったが各漢字に特定の調類が決まっていたわけ
ではない）説を唱えた学者もいたが[*4]，現在では漢字には（特定の）声調があったと
考える研究者が多い．『詩経』で押韻する漢字に中古音で声調を同じくするものが多
いことなどが，その根拠とされている．

　王力（王 1963）は韻腹の長短を異にする2種類の韻母が存在し，後に陰・陽声韻
の長調が平，短調が上，入声韻の長調が（閉鎖音韻尾が消失して）去，短調が入にな
ったとする説を唱えている．これは，中古音への変化を割合に合理的に説明できる点
で支持されることがある[*5]．

　中古音で去声に属する字の相当数は，上古音期には入声字と密接な関係をもってい
たと考えられており，去声という声調の発生が遅かったと考える研究者は少なくない．
去声という声調の源については，早くにオードリクール（Haudricourt 1954）が韻尾
$**$-sを提案している．これは，ベトナム語の声調の由来についての仮説が漢語に応用
されたものである．

　そのほかに，上古音期の中国語には形態変化があったと考える研究者も多い．これ
は現代語でほとんどみられない現象である．その一つに，声調が交替することで，品
詞や文法機能が変化したと考えられているものがある．例えば，「飲」は「のむ」（上声）
に対して「飲ませる」（去声）のように，去声に交替することで使役の機能が加わる（周
1953）．

[*4]　『音学五書・音論』巻中．

[*5]　立案には彼の母語が粤語（すなわち広東語）という韻腹に長短の対立を有する言語であ
　　ることが影響していよう．

3.1.2 中古音

〈概説〉

「中古音」は，狭義には『切韻』（実際には『広韻』）の反映する音韻体系を指す一方で，漢語音史の区分において南北朝後期から宋代前期までを指す用語としても認識されている．この広義の「中古音」の指す時期の上下限については研究者間で相違があるが，隋・唐代が含まれる点は斯界の共通認識となっている．

近代言語学の手法を用いた漢語音研究において，「中古音」はその起点として学術的に大きな意味を有してきた．20 世紀初期，中国音韻学の主要な課題を，①言語の祖先を考証すること，②言語の歴史を明らかにすること，③現代語の各側面を明らかにすること，と見なしていたスウェーデン人学者カールグレンは，*Études sur la phonologie chinoise*（1915〜1924 年）にて，韻書『広韻』（1008 年）に記された中国の伝統的な表音法である「反切」と，韻図の枠組みを利用することで声母，韻母，および声調の体系を立て，現代漢語音や域外漢字音（日本漢字音，越南漢字音など）を根拠に個々の声母，韻母について音価推定を行った．彼が『切韻』と称して用いた『広韻』は，『切韻』（601 年序）の増訂版であるが，音韻体系は基本的に同じである．彼が ancient chinois と称したこの漢字音の体系は，中国語で「中古音」と訳され，その後数多くの研究者によって発展的な修正が加えられてきた[6]．反映する音韻体系も，現在では西北部長安の方言ではないと考えられている（Norman and Coblin 1995）．

現代語の大多数の方言について，漢字音は『広韻』の推定音価との対応関係が明瞭であるため，中古音はそれらの祖語と見なされがちである．しかし，カールグレンが採った手法は，歴史資料である韻書と韻図を利用して体系を立て，そこに同時代資料である方言や外国語の漢字音から推定した音価を与えたものであり，近親の言語・方言間にみられる対応規則から変化の法則を導き，小祖語を再建し，そこからさらに祖語を再建するという，純然たる比較言語学とは異なっている．また，『切韻』の漢字音は現実に話された単一の体系ではないとする研究（陸 1947）は多い．一方で，韻の分けかたが斉から陳にかけての詩文の押韻，そして『玉篇』（543 ？）の韻類と基本的な一致をみることから，南朝金陵の士大夫層の読書音を継承しているとの見解（周 1963）もある．いずれにしても，漢語音史上のいくつもの重要な現象は『広韻』をはじめとする切韻系韻書の体系を抜きにしては語れない．また，上古音の体系の構築は中古音との対応関係を無理なく説明できることがその柱の一つであると認識されている．

中古音の研究で伝統的に利用されてきた事象は，①反切，②宋代の韻図（音韻体系

---

[6] 英語では近年 Ancient Chinese よりも Middle Chinese という呼称が広く用いられている．

48　　　　　　　　　　　　　第3章　音からみた漢字

を図表化し漢字を表中に配した書物）における配置，③音釈（主に直音），④詩文の
押韻，⑤他言語音に漢字を当てた，もしくは漢語音を他言語の文字で記した「対音」，
⑥域外漢字音，である．①は切韻系韻書のほかに，字書『玉篇』や音義書『経典 釈
文』（580年ころ），玄応の『一切経 音義』（7世紀中期），慧琳の『一切経音義』（807）
などにも記されている．②は『韻鏡』や『七音略』をその代表とする．③は『経典釈
文』『一切経音義』などに記されている．⑤は梵文音訳や漢蔵 対音を主とする．⑥
は日本漢字音，越南漢字音，朝鮮漢字音である．⑤と⑥は漢語と他言語との関係で扱
われる事象であるが，音価の推定に大きく貢献している．そのほかに，⑦現代漢語音
（特に保守的な方言の漢字音）も音価を論じる際の根拠として利用されている．

〈声　母〉

　唐から宋にかけて，声母の体系に対する認識が確立し，『韻鏡』にみられる「三十六
字母」のような概念が現れた．切韻系韻書と宋代の韻図とでは声母の体系が若干異な
っており，中古音期に音韻変化が進行したことがうかがえる．表3.1は『広韻』と『韻
鏡』の声母の体系をまとめたものである．

　切韻系韻書の幇母字（*p）は，宋代の韻図では「重唇音」と「軽唇音」と称される
2グループ（幇母と非母）に分かれる．前者は両唇音（*pなど），後者は唇歯音（*f
など）であったと推定され，軽唇音化*p＞fは，韻母が韻頭に /i/，韻腹に後舌母音
を有することを主条件に起きたと考えられている．軽唇音化の時期は7世紀前半とす
る説（Maspero 1920），8世紀とする説（平山 1967），晩唐から五代にかけてとする
説（王 1985）などがある．軽唇音化は幇組全体，つまり滂母，並母，明母にも起きた．
ただし，明母では展開がやや異なったと思われ，現代語でこれのみが軽唇音化してい
ない地点が存在する．

　切韻系韻書で異なる声母であった荘母字（*tʂ）と章母字（*tɕ）は，宋代の韻図で
は「正歯音」と称される1グループ（照母）をなし，異音の関係となった．荘母字と
章母字（例えば「壮」と「障」）は韻図ではそれぞれ二等と三等の欄に配されるため，
照二，照三と呼ばれる．

　切韻系韻書で異なる声母であった云母字（*ɣj）と以母字（*j）は，宋代の韻図で
はそれぞれ喩母（*j）の三等と四等の欄に配されており，一つの声母に合流したと考
えられることから，喩三，喩四と呼ばれる．これに対して，『玉篇』では云母字はま
だ匣母字と反切が系聯することが多い（羅 1939）．云母字（「雨」など）は上古音で
は匣母字と同一の声母を有したと考えられている．韻図で匣母（*ɣ）の三等の欄が
原則空欄となっている，つまり匣母に三等韻が存在しないことは[7]，それを傍証して

---

*7　ただし，匣母字「熊」が玄応『一切経音義』では「胡弓反」「胡宮反」，慧琳『一切経音義』

表 3.1 『広韻』と『韻鏡』の声母の体系

無声無気音	無声有気音	有声音	鼻音	無声摩擦音	有声摩擦音と接近音
帮 p → 帮 p 　　　非 f 端 t 知 t 精 ts 荘 tʂ 章 tɕ → 照 tʂ 見 k 影 ʔ	滂 pʰ → 滂 pʰ 　　　敷 fʰ 透 tʰ 徹 tʰ 清 tsʰ 初 tʂʰ 昌 tɕʰ → 穿 tʂʰ 渓 kʰ	並 b → 並 b 　　　奉 v 定 d 澄 ɖ 従 dz 崇 dʐ 常 dʑ 床 dʐ 群 g	明 m → 明 m 　　　微 ɱ 泥 n 娘 ɳ 日 nʑ 疑 ŋ	 　 　 　 心 s 生 ʂ 書 ɕ → 審 ʂ 暁 x	 来 l 　 邪 z 俟 ʐ 船 z → 禅 ʐ 匣 ɣ 云 ɣj 以 j → 喩 j

『広韻』（左）から『韻鏡』（右）の間に体系的変化があったものについては矢印で示した．知組，荘組，章組などの音価については研究者間で相違がある．本表は暁母，匣母，云母を除き平山（1967a）に従う．また娘母と俟母については，独立したものとして立てない研究者が多い．

いる．なお，以母字（「餘」など）は上古音では定母をはじめ複数の源に遡ると考えられている．

全濁（有声破裂音・破擦音・摩擦音であった声母）のうち邪母，床母，禅母，匣母は，唐・五代の西北部において無声化が進行していた（羅 1933）．また，北宋の『皇極経世書』「声音唱和図」では全濁字が平仄に分かれて配されている．これについては，11 世紀に全濁声母が平では有声有気音，仄では有声無気音で発音されたとする説（李 1952b）と，平では無声有気音，仄では無声無気音に変化していたとする説（陸 1946）とがある．

そのほかに，唐代の西北部においては鼻音声母の脱鼻音化という現象が起きていた．マスペロ（Maspero 1920）は漢蔵対音で明母，泥母，疑母字がそれぞれ 'b, 'd, 'g を表す文字で記されていることを指摘し，*m > mb, *n > nd, *ŋ > ŋg という変化が起きたとしている．

〈韻　母〉

『広韻』は 206 の韻目（平声 57，上声 55，去声 60，入声 34）からなる．これらは等韻学という漢字音を音の体系という観点から扱う伝統的な学問では複数の「摂」に分類される[8]．摂とは韻尾を同じくし，かつ韻腹がある種の共通性（例えば，相対的に広母音であるなど）を有すると認められた，複数の韻目を包括する概念である．『四声等子』（南宋？）には「通・効・宕・江・遇・流・蟹・止・臻・山・果・仮・曽・梗・

では「画窮反」と注されていることから，匣母に三等韻が存在したとする説もある．

[8] 等韻学については太田（2013）が詳細を極めているので一読されたい．

50 第3章 音からみた漢字

表3.2 韻尾の推定音価と16摂

推定音価	16摂
$*$-Ø	果, 仮, 遇, 止
$*$-i	蟹, 止
$*$-u	効, 流
$*$-m/p	咸, 深
$*$-n/t	山, 臻
$*$-ŋ/k	宕, 江, 曽, 梗, 通

咸・深」の16摂がみえる（江・仮・梗摂はそれぞれ宕・果・曽摂と同じ図に配されている）．韻尾の推定音価に従って分類すると表3.2のようになる．各摂は円唇性を有する韻頭の無・有によって「開」と「合」にカテゴライズされる．また，一等から四等までにカテゴライズされるが，清代の江永が『音学辨微』で「音韻有四等，一等洪大，二等次大，三四皆細，而四尤細」と述べたように，「等」とは韻腹の開口度による序列であったと考えられている．諸家の研究でもこれに沿って，果仮・蟹・効・咸・山・宕・梗摂については，一等韻の韻腹に後舌の広母音，二等韻の韻腹に前舌の広母音，三等韻の韻頭には前舌狭母音的な介音を推定するものが多い．一例として平山（1967）の効摂についての推定音価を引用すると，一等 $*$ɑu，二等 $*$au，三等 $*$ɪɛu，四等 $*$eu である．

摂・開合・等・声調を同じくする韻目が二つ以上存在することがあるが，これを「重韻」という．例えば，覃韻と談韻は咸摂開口一等の重韻，山韻と刪韻は山摂開口二等もしくは合口二等の重韻である．重韻は韻腹の音価の違いだと考えられている．斉から隋にかけての詩文の押韻ではこれらは互いに独立しているが（王1936），慧琳の『一切経音義』では反切下字が通用しているため，中古音期に合流したと考えられている（平山1967a）．

なお，唐・五代の西北部においては唐・陽・庚・清・青韻の舒声（すなわち平上去）字は鼻音韻尾（$*$-ŋ）を消失して開音節化していた．また，山・臻摂の入声字は韻尾が閉鎖音（$*$-t）ではなく接近音に変化していた（羅1933）．

〈声　調〉

切韻系韻書，宋代の韻図とも，「平上去入」という四つの声調があったことを示している．現代語でもこの「四声」以外を主要な源とする調類（弁別的な意味での声調）を有する方言はほとんどない．平上去に対し入は，韻尾が閉鎖音（$*$-p，$*$-t，$*$-k）によって担われていた点で異質であることから，声調素は三つであったとする「四声三

調」説（李 1952a）が唱えられている[*9]．しかし，唐代にはこの四声に声母の清濁を条件とする変化が起きていたようで，『悉曇蔵』巻五（880年序）には表・金・正・聡という四家の伝える声調に関する行があるが，全濁上と清・次濁上が分化したことなどがうかがえる（尉遅 1986）．

調型については，『元和韻譜』（9世紀初期？）の「平声哀而安，上声厲而挙，去声清而遠，入声直而促」という描写がかねてより知られている．丁（1975）をはじめ中古音の四声の別を音調曲線およびその長短の違いと考える研究は多い．だが，近体詩の格律の術語である「平」と「仄（上去入）」の間には発声上の類型の違いが介在したことを示唆する研究もある．8世紀頃の上声が調音時間の短いものであったことを，より古い時代の声門閉鎖音韻尾（[*]-ʔ）の消失に起因すると考える説（Mei 1970）はよく知られていよう．また，上声に声門閉鎖音（[*]-ʔ），去声に「glottalization」を推定する説（Sagart 1986）もある．この説では，中古音（後期）以降に起きた全濁声母の無声化だけでなく，全濁平声字が無声有気音，全濁仄声字が無声無気音で実現するという，現代語の官話にみられる言語事実に至る過程が説明できる．だが，「glottalization」という要素が具体的にどのようなものであったかは十分に説明されていない．

3.1.3 近古音

〈概　説〉

中古音と現代音との中間に設定される「近古音」[*10]は，その上下限こそ研究者によって異なるものの，総じて元代が含まれる点では一致している．

元代の漢字音についての研究は，韻書『中原音韻』(1324) を主軸に展開されてきた．それ以前の韻書が必ずしも同時代の体系を反映していないのに対して，『中原音韻』は当時の北方中国の口語音の体系を反映すると考えられている．『中原音韻』の音韻体系は，現代の一部分の官話の原型ともいえる姿を呈しており，現代北京語との共通点も多い．

『中原音韻』以外では，同時期の漢字音の研究に，①元曲の押韻，②パスパ文字で記された漢字音，③モンゴル語を記した対音，などが利用されてきた．②には『蒙古字韻』(13世紀) や『事林広記』「蒙古篆字」[*11]（13世紀？），③には『事林広記』「至元訳語」[*12]，『元朝秘史』(13〜14世紀)，『華夷訳語』甲種本 (1389) がある．

[*9]　この考えは現代語で閉鎖音韻尾を有する方言の多くにも適用可能である．

[*10]　中国語では「近代音」とも称され，日本語では「近世音」と称される．

[*11]　異本では「蒙古字体」とも．

[*12]　異本では「蒙古訳語」とも．

〈声　母〉

『中原音韻』の声母体系は，中古音に比べて簡単なものとなっている．声母の総数は 21（ŋ とゼロ声母を含む）である（楊 1981）．

中古音の全濁字は，無声化が完了している．そして，破裂音や破擦音で現れる場合，平声では pʰ，tʰ など無声有気音，仄声では p，t など無声無気音に変化している．

中古音の知組字と照組字は多くが同じ小韻に配されており，合流が進行していることがうかがえる．微母字は独立している．疑母字は多くが影・喩母と同じ小韻に配されていることから，軟口蓋鼻音 ŋ を失う趨勢にあったと考えられる．だが，一部分は娘母字と同じ小韻に配されており，それについては歯茎鼻音 n に変化していた（楊 1981）．

〈韻　母〉

『中原音韻』の韻母体系は，中古音に比べてはるかに簡単なものとなっている．「東鍾」から「廉繊」までの 19 部に分かれており，楊（1981）は韻母の総数を 46 とする．

中古音の開口一等韻と二等韻は，見系字で分かれるのを除くと多くが合流している．

中古音では咸・深摂（舒声）字は両唇鼻音（*-m）が韻尾を担っていた．それらは『中原音韻』では「監咸」，「廉繊」部に属し「寒山」，「先天」部とは分かれているため，韻尾は依然として -m であったと考える研究は多い．しかし，羅（1935）は『中原音韻』「正語作詞起例」に「針」と「真」，「南」と「難」を区別するようわざわざ述べられていることから，同時は -m が -n に合流してから久しかったとしている．

〈声　調〉

『中原音韻』は「平声陰」「平声陽」「上声」「去声」の 4 声調を掲げる．これは中古音の「四声」とは異なる体系である．

中古音の平声字は平声陰と平声陽に分かれて収められている．この分化は声母の清濁，すなわち声母が無声音であったか有声音であったかを条件としている．例えば，「東」（端母 *t）は平声陰，「同」（定母 *d）は平声陽に収められている．

中古音の上声字は全濁声母を有していたものが「去声」に収められている．例えば，「動」（定母）は去声字「洞」と同じ小韻に配されている．

中古音の入声字は，平声・上声・去声の 3 声調に分散して付されている．この分化も清濁を条件としており，清，次濁，全濁がそれぞれ上声，去声，平声となっている．「入派三声」と呼ばれるこの現象に関しては，入声はすでになかったとする説（忌 1984）がある一方で，調型は平声・上声・去声に同定できるものであったが，調類としてはまだ存在していたとする説（楊 1981）がある．両者は『中原音韻』「正語作詞起例」の「入聲派入平上去三聲者，以廣其押韻為作詞而設耳．然呼吸言語之間還有

3.1 中国漢字音 53

表 3.3 19 世紀中期の「官話」と北京語の特徴の対比（声母）

	「官話」 『英華韻府歴階』	北京語 『尋津録』
①	軟口蓋破裂音・破擦音声母は 前舌狭母音と結合する kin［kin］金 hü［xy］許	軟口蓋破裂音・破擦音声母は 前舌狭母音と結合しない chin［tɕin］金 hsü［ɕy］許
②	軟口蓋鼻音声母あり ngo［ŋo］我 ngán［ŋan］暗	軟口蓋鼻音声母なし ê［ɣ］, o［o］我 an［an］暗
③	歯茎音声母 ts'u［tsʰu］初 sz［sʅ］士 tsang［tsəŋ］争	後部歯茎音（反り舌音）声母 ch'u［tʂʰu］初 shih［ʂʅ］士 chêng［tʂəŋ］争

入聲之別」に対する見解を異にしている．なお，「入派三声」の平声が陽平を指すも
のであったとするならば，これと同じ入声字の調類分化は現代語（官話）で河北省南
部から山東省中部にかけてみられる（曹 2008：014〜016 を参照）．

3.1.4 明 清 音
〈概 説〉
　従来，明・清代の漢語音は，主に漢文資料である韻書に基づいて論じられてきた．『韻
略易通』（1442 年）や『五方元音』（17 世紀中期）がよく知られている．しかしながら，
漢文資料を用いた研究では，音韻体系の枠組みの把握は可能であるが，音価を漢字か
らうかがい知ることは往々にして困難である．提示する音価についての根拠を示さず
に，現代語の音価をそのまま投射した研究も少なくない．そこで，本項では欧文資料
に基づいて述べることにする．
　欧文資料としては明代の韻書『西儒耳目資』（1626 年）が有名であり，そこではイ
タリア人マテオ・リッチ（Matteo Ricci，中国語名は利瑪竇）のラテン文字による表
記法を，これまたイエズス会の宣教師であったニコラ・トリゴー（Nicolas Trigault，
金尼閣）が改良して用いている．19 世紀（清代後期）に入ると欧文資料の数は急増
するが，その多くは「官話」（Kwan-hwa，Kuan-hua など；英語では Mandarin）と
呼称された言語を記したものである．当時中国の各地で官員や商人によって使用され
ていたこの言語は，現代北京語へと至る系統上に位置するものではない．揚子江下流
域すなわち江南の方言がある程度反映した言語体系であったと考えられている（古屋
1996）．そして，その漢字音には，現代北京語と異なる特徴がいくつか見られる（表
3.3）．「官話」がリンガフランカ（広域通用語）の地位を北京語に譲るようになるのは，

表 3.4 19 世紀中期の「官話」と北京語の特徴の対比（韻母）

	「官話」 『英華韻府歴階』	北京語 『尋津録』
①	声門閉鎖音韻尾あり shih [ʂiʔ] 失, hióh [ciɔʔ] 学	声門閉鎖音韻尾なし shih [ʂi] 失, hsiao [hiau] 学
②	曽摂開口一等入声 ＝梗摂開口二等入声 peh [peʔ] 北 ＝ peh [peʔ] 百	曽摂開口一等入声 ≠梗摂開口二等入声 pei [pei] 北 ≠ pai [pai] 百

史料からうかがい知るかぎり 19 世紀中期以降のことである（吉川 2015）.

〈声母, 韻母, 声調〉

　以下に「官話」と, 当時の北京語との対比を行う.「官話」については『英華韻府歴階』（1844 年刊）, それに対する北京語については『尋津録』（1859 年刊）に記される漢字音に基づくことにする.

　声母については, 当時の北京語と異なる点を 3 つあげることにする（表 3.3）.
　　① 軟口蓋破裂音・破擦音 k, kʰ, x が前舌狭母音 i, y の前に現れた
　　② 軟口蓋鼻音 ŋ があった
　　③ 中古音の遇・止・梗摂荘組舒声字が歯茎音声母で現れた
　韻母については, 当時の北京語と異なる点を 2 つあげることにする（表 3.4）.
　　① 中古音の入声字が声門閉鎖音韻尾 -ʔ を有した
　　② 曽摂開口一等入声字と梗摂開口二等入声字が同じ韻母で現れた
　声調の数は, 声門閉鎖音韻尾 -ʔ を有する音節に現れる入声まで含めると, 5 であった. 当時の北京語が 4 であったのとは異なる.

3.1.5 現 代 音

　現代語は, 1988 年に『中国語言地図集』において提唱された「官話」「晋語」「呉語」「徽語」「贛語」「湘語」「閩語」「客家語」「粤語」「平話」の 10 種, および帰属未定の数種をもってその最新の区画とする[13].『中国語言地図集』刊行以降, 各地で言語調査が進められたこともあり, 分類基準や個々のグループの帰属についての論争はむしろ活発化している. ただし, 中国で行われてきた区画は, 系統論による解析が必ずしも有効に機能しない漢語の特質もあって, 言語の系統よりは漢字音における類似性が重視された「分類」に終始する嫌いがある. その点を断った上で通時的視点に立って概

---

*13 「晋」「徽」「贛」「湘」「閩」「粤」はそれぞれ山西, 安徽, 江西, 湖南, 福建, 広東の古名である.

観すると，次の3点を地理的な趨勢として指摘してよかろう．

① 声母：中古音の全濁声母のうち有声破裂音・破擦音だったものは，呉語と一部分の湘語で有声音で実現するのを除き，概して無声化している（曹2008：039を参照）．

② 韻母：中古音の入声韻尾（*-p，*-t，*-k）は，客家語・閩語の一部分と粤語で口腔閉鎖音で実現するのに対し，晋語や呉語では声門閉鎖音 -ʔ で実現する，官話や湘語では消失して開音節となっている地点がほとんどである（曹2008：123を参照）．

③ 声調：調類数は概して北部で少なく，南部で多い．中古音の全濁上声字は官話・晋語などでは去声に合流しているが，呉語・閩語・客家語・粤語などにはその多寡こそ異なれ，次濁上声字と同じ調類で実現する字がみられる，特に呉語では次濁上声字とともに1調類をなす地点が多い（曹2008：010を参照）．入声は（西南官話と江淮官話の一部分を除く）官話で他の声調に合流しているのに対し，官話以外では依然として独立した声調として実現する地点が多い（曹2008：013を参照）．

以上3点を総合すると，音節の数は官話では少なく，呉語や閩語，粤語では多い．

[吉川雅之]

3.2 日 本 漢 字 音

3.2.1 はじめに——日本漢字音

日本漢字音とは，文字通り日本で用いられる漢字の，いわゆる音読みの発音（音形）のことである．現在の日本漢字音の多くは9世紀以前にもたらされたものでほぼ構成されており，本項目のうちの，「呉音」と「漢音」がその多くを占める．漢字の音読みというかぎり，そもそもの起源は中国であるに違いないが（一部例外がある：3.2.5項「慣用音」参照），その中国のなかでも発音は変化してきたし，地域差もある．加えて日本の場合は，ここに受容の段階（時期），経路ということも考慮される必要があって，ことに呉音の認定には難しいところもある．

例えば「明」の音読みにはミョウ，メイ，ミンがある，と横並びにあげられることがある——そしてこれが日本漢字音だ，といっても間違いではない．が，個々の発音の別に話が及ぶと，それは自ずと，由来・伝来経緯に触れることになり，つまりは日本漢字音自体が歴史性に裏づけられたものであると知ることになる．要するに，ミョウ，メイ，ミンは，最初から同時的に存在したわけではない．よって，この項目で説明するうちの，漢音，呉音，唐音を巡っては，歴史的な経緯に多く言葉を要することになる．

3.2.2 呉　　　音
〈呼　称〉

これまでの，漢字にまつわるさまざまな一般向けの本や研究教育の概説書等では，呉音と漢音との比較を一覧にしたものがあげられ，その対応関係を示すことに注力されてきたところがある．「全濁音の無声音化」「非鼻音化現象」といった専門用語とともに詳説されることも多い．本節は，そういった観点からの解説手法は既存の先行書にゆだねることとし，名称や経緯，歴史的位置づけのほうに紙面を割きたいと思う[14]．

まず最初に注意せねばならないのは，「呉音」の「呉」は中国の歴史上に存在した「呉」（『三国志』の呉や，「呉越同舟」の呉など）という国そのものを指すのではない，ということである．私たちが現在「呉音」と分類，把握している漢字音は，古くは「和音」（倭音）ないし「対馬音」と呼ばれていた．もし，漢字音が一種類の体系しかなければ（ないと思っていれば），他と区別するような名前はそれほど必要とされないはずで，たんなる〝漢字の発音〟という程度の認識であったはずである．他と区別すべきことが意識に上ったのは，とりもなおさず日本人が「漢音」（次項にて解説）に触れたからだと考えられる．その証拠に，漢音を「正音」と称していることがあげられる．「正音」に対するものとして，「和音」（対馬音）と称してくくったのである．こういう対比意識は，前述のとおり漢音との接触を通じて醸成されたことと思われるが，その顕著な機会として，遣唐使があげられよう．傑出した人材が多数大陸へ渡り，彼らは直接に，さまざまな有形無形の先進的事物を日本にもたらした．留学において，結局のところものをいうのは語学力になるだろうが，いわばエリートたる彼らが，長安で話される漢字音（＝漢音）を正統と見なし，この学習に努めるべきと考えたことは想像に難くない．

さて，ややこしいことだが，中国漢字音においても「呉音」という呼称があった．当然，日本で現在通用しているそれではまったくなく，中国の場合はこれを方言音という意味で使っていた．長安では当時，通用の漢字音を「秦音」と自称し，方言，特に長江以南の発音を「呉音」「呉楚之音」と称していた．ここには少なからず蔑視的ニュアンスがあったと思われる．中国における「呉音」もまた，一国としての「呉」国を指すのではなく，漠然と南方地域という程度の意味であるとみるべきであろう．

---

[14] 本節は，あまたある先行書の二番煎じを避けるべく，趣向を変えた．ちなみに，例示した「非鼻音化現象」とは，m音やn音が，口腔にも息を流して [mb][nd] といった発音になることである．具体的には，呉音「美（ミ）」-漢音「美（ビ）」のような関係．「全濁音の無声音化」とは，濁音バ行が無声子音ハ行に変わる現象で，呉音「貧（ビン）」-漢音「貧（ヒン）」になるようなことを指す．

そして，この，"正統な漢字音に対する方言音" という意味での「呉音」が，翻って日本において「和音」（対馬音）に代わる呼称として据えられたという経緯がある．つまり，日本においても正当な漢字音としての「漢音」が認知されたゆえ，それに対置する（鄙たる漢字音の）呼称として，「和音」（対馬音）があり，ひいては中国における漢字音の関係になぞらえて，それを「呉音」と呼んだのであった．

　以上のようなことから，一時巷にあふれていた"呉音とは三国時代の呉で用いられていた漢字音" といった言説は，いわば二重の誤解があることになる．つまり，呉は中国史上の具体的な国を指すのではないということ，また国ではないとしても，いずれにせよ中国からの伝来，由来を直接意味するのでもない，ということである．現実には漢字音なのだから中国由来といえないわけではないが，あくまで，「漢音」（正音）に対置させるかぎりにおいて，それまで日本で通用していた漢字音群をそう呼んでくくったにすぎない．つまり，日本漢字音を語る際の述語「呉音」とは，起源も伝来も語るわけではない呼称なのである．

〈字音の内実〉
　呉音の音韻的特徴は，漢音との比較で語られることが多い．下記のように，一定の対応関係でもって示される[*15]．
- 子音の違い
　　呉音ガ行：極，求，権，強（例：「極楽」「欣求浄土」「権大僧正」）
　　漢音カ行：極，求，権，強（例：「究極」「要求」「権力」）
- 母音の違い
　　呉音オン：金，品，音，勤（例：「金堂」「法華経普門品」「勤行」）
　　漢音イン：金，品，音，勤（例：「金品」「勤務」）

　上に例示したように，呉音には仏教関係の語が多いとよくいわれるが，「音楽」「音声」など呉音のほうが（仏教語でなくても）なじみがあって，漢音「音」を含む熟語のほうがあまり知られていないということもある．ちなみに真言宗では，声明（仏教声楽）の上手な人を「能音の人」というが，これは仏教関係語にもかかわらず，漢音である．また，経典でも『般若理趣経』は漢音で読むので「金剛界」「地獄」などと読まれる．したがって呉音＝仏教語，漢音＝一般語とあまり単純に一般化はし難いところもある

---

*15　呉音が"雑多"であるにもかかわらず，漢音とそれなりの対応関係をみせることを奇妙に思われるかもしれないが，これは，呉音が仏教界によって研究され，整備されたことと無関係ではない．中澤信幸によれば「仏教界では中国語音韻学や漢籍の学習が行われ，漢音（正音）の字音体系から呉音を整備していったのである．この時点で日本の呉音はすでに人為的なものだったといえる」という（中澤 2011）．

ので，注意が必要である．

　呉音の経緯として最もよくいわれることに，朝鮮半島からの仏教伝来に伴って漢字音が移植され，それが南朝系仏教だったために，日本に仏教を伝えた百済を経由して伝わった南方系漢字音を基層とする，という把握がある．仮にこれに乗って推定してみると――仏教伝来が6世紀前半であれば，漢音と出会って本格的に日本に移植する試みが出てくる7世紀までおよそ100年近くの時間がある．この間には北魏系仏教をもたらした高句麗との交流もあり，もうこの時点で，仏典読誦音という点だけでもすでに雑多なものになっていたと考えられる．つまり，中国の各地方の漢字音が，時期を違えて，しかも朝鮮半島という外国を通して伝わっているわけである．加えて，それが日本語という音韻の環境でさらに訛っていったと考えれば，その多様性は自ずと知られるし，また遣唐使たちが，顧みて漢音との違いを痛感するのも無理からぬことであっただろう．

3.2.3　漢　　　音
〈奨　励〉

　呉音の項でも述べたように，漢音は学ぶべき正統な字音として認識され，積極的に奨励された．大学寮などでの講義もこれに置き換えられたが，なかには簡単には変更されなかったところがある．それは仏教界である．漢音を学習する（つまり漢音で経典を読む）ように何度か命令が出されているが，ついに完全に置き換わるには至らなかった．最初は養老4年（720）で，唐僧や，唐の学問僧を師として，正しい中国語で読誦すべきことを規定し，これが仏教界に出された漢音奨励のいわば嚆矢である．また，延暦12年（793）には，

　　　制，今より以後，年分度者，漢音を習ふにあらざれば，得度せしむることなかれ．
とあり，同様の例が17年，20年にもみられる．「得度せしむることなかれ」とはつまり，漢音を学ばなければ僧侶になることを認めないということだ．わざわざこういった厳しい態度で詔勅を出すということは，繰り返し朝廷が漢音学習を奨励したにもかかわらず，伝統的な呉音での読誦が根強いことを示すであろう．しかし，大同元年（806）には，

　　　もし義を習ふに殊に志高きところあらば，漢音に限ることなかれ
とあり，漢音読誦は得度条件から外されている．これ以降は，仏教界に対して漢音学習を強制する命令は出ていない．結果として，大学寮等で講義される漢籍一般（儒学）は漢音，仏典は呉音で読むという棲み分けができた．日本漢字音が一枚岩でない大きな要因は，はやこの時点にあるのである．なお，上述のとおり密教経典は漢音で読むものも多いが，これは法令に従ったというよりも，新たに日本にもたらされた経典が多かったため，そもそも呉音で読む習慣がなかったことによるとみるべきであろう．

〈日本漢字音における大きな存在〉

江戸時代に，字音仮名遣い（漢字の音読みの綴りかた）の研究が進んだ．例えば現在は「高」「甲」「公」「光」の字音はすべてコウと綴り，発音するとコーになる．しかし，歴史的な字音仮名遣いでは，「高（カウ）」「甲（カフ）」「公（コウ）」「光（クヮウ）」である．もっとも，江戸時代は開音（au）と合音（ou）の区別が失われてオーに統合していった時期であり，混同がでてきたからこそ，研究が推進された側面もあろう．この種の研究の際によりどころとされたのが漢音であった．漢音は韻書等の助けによれば，呉音と違って体系的に字音を把握することが可能で，結果，それまでは呉音しか知られていなかった漢字についても，漢音としての読みかたがことごとく明らかにされていった．日本漢字音で漢音が優勢であるのもこういった学問的成果を受けて，またさらに，明治時代にその趨勢が顕著になっていったことによる．例えば，明治時代には西洋の学問，文物を漢語で翻訳することが盛んに行われた．例をあげると「人民」「進化」「文化」「文明」「物理」などは日本人が造語したもので，漢音が主として用いられた．仮に呉音で読めば，「人民（ニンミン）」「進化（シンゲ）」「文化（モンゲ）」「文明（モンミョウ）」「物理（モツリ）」となる．また新語のみならず，既存語についても，呉音で読む習慣があったものを漢音に置き換えるということも起きた．一例をあげると

軽重（キョウジュウ→ケイチョウ）　言語（ゴンゴ→ゲンゴ）

書籍（ショジャク→ショセキ）　　　礼服（ライフク→レイフク）

などである．いまのわれわれには，当然後者の読みになじみがあるだろう．伝統的に呉音で読まれていたものを漢音に読み替えるというのは，語形が変わるのだから，これはたんなる気まぐれではありえないはずであるが，おそらく，漢音研究が進み，字書が普及したことで漢字音としての正当性の意識が高まったこと，呉音が生活に根ざしたものであることから通俗性も感じられて，それに対する新奇性が好まれた（新語的意識）——などの複合的な要素があると考えられる．

前項にもあげたが，呉音は一般に仏教関係語に多いというものの，日常語に浸透しているものも少なくない．仏教に直接関係しなくても，1月，2月の「月」は呉音ガツだし，数字の「万」は漢音がバンであるが，「万物」「森羅万象」「万博」あたりでしか使われず，この字だけをみれば圧倒的に呉音マンを思い浮かべることのほうが多いと思われる．また「人（ニン）」のように「遊び人」「苦労人」といった具合に和語・漢語問わず熟している場合もある．

現在は語ごとに読みはほぼ固定しているから，「京都」をケイトとは決して読まないが，かつては「東京」はトウケイと呼ばれたこともあった（明治初期〜中期ころで，例えば「今東京（とうけい）へ帰つてきてみると」（仮名垣魯文『安愚楽鍋』明治4〜5年），「文三だけは東京（とうけい）に居る叔父の許へ引取られることになり」（二葉亭四迷『浮雲』明治20年））．また，「文書」はいま「ブンショ」とも「モンジョ」とも読むが，意味の棲み

分けがある（江戸時代以前は「モンジョ」とだけ読まれてきた）．寺社や博物館に所蔵されている古い文献としてのそれはやはり「モンジョ」がなじむだろう．これは，cupをコップ／カップ，glassをグラス／ガラスと読んでそれぞれ意味の棲み分けがあるのにも似ており，日本語の，外来語音受容における特徴が表れていて興味深い．

また意味の棲み分けというより，使う場面，いわば位相的棲み分け（6.1節参照）がある場合もある．「女性」を「ニョショウ」（呉音）と読めば，指す対象は同じでもやはり仏教関係の説話等の世界になじむだろうし，「留学生」を「ルガクショウ」（呉音）と読めば，やはり遣唐使の時代のそれを指すものとして認識されていよう．「文書」「女性」「留学生」ともに，現在一般の生活でわれわれがなじみのあるほうの読み（ブンショ，ジョセイ，リュウガクセイ）はやはり漢音である．

さらに，漢音と呉音が交じった読みかたがある．「美男子」を「ビナンシ」と読むことがあるが，漢音なら「ビダンシ」，もし呉音で読むなら「ミナンシ」ということになる．他にも「音声」は「オンセイ」と読んでいるが，漢音でそろえるなら「インセイ」，呉音なら「オンジョウ」となるところである（仏典などでは「大音声」をダイオンジョウと読んでいる）．

3.2.4　唐　　　音

〈経緯と呼称〉

これまで述べきたったところからわかるとおり，唐音とは決して7～10世紀に大陸に存在した「唐」王朝の漢字音ではない．漢音以降――もうすこし厳密にいえば，漢音移植後に入唐した密教僧が主にもたらした，専門的な字音ともいえる「新漢音」[*16]以降，中国との交渉（主に入宋した禅僧たち）によって得られた漢字音以降の全般を指す．なお，「唐音」とふつう呼び習わすが，「漢音」「呉音」とのバランスからして「唐音」と呼ぶこともある．その下限は実に江戸時代までに及ぶが，数百年の間には，中国では王朝が交代しているし，当然字音の変化もあったはずである．にもかかわらず，この間の伝来音を「唐音」と一括りにしうるのは，日本漢字音の体系は，すでに呉音と漢音が骨格をなしていたからである．あとから述べるように，唐音が，日本語・日本漢字音に占める位置は相当に小さい．ただ，あまりに長い時間にわたるので，二分して，「中世期唐音」と「近世期唐音」と呼ぶこともある．またその発端が宋に渡っ

---

*16　平安中期以降，入唐した密教僧によってもたらされたものが中心で，陀羅尼等の読誦音に限られるいわば専門用語にまつわる字音である．ゆえに，それまでの漢音や日本語音韻体系にはほとんど影響を与えていない．沼本（1997）にあげられている例をここに引用する――「国」（漢音コク，新漢音クエキ），「白」（漢音ハク，新漢音ハイ），「門」（漢音モン，新漢音ボン），「名」（漢音メイ，新漢音ベイ）など．

た禅僧によることから「宋音」「唐宋音」などと呼ぶこともあるが，本項では「唐音」で統一する．

〈日本漢字音における位置〉

前項で述べたように，唐音は主に，禅僧が修行する上で用いられたために，仏教関係語が多く，かつ物の名前が多い．唐音はこれらの事物の読みとして通行しているにすぎず，それまでの字音体系に影響を及ぼすものではなかった．これは例えばv音を表すための「ヴ」という発音，あるいはその表記が，特定の外国語（外来語）を指すことには使われても，決して日本語の音韻体系に編入されたり，和語や漢語の音韻の構成を変更するということがないのと同じである．

以下，唐音で読まれる語をいくつか列挙してみよう．一般語と仏教関係語との分類は必ずしも厳密ではないが，目安として分けておく．

- 仏教関係語（禅家で使う道具も含む）[*17]：
  行脚，和尚，看経，竹篦，払子，鈴，法堂，東司など
- 一般語：
  行燈，外郎，椅子，銀杏，卓袱，扇子，西瓜，箪笥，提燈，暖簾，布団，饅頭，羊羹など

なお，「行燈（あんどん）」の場合，2字とも，呉音でも漢音でもないので唐音の例によくあげられるが，漢音と同じ発音を有する場合――例えば「外郎（ういろう）」の「郎（ろう）」も，やはり唐音とみるべきことに注意しなければならない．上述のように，唐音は単語レベルで享受されたわけで，例えば唐音と漢音を混淆するなどして造語されたわけではないので，上にあげた例群において，たとえ旧来の漢字音と合致する場合も，それは唐音であるといわねばならない．

3.2.5 慣 用 音
〈定 義〉

慣用音とは一般に，呉音・漢音・唐音のいずれでもないが，日本漢字音として通行しているものを指す．といっても，三体系の漢字音以外の時代に大陸から伝来した字音という意味ではない．いわば，あとから作られたカテゴリーである．同時に，このカテゴリー自体がそもそもさまざまな問題を内包している．つまり，何を含んで，何が排除されるかが一定しないのである．基本的には，あくまで日本のなかでいわば生み出された漢字音とみるべきものだが，まったく漢音や呉音と無関係に生まれたもの

[*17] 現在，必ずしも仏教関係語と認識されないものもある．例えば「竹篦」は「しっぺ返し」の「しっぺ」である．

だけでなく，呉音的慣用音，漢音的慣用音とでもいうべきものも含まれており，結局は，伝来漢字音との関係で説かねばならないこともあって，事態は複雑である．当然ながら個別的に研究者によって判断が分かれるものもある[18]．次項でみるように，字体構成要素から判断した誤読に由来するものも少なくない．湯沢質幸が「慣用音という分類枠を設けるべき根拠が確認できない」と指摘するように（湯沢 1996），そもそもが，大陸から外国語音として伝来した，それそのものではないので，「呉音」「漢音」「唐音」と並べられる区分では本来ない．しかも，「呉音」でも「漢音」でも「唐音」でもないものが慣用音だと仮にしたとしても，三体系の漢字音の認定の時点で違いがあれば，また話は変わってくるのだ．湯沢（1996）も，身近な漢和辞典でも違いがあることを詳細な比較を通して指摘している．一部を約言すると──例えば「世」字は，『新漢和辞典』では呉音セイ，漢音セイ，慣用音セとするが，『大漢和辞典』では呉音セ，漢音セイで，慣用音認定はなしである．すなわち，呉音か慣用音かの認定で，判断が割れている．これは慣用音が，呉音・漢音・唐音の認定を前提とする存在であるがゆえに生じている，いわば二辞書間の離齬であろう．しかし，それでも，ともかく慣用音とでも呼んでおくしかない，伝来音では説明のつかない漢字音が存在していることもまた，間違いない．その慣用音なくしてはいまさら通行させえない熟語もある．「伐採」「征伐」「討伐」の「伐」は字音がバツとしてなじみ深いであろう．しかし，これは呉音（ボチ），漢音（ハツ）のいずれでもない．それどころか「ボチ」「ハツ」を使う熟語は見出し難いであろう（「バツ」が「ハツ」の連濁によるのではないのは，「伐採」のような語頭位置例からもわかる）．

　学術的には，「従来慣用音とされていたものを再検証することによって，呉音や漢音に還元するのは個別論としては可能である」（鳩野 2008）とされており，さまざまな見解の違いを補正し，整理することは，可能性としてないわけではない．ただ，一般には，ことに後掲する例にみられるようなあやまった類推に端を発するもののほうが慣用音の代表とみられているところがある．たんに，間違いであるとか，誤解であるとして片づけえない，ましていまさら修正しえないような位置づけにあるものも少なくなく，なかには辞書でもそのように紹介するものも存在する[19]．

　さて，主に日本語学系の，漢字音研究で伝統的に問題にされてきたところの「慣用音」と，辞書のカテゴリーとしての「慣用音」とでは，実はその範疇が一致していないところがある．例えば先にあげた「世（セ）」字のように，呉音か慣用音か判断が割れるようなものを対象に，"慣用音論"が論じられる一方で，辞書をはじめとして，

---

[18]　例えば沼本（1982），岡本（1991）など．
[19]　例えば『新字源』では「形声字の音符から類推された誤りが最も多い」（強調引用者）とある．

いわゆる "百姓読み"——「輸出」の「輸」をユと読むことなども[20]，「慣用音」に含められている現状に照らすと，「慣用音」とはいったい何なのか，現状はまるで分類の掃き溜めのようになってしまっているともいえる．このことは，「慣用」という言葉それ自体にも問題があろうと思われる．極端な例ではあるが，例えば「青島ビール」の「青」は無論，慣用音には含められないが，普段，中華料理屋や酒屋で見かけることはあるし，「チンタオ」を「セイトウ」とか「ショウトウ」とは読まないわけだから，一般的な意味で "慣用" しているではないかといえばどうだろう（ちなみに，一太郎2013付属のATOKでは，「チンタオ」と仮名入力すれば直接に漢字変換可能）．それは含められるわけがない，といわれることだろう．しかし，現状の，広く知られる「慣用音」とはそれくらい，雑多である．一つ，言いうるとすればこうだろうか——「青島」「青椒肉絲」が振り仮名なしでふつうに読まれうるほど "慣用" されてはいても，「慣用音」に入れられないのは，日本で発生し，習慣的に，継続的に使用されている字音ではないから，これらはあくまで中国から伝来した上での，日本訛りの字音であるから，といえようか．となると，慣用音の，せめてもの定義として，漢音でも呉音でも唐音でもない，というのはまだ説明として十全ではなく，日本で何らかの事情で発生したという点が——国字や国訓のように——，むしろ前面に出されるべきであろう．

〈"誤読" に由来〉

前項までに触れたとおり，本項でみる例は，特に慣用音としてよく知られていようかと思う．一例をあげると，「輸出」などに使われる「輸」の字の読みなどがこれに当たる[21]．この字は本来「シュ」と読むのであるが，現状これを「ユシュツ」と読んでいるし，もはや学校教育でもそのように教えられ（小学校第5学年学習漢字），漢字のことを詳しく学ぼうという人でもないかぎり知らないのが普通といってもいいほどである．「シュシュツ」と読む人のほうが間違い扱いをされるかもしれない（「輸出」はもはや社会的に「正しい」）．この字を「ユ」と "誤読" したのは「喩」「諭」「愉」と共通する声符要素から類推してのことと考えられる．こういうのを俗に「百姓読み」という．他に例をあげると，「滌（デキ）」と読むべきを「洗滌（センジョウ）」，「涸（カク）」を「涸渇（コカツ）」，「攪（コウ）」を「攪拌（カクハン）」，「耗（コウ）」を「消耗（ショウモウ）」など．いずれも声符（音符）から類推した，本来は誤読である．「諭」

---

*20　この「輸（ユ）」を，呉音であって，慣用音とはみない説もある（沼本1997）．

*21　「輸贏（シュエイ）」では「シュ」が生き残っているともいうが，やはり「ユエイ」もある．そもそもこの熟語があまり使われないために，「シュエイ」のまま残っているだけのことかもしれない．なお，注20をも参考のこと．

「愉」「喩」がいずれもユであるように，字体に共通要素があると読みも共通すること は確かに珍しくない．形声字が多くを占めるのは事実であるし，未知の字を当て推量 で読むときに当たることも少なくない．そういった経験が“誤読”を産み，またそれ が社会的に通行してしまうと，「輸出(ユ)」のような現象を生起させるのだろう．ちなみに， これらの間違いが起こる原因は，耳で聞くこと——そしてそれが定着すること——と， 目で読むこととが分離している，もしくは後者が先行したことを示すだろう．もし，「セ ンデキ」が強く耳に残るほどに定着していることを経て，相当する文字表記がこれだ と視認するという段階を経た場合は，これを「センジョウ」と誤読する余地はあまり ないと思われる．「センデキ」を耳ではよく知っていて，しかし「洗滌」を「センジ ョウ」と読んでしまうとしたら，それは語と表記が結びついていなかったのである． もしくは，「センデキ」さえも知らない状態で，「洗滌」表記に出会ったから，「セン ジョウ」と読んでしまうのであろう（さらにそれ以前に「條(ジョウ)」を知っている必要は あるが）.

　ちなみに中国語で「輸出」は shūchū，「比喩」は bǐyù で，日本漢字音でいえば「シ ュシュツ」「ヒユ」に当たる区別が保たれている．朝鮮（韓国）漢字音でも「輸出」 は수출（スチュル），「比喩」は비유（ビユ）と，やはり区別が保たれており，日本語 のように「輸」をヤ行音に読み替える現象はない．

　ところで，本項での挙例の如く，声符が原因とみられる慣用音群内にも実は差異が ある．例えばこれもよくあげられる「脆弱性」を「キジャクセイ」と読んでしまうも の（正しくは「ゼイジャクセイ」）などがそうで，これはいうまでもなく「危険」の「危 （キ）」から類推したものであるが，「脆弱」を PC で「きじゃく」と打ち込んで変換 すると，変換はしてくれるが「脆弱《ぜいじゃくの誤り》」と赤字で指摘してくれる（一 太郎 2013 付属の ATOK の場合）．しかし，先にあげた，「輸出」を「ゆしゅつ」と 打ち込んで変換しても，当然，《しゅしゅつの誤り》という指摘は出てこない．つまり， 「慣用」と「誤り」の間はいまだ曖昧である．この先，曖昧さが解消される方向に働 くのか，誤読は誤読としてそのまま，細々と指摘され続けるのか，個々に未知である といわねばならない．「脆弱（キジャク）」も「輸出（ユシュツ）」も慣用音の例とし てあげられることが多いが，実際には扱いに差異があると思われ，学校教育や，通行 度（認知度）の観点からもうすこし整理はできそうで，今後の課題の一つであろう.

〈まとめにかえて——慣用音研究〉

　前項までに挙げた湯沢（1996）では，慣用音という項をたてて検証しているが， 末尾に，これまで慣用音の問題に正面から取り組んだ論は，刊行時点（1996 年）で， 高松政雄『日本漢字音の研究』（風間書房，1982）と，岡本勲『日本漢字音の比較音 韻史的研究』（桜楓社，1991）くらいしかない，と述べている．本稿脱稿時点で，論

題に「慣用音」とあがっているものとしては本節でも取り上げた鳩野論文をはじめ，いくつか論文は出ているようである[22]が，確かに活発とは言い難い状況である．

　冒頭に触れたとおり，慣用音は，呉音・漢音・唐音のいずれでもないという前提にたっているが，既述のようにそれ自体がまずは危うい．理論的には呉音，漢音，唐音が"確定"した時点で，はじめてできる議論になるはずなのである．しかし，それらが"確定"できるほど伝来字音の研究が容易ではないことはいうまでもない．その点では，慣用音研究というのは，依然として議論が続く，伝来三体系の字音研究の成果を常に見定めつつ進行せざるをえないことになる．中国伝来ではない日本製であることの証明が難しいというさらに別の難解な要素もある．つまり，"三体系の字音以外であること"が，"外来でないこと"を必要十分に保証するわけではないからである．慣用音を論じる上で，このように現状の足場が確定しない要素が非常に多く，議論が活発になりにくい一因ともなっているとみられる．前述のとおり，辞書をはじめとして広く捉えられている慣用音は，雑然とした分類の掃き溜めのような状態である．そこで，少なくとも pp.63〜64 にあげたようなものは別置するなど，分類という方法論自体から考え直すのも一案であろうかと思う．さらに突き詰めて，鳩野（2008）が「分類不可能（由来不明）……それこそ正に「慣用音」と呼ぶに相応しいものではないだろうか」と述べているが，首肯される一つの見かたであろう．　　　　　　　　　[尾山 慎]

3.3　同　音　異　字

3.3.1　同音異字とは

　「同音異字」とは，いずれも同じ字音を有するにもかかわらず，それぞれ別の文字，ないしは別の漢字語であるもののことを指す．「異字同音」「同音異義語」ともいう．広く「同訓異字」（4.3節参照）を含めて同音異字と呼ぶ場合もあるが，ここでは狭義の同音異字について説明する．

　そもそも中国語は単音節言語に属しており，「一字一語一音節」が原則とされる．意思疎通をはかるためには，それらを相互に区別する必要があったから，日本語よりも音節構造や音韻体系がはるかに複雑で，声調の種類もまた豊富であった．それでも，漢字はラテン字などと比べると所属字数がはるかに多いこともあり，同音異字となる

---

[22] 「漢和辞典における慣用音の規範」（鳩野 2008），「教育漢字における慣用音」（佐藤1998），「日本漢字音における慣用音の研究」（若松 1999）．検索は CiNii による．もちろん CiNii に反映されていない記述もあろうかとは思う．あくまでここでは，もし，慣用音の研究の状況を知りたいときに，まず誰しもが着手するであろう先行論の有無確認で，どれほど情報が得られるかという観点にたって調査した結果を示したまでである．

ものがもともと少なくなかった[*23].

　その中国語音が日本語の音韻体系に輸入され，日本漢字音（3.2 節参照）として実現されるに至ると，原音（呉音，漢音のベースとなったのは基本的に「中古音」である；3.1 節参照）にはあった多くの音韻的な区別が捨象されてしまい，同音異字はますます増加した．しかも，古い日本漢字音で例えば「カウ／カフ」「ジャウ／ジョウ／ゼウ／ヂヤウ／ヂヨウ／デウ／デフ」と別々であったものが，それぞれ表記・発音とも「コウ（コー）」「ジョウ（ジョー）」となったため，同音異字はさらに増えたのである．加えて日本漢字音は，古来，借用字音（外国字音，外国借音）[*24] としては例外的に複数の字音体系[*25] が共存する環境下にあり，同音異字が生じやすいという事情もあった．

　飯間（2011）によると，国語辞典の『大辞林 第三版』（三省堂）には，「こうしょう」という同音の漢字語が 47 語，「こうし」が 46 語，「こうこう」が 45 語採録されているという．そのうち「こうしょう」の例をいくつかあげると，「公称」「公証」「高尚」「交渉」「考証」「哄笑」「高唱」「校章」などがある[*26]．これら八つの漢字語は，現代中国語の普通話（北京音）で発音したり，朝鮮漢字音で読んだりした場合にはそれぞれ別音となるので区別がつくが，日本語の場合は文脈によって判断しなければならないこともある（同 p.35）[*27]．

　このように，日本の漢字には同音異字がきわめて多くみられるため，漢字の書き分

---

*23　したがって，「某音某」のようにある漢字の音を別の漢字 1 字の音で注することが可能なのであった（「直音注」「同音字注」という）．なお，類似の音を用いて注する方法は，これと区別して「読若」「読如」という．日本にも直音注はしばしばみられたが，それは日本語の音韻に基づく独自のものとして発達した．例えば藤原公任（986〜1041）『大般若経字抄』（1032 年成立）には，「戎」（東韻）の字音を「柔」（尤韻）字で注する例がみられる（高松 1987：68）．

*24　「移植漢字音」ともいう．日本漢字音のほかには，朝鮮漢字音，越南（ベトナム）漢字音，ウイグル漢字音などがある．第 7 章などを参照されたい．

*25　「呉音」「漢音」「新漢音」「唐音」など．「唐音」はその時代によって，「中世期唐音」（鎌倉唐音，宋音ともいう），「近世期唐音」（江戸唐音，華音ともいう）に二分される．これらは，領域縦断的にみるとある程度の「棲み分け」があった．儒学の漢籍読書音は「漢音」，仏教の読誦音は呉音が中心だったが，細かくみると，天台宗・真言宗など密教系は漢音，臨済宗・曹洞宗などは中世期唐音，黄檗宗・曹洞宗寿昌派は近世期唐音，となっている（湯沢 1996）．

*26　このような同音の漢字語を国語辞典が排列する際には，第 1 字の漢字の画数順によったり（同画数の場合は『康煕字典』の排列順などに従う），品詞別順（名詞→動詞→形容動詞など）によったりするという（石山 2001）．

*27　日本語における同音異字の多さを端的に示す有名な例として，「キシャノキシャ，キシャデキシャス」（貴社ノ記者，汽車デ帰社ス）という電報文がある．

けにあたって迷いを生ずる場面も少なからずある。例えば「機嫌」か「気嫌」か，「違和感」か「異和感」か，などである。当該例は，字義の干渉のせいで余計に混乱が生じてしまうものともいえる[*28]。

また，口頭で同音異字が紛れるのを避けるため，それらを区別する読みかたの工夫もしばしば行われる。例えば，「私立」「市立」を「わたくしリツ」「いちリツ」と読み替えたり，「科学」「化学」を「サイエンスのカガク」「ばけガク」などと呼んだりして区別することがある[*29]。

3.3.2 日本漢字音と同音異字

前項で述べたように，日本語における漢字にはきわめて多くの同音異字が存在する。その経緯を改めて整理すると大略次の三つの場合が想定される。

① 原音（中古音）では区別があったが，日本語の音韻に取り入れられる際にその区別が捨象された結果，同音となった

② 原音（中古音）の音韻変化を反映して，呉音と漢音との間に相違が生じ，別の漢字と同音となるものが生じた

③ 日本語側の音韻変化によって，別の漢字と同音となるものが生じた

以下その具体例を，「声母」，また「韻母」のうち特に「介音」（韻頭），「韻尾」の各々についてのみ，簡単にみておくことにする（各術語については3.1節参照）。

まずは声母の違いによって，呉音・漢音がそれぞれどのように実現されるかをまとめると，表3.5の如くなる（沼本2014：41-42を参考に作成，一部改めた）[*30]。

声母に関する①の例としては，発音の際に呼気を伴わない「無気音」と呼気を伴う

[*28] 「気嫌」は一概に誤りともいえないが，そもそも「きげん」は漢籍や仏典の「譏嫌」に由来するもので，中世以降の節用集類などでは「機嫌」という漢字表記で書かれることが多かったという事実に鑑みるならば，「機嫌」を採るのが無難であろう。また，「違和感」は旧仮名遣いでは「ゐわかん」となるので「異（い）」字と区別できたが，現代仮名遣いでは「違和」も「異和」も「いわ」になったため紛れてしまった。

[*29] 「高低」を「たかひく（たかびく）」と読み替えるのも，口頭で発音した際にわかりにくくなってしまう事態を回避するためであろう。また同音異字には，共通語アクセントの型が相違しているものもある。例えば「全校」・「前項」は1拍めにアクセント核がくる（頭高型）ことがあるが，「善行」は平板型である。

[*30] 漢音に対応する声母に「非敷奉微」の区別を立てるのは，漢音のもととなった原音は，唐代の「軽唇音化」という現象によって，「非敷奉微」が「幫滂並明」から分化した状態となっているからである。また「泥」「娘」は，「三十六字母」で区別されているが，それぞれ別の韻類と結合し，互いに通用する例もあることから，中古音としては音韻的に区別しないのが普通である。そのため表3.5では合わせて一つの声母と見なし，娘母を（）に入れて示している。

68　　　　　　　　　第3章　音からみた漢字

表3.5　中古音の声母と呉音・漢音との対応関係

声母	呉音	声母	漢音
幇滂	ハ行	幇滂並，非敷奉	ハ行
並	バ行	明，微	バ行
明	マ行	「明微」の撥音韻尾字	マ行
端透，知徹	タ行	端透定，知徹澄	タ行
定，澄	ダ行	泥（娘）	ダ行
泥（娘），日	ナ行	「泥（娘）」の撥音韻尾字	ナ行
見渓，暁	カ行	見渓群，暁匣	カ行
群疑，匣	ガ行	疑	ガ行
精清心，荘初山，照穿審	サ行	精清従心邪，荘初床山俟，照穿神審禅	サ行
従邪，床俟，神禅	ザ行	日	ザ行
影于喩，匣（一部）	アヤワ行	影于喩	アヤワ行
来	ラ行	来	ラ行

声母の違いが，呉音・漢音それぞれにどう反映（発音・表記）されているかを示した．調音点の同じ声母はまとめた．注30もあわせて参照のこと．

「有気音」との対立があげられる．日本語の音韻にはもともとこれらの対立がないから，幇母 p-（無気）／滂母 p'-（有気），端母 t-（無気）／透母 t'-（有気）などの対立はすべて無視され，それぞれ「ハ行」「タ行」となる．例えば唐韻の「当」（端母字）・「湯」（透母字）の日本漢字音はいずれも「タウ」（のちにトウ）となって区別がない．

　また②の例をあげると，呉音で「バ行」「ダ行」などの濁音として実現される全濁音の並母 b- や定母 d- がある．これらは，原音における「無声化」*31 という現象を反映して，漢音ではそれぞれ「ハ行」「タ行」となる．例えば定母至韻字「地」は呉音で「ヂ」であったが，漢音では「チ」となる．その結果，知母 t-支韻字「知」の日本漢字音「チ」などとも同音になる*32．

　次に，介音（介母ともいう）についてみてみよう．中古音の介音の種類には，-i-, -ï-, -w- の3種がある*33（正確にはこれらは半母音である）．呉音では -i- が表記に反映

---

*31　有声音（声帯の震えを伴う音）の声母が無声音（声帯の震えを伴わない音）になることをいう．例えば並母 b-, 定母 d- はそれぞれ p-, t- となった．

*32　なお中古音以前の中国語の音韻体系には，「端透定泥」（舌頭音）と「知徹澄（娘）」（舌上音）の2系列の区別がなく，舌頭音の1系列しかなかったと考えられている．

*33　i は硬口蓋性が強く，ï は硬口蓋性が弱いことを表す．つまり前者は，調音する際に舌面が盛り上がって，後者よりも硬口蓋に近づいている．もっとも，i と ï とは，後にくる母音の影響などによって変わりうる音声的な違いにすぎず，音韻としては i の一種のみを認めればよいという立場もあるが，ここでは通説に従っておく．

3.3 同音異字

されるが，-ǐ- は音声としてはおそらく微弱であったため反映されず，漢音では両方ともしばしば反映された形で現れる．一方，-w- は韻類によって反映されたりされなかったりする．

ここでは後者 -w- の例をあげておく．例えば，疑母月韻字の「月」がある．「月」字の日本漢字音は，呉音資料で「グワツ」（ないしは「グワチ」），漢音資料で「グエツ」と記されることが多い．一部の母音が，呉音「ア列」（ワ），漢音「エ列」（エ）と異なっているのは，原音の中心母音がやや広い母音（ɐ）から狭い母音（ɛ）へと変わった音韻変化を反映したからであるが，江戸期の共通語では，「グエ」→「ゲ」となり，少し遅れて「グワ」→「ガ」という音韻変化が生じた*34．その結果，「グワツ」の発音は「ガツ」，「グエツ」の発音は「ゲツ」となった．そこで「月」は，もともと「月」よりも狭い母音をもっていた疑母屑韻字「齧」（グエツ→ゲツ）などと同音異字になり，また，そもそも介音 -w- を有していない疑母曷韻字「タ」（ガツ）などとも同音異字となったのである．前者は先にあげた分類でいうと②の例，後者は③の例にあたる．

最後に，韻尾についても簡単にみておく．中古音の音節には，無韻尾のものや半母音で終わるもの（それらを陰類という）を除けば，鼻音韻尾の -m, -n, -ŋ で終わるもの（陽類という）と，入声韻尾の -p, -t, -k で終わるものとがあった．

中国のいわゆる中原音では，鼻音韻尾 -m, -n の別が 15 世紀なかばから 16 世紀初めにかけて失われ，やがて -n に統合されるのだが，日本ではそれよりもやや早く統合した．かつて両者は日本漢字音で，「-ム」「-ン」などのように発音・表記とも区別されていたが，いずれも「-ン」と発音されるようになった*35．例えば「三（サ<u>ム</u>）」「山（サ<u>ン</u>）」は「サン」に，「心（シ<u>ム</u>）」「信（シ<u>ン</u>）」は「シン」にそれぞれ統合されて同音異字となった．これは③の例にあたる．

残りの鼻音韻尾 -ŋ は，平安期や鎌倉期の字音資料に，仮名ではなく「レ」という符号等を用いて表記されたこともあり，一時期は鼻音性を保存して ũ などと発音されたと考えられる．しかし最終的には，母音 u で終わる音節と区別されずに「ウ」と写されるようになった（一部は「イ」*36）．これによって，例えば -ŋ 終わりの端母

---

*34 ただし現在でも，方言として「カ／クヮ」，「ガ／グヮ」などの音韻的区別を保存している地域がある．

*35 統合の具体的な時期に関しては，「鎌倉初期（一二一八年）に既にその区別は完全に混乱し，南北朝期（一三四四年）には -n・-m の区別はなくなり音価は -n に統合された」（沼本1982：769）といわれる．ただしそれはあくまで音韻上のことで，表記上は「ム」「ン」の区別が長らく残った．ちなみに，後世の本居宣長（1730〜1801）は -n・-m を一律に「ム」と表記しているが，それは「-ム」という表記がいわば古態として認識されていたからで，実際はいずれも「ン」と発音していたと思われる．

*36 頼（1953）は，「上古音」の喉音系列を「幽・冬・侯・東・宵部」と「佳・耕・之・蒸・

字「東」と -u 終わりの定母字「頭」（の漢音）はいずれも「トウ」で，同音異字となっている．

　さらに，入声韻尾の -p も「開音節化して -pu となり，-ɸu を経て，更にハ行転呼音を蒙って -u へ変化し，今日では前接の母音と融合して長音化した形で定着している」と説かれるとおり（沼本 1997：639），「ウ」と表記・発音されるようになった．例えば透母盍韻字「榻」の字音であれば，「タフ＞タウ＞トウ（トー）」と音韻変化を起こしたために，上述の「東」「頭」と同音異字になったわけである．これらの例も③に該当する．

3.3.3　声　　　訓

　同音異字，また音の近い字は，中国では歴史的に「声訓」（せいくん）に利用されてきた．声訓とは，同音であったり音が似通っていたりする字を利用して字義を解釈する方法のことをいう．すなわち「訓詁」（くんこ）の一種である．

　この方途は古来あって，例えば『論語』顔淵第十二に「政者正也（政とは正なり）」，『孟子』尽心下篇に「仁也者人也（仁なる者は人なり）」などとある[*37]．すなわち，「政治」は「正道」をゆくものであるから「政」といい，「仁」は「人」らしい道徳を指すから「仁」という，と述べている．

　これらは，「政」と「正」とが同音，「仁」と「人」とが同音であることを利用した訓詁である．しかし注意すべきなのは，この声訓が「A，B 也」という形式をとるとき，文字としては「A」のほうが先に成立したと考えられるのに，それを後に成立した「B」によって解釈していることがあるという点である（龍 1971）．したがって声訓は，単なる語呂合わせに終始する場合もあるから，当時の人々の思想を知る上で参照したり字音によって文字を換えて文章を解釈したりするのならばともかく，語源を調べる手がかりとして利用しようとする際には注意が必要である．

　魚・陽部」とに二分し，前者を唇で調音する -gʷ，-kʷ，-ŋʷ（labio-velar）ないしは -G，-q，-N（口蓋垂音）と推定し，後者は唇を使わない -g，-k，-ŋ に比定した．さらに頼（1956）では，「調音位置の前移という一般的傾向に従って」（p.225），「中古音」の喉音系列にも軟口蓋音（-ŋ，-k），硬口蓋音（-ŋˊ，-kˊ）の2系列を比定した．三根谷（1956）は，それらを -ŋ，-k と -uŋ，-uk との対立であると解釈し直している．これはつまり，u など円唇母音のあとに来る韻尾も円唇化することを表したものである．日本の漢字音でも，-ŋˊ 終わりの音節の一部（庚韻や清韻など）が漢音では「-イ」で定着しているし，-kˊ 終わりのものを「白（ハキ）」「獲（クワキ）」などのように「-キ」で転写した例もある（『佛説大孔雀明王経』（ぶっせつだいくじゃくみょうおうきょう）鎌倉期加点）から，韻尾の硬口蓋性が聴き取られて区別されていたと考えられる．

[*37]　『孟子』の1節は後述の『釈名』釈形体が参照したとおぼしく，同書にも「人，仁也」とある．

3.3 同 音 異 字　　　*71*

「四書」以降の声訓としては，後漢に成立した語源書・劉熙『釈名』が，それを多く利用しているというので有名である．例えばその巻第一「釈天」に，「日，實也．光明盛實也」，また「月，缺〔＝欠：引用者注〕也．満則缺也」という表現が出てくる．前者は，太陽は光り輝き盛んに充実しているから「日は実なり」といっている．「日」と「実」とは，日本漢字音は「ジツ」で同音になるが，中国語音は当時もいまも異なっている．しかし韻母の部分が共通しているため，両字が声訓に利用されたのである．一方，これとは逆に「月は欠くるなり」ともいっている．月は満ちると欠けるので，すなわち「缺」だといっているのである．これも韻母の部分が共通することを利用した声訓である*38（頼 1996）．

3.3.4　通仮・合音字

「通仮」（通借ともいう）は，同音または近似の音を用いて本字の代わりとする現象を指していう．中国では，通仮も「異体字」（2.2.2 項参照）のなかに含めて考えることがある．

これは次の 3 種に大別することができる．洪（1984）に従ってまとめる．
　　① 同音通仮：「光」と「横」*39 と「広」，「友」と「又」と「右」など
　　② 双声通仮：「中」と「得」，「方」と「邦」など
　　③ 畳韻通仮：「彼」と「波」と「頗」*40 など

②は声母が共通するために通用するもの，③は韻母が共通するために通用するものを指す．さらに細かくみていくと，②にも「正紐双声」（声母がまったく同じもの；紐は声母のこと），「旁紐双声」（声母の発音部位が同じもの）の 2 種があるし，③は「対転」*41 の場合などもある．

また通仮に類するものとして，「合音字」がある．例えば「諸」字は，「之於」または「〜之乎．」の 2 字を合わせて読んだ字音に通じると見なし，漢文でそれらの表記の代わりとしても使われる．また，「盍」字は元来「おおう」という義であるが，「何

---

*38　同時代の許慎『説文解字』（1.2 節など参照）一篇上にも，例えば「王」字について「天下所帰往也（天下の帰往する所なり）」と説いた箇所などがある．これは「王」字を音の近い「往」字で解釈した声訓である．

*39　「横」字は古音が「光」であったために，同音として通用するのである．このように「上古の通仮は上古音でしか説明できず，中古の通仮は中古音でしか説明できない」ことに注意すべきである（洪 1984：141）．

*40　これらは上古音で同じ「歌部」に属しており，上古においては通仮字となる．

*41　-m と -p，-n と -t，-ŋ と -k は，それぞれ発音する際の調音点を同じくしている．その対応関係のもとで，陰類（3.3.2 項参照）とそれに -m，-n，-ŋ が下接した陽類，-p，-t，-k が下接した入声が通用する．これを対転という．例えば「真 -en」と「質 -et」との通用は「陰入対転」である．

不」と同音になるから「なんぞ～ざる」という再読文字にもなる.

そのほか同音・類音の通用を利用したものとして,「反切」(3.1節参照)で導き出された字によって吉凶を判断する行為がある.例えば東晋(317～420)の孝武帝の代,宮殿を「清暑殿」と名づけた.しかし,「清暑反」から導き出される帰字は「楚」となり,「清暑」を逆にした「暑清反」から導き出される帰字は「声」となって(いずれも正確なものではない),二つを合わせると「楚声」となる.この語は「四面楚歌」の故事に通じて不吉だというので,学者たちが命名に反対した挿話があるという(頼1996).

日本にも似た事例がある.足利義満が改元の際(1389年),候補にあがった元号「慶徳」の反切を調べさせてこれを退けている.すなわち,慶徳を反切として解すると,帰字は「克」になる.この字は「争乱に克つ」に通じて争いごとを想起させるから,その案を捨てて「康応」に落ち着いたという(小川2012).

3.3.5 「同音の漢字による書きかえ」

本節では最後に,同音異字に関わる日本の国語施策について少し述べておく.

昭和21年(1946)に「当用漢字表」(6.2節参照)が告示されると,雑誌や新聞などはそれに従うことになった.表中に含まれていない漢字については,別の語に置き換えるか,同音の別字で書き換えるか,または仮名で書くかすることになった.

このうち「同音の別字で書き換えるもの」に関しては,当時の国語審議会から文部大臣に「『同音の漢字による書きかえ』について」という報告が出された(1956年に発表).この報告では,「書きかえが妥当であると認め,広く社会に用いられることを希望するもの」が示されているが,「糺明→糾明」など「単に字体の異なるだけのもの」や,「撒水→散水」など「いわゆる慣用音によっ」て書き換えを推奨するもの[*42],とさまざまなものが含まれていた.「月蝕」を「月食」に,「厖大」を「膨大」に書き換えることなども,この時示された.

[鳩野恵介]

[*42] 「散」は心母旱(翰)韻字で音は「サン」だが,「撒」は心母曷韻字で音は「サツ」であるから,「撒水」は元来「サッスイ」である.ところが右部の「散」の類推によって「サンスイ」と読まれるようになり,「散」への書き換えが可能になったということである.このような「慣用音」については3.2節参照.

第4章 義からみた漢字

4.1 漢字は如何にして意味を表すのか

　本章では意味という観点から漢字をみていくが，まず本論に入る前に漢字には果たして意味を表す性質があるのだろうかという問いを立てたい．この問いの答えは一見，自明なようにみえる．「木」という字を書けば，漢字が読める人ならば，この「木」の字を見て，樹木のことを思い浮かべるだろうし，「水」という字を書けば，水道から出る透明な液体のことを思い浮かべるだろう．しかし，よく考えると，「木」という字で表されるものは本当に樹木という意味なのだろうか．もしそうであれば，「木」を「き」と読んでも「じゅもく」と読んでも，極端な話，「ツリー」と読んでもよさそうだが，実際，日本語では「き」という読みかたしか許容されない．もちろん，「ボク」「モク」という音読みもあり，「木暮」のように「こ」と読む場合もあるが，「木が1本生えている」というような意味を表すときには「き」と読まなければならない．すなわち，「木」という字と「き」という言葉は密接に結びついているのである．「木」で表されるのは樹木という意味よりも，「き」という語である．中国語の場合もまったく同様である．樹木を表す語として「木 mù」と「樹 shù」があるが，「木」を shùと読むことはないし，その逆に「樹」を mù と読むことも当然ない．一昔前まで，（そしていまでも一部の概説書・辞書では）漢字は表意文字（ideogram）として扱われていた．しかし，「木」の例からわかるように，漢字は必ず語と結びついており，語を表す性質をもっていることから，20世紀後半以降，漢字を表語文字（logogram）と呼ぶ傾向が強くなってきた（表意文字と表語文字の違いについては DeFrancis 1984：133-148, Unger 2004, 乾 2006 を参照）．

　以上，漢字が表すのは意味というより語だといったほうが適切であることを示したが，漢字には意味を表す性質があるのかどうかという問いにはまだ答えていない．ここでいったん「木」の例に戻りたい．「木」の字源をたどれば，甲骨文字では「朩」のように木の枝の形を表しており，おそらく「朩」を見た殷代の人たちは，（それをどう読んだかは別として）樹木という概念を視覚的に連想させられたのであろう．六書でいう象形文字についてはたいていそういえる．流れる川の形を取った「水（彳）」，馬の形を取った「馬（𩡧）」，象の形を取った「象（𧰼）」等の象形文字はいずれもそ

の字の形から水，馬，象等の意味が読み取れる．この他，六書でいう指事と会意も一種の形をもって字の意味を示す手段である．物の形を具体的（pictographically）に示すか，象徴的（indicatively）に示すかの点で三者は異なるが，字の形から意味が連想されるという点においては同様な原理であるといえる．象形・指事・会意文字はこのように字形から意味が連想できることから，漢字の文字としての最終目標が語を表すことだとしても，表意性をもっているといってよいだろう．

さて，六書でいう形声と仮借はどうなのだろうか．漢字は表語文字である以上，その字形から音が識別できなければ不便である．「木」「水」「馬」「象」のような基本概念はそのまま，形だけで表せても，より高度な，抽象的な概念となると，形だけでは表しにくい．文字のこのような言語を表す必然性から形声文字が生じた．形声文字は字音を表す音符（phonetic）と，意味を限定する限定符（determinative）を組み合わせることでその対象となる語を示す．日本語では意味を限定する部分を「義符」とも呼ぶため，何か具体的な意味を示していると誤解しやすいが，限定符はあくまでも漢字の意味範疇を示すものであり，字音を表す音符がなければ，その意味を読み取ることはできない．例えば，「語」と「詩」の場合，左側のごんべんからは言葉に関する概念だというところまでは判断できるが，右側の「吾（ゴ）」と「寺（シ）」があってはじめて具体的にどのような意味を指すかがわかる．この点では形声文字の場合，表意性より表音性が意味を識別する際に役立つといえそうである．しかし，表音性が意味の識別に役立つからといって，形声文字イコール表音文字かというとそうではない．「語」は当然同音の「五」の代わりに用いることができず，「詩」もまた同音の「四」の代わりに用いることができない．文字の構造のなかに表音的要素があっても，「語」と「詩」はあくまでも人間の話す言葉と，言葉を韻律的に連ねた一種の芸術作品という特定の意味（またはその特定の意味から派生した副次的な意味）で用いなければならない．同音・類音の漢字を借りて語を表音的に表す仮借でも，どの字をどの語に充てるかという歴史的・社会的規則があり（例えば，現代中国語では花の萼の形（𠀗）を字源にするとされる「不bù」は否定詞の意味に用いられても，同音の「布」や「歩」の意味に用いられることは許容されない），むやみに同音だから仮借にできるとは限らない．このように形声文字や仮借に用いた文字は象形文字に比べて表音性が高いとはいえても，表意性がまったくないわけではない．漢字は表音的要素と表意的要素が共に働いて，はじめてその表示対象である語を表すのである．

なお，漢字は語を表すといっても，必ず1字が1語と対応しているとは限らない．例えば，中国語では蝶のことを「蝴蝶húdié」と呼ぶが，古い文献を探っても，字書を除いて，この「蝴」の字を単独で用いた例は見当たらない．（「蝶」を単独で用いた例は見られるが，漢代以前の文献では必ず「蝴」または同音の「胡」と共に用いられている．）すなわち，「蝴」は「蝶」とセットでhúdiéという2音節の語を表している

といえるのである．中国語学ではこのような例を連錦詞と呼び，決して少なくはない（Kennedy 1951，1955，DeFrancis 1984：177-188，Unger 2004：7-8，周 2015：72-79）．このような観点から——また前述した形声・仮借の存在から——，漢字は厳密にいうと，（中国での使用に限っていえば）表語文字より，表語音節文字（logo-syllabogram），あるいは表形態素音節文字（morpho-syllabogram）といったほうが適切であろう（Gelb 1963：85-88，DeFrancis 1984：88）．

　本章では漢字における意味の発生と変化，また日本語におけるその受容について述べていくが，漢字の意味という場合，それは当然，漢字のなかに宿る言語と切り離された，あるいは言語を超越した形而上的なものを指すのではなく，漢字の一つ一つの背後にある古代中国語あるいは日本語に入ってきた漢語の意味を指す．漢字を文字通りの表意文字と解釈すれば，字の形を変えないかぎり，その意味は変えられないはずである．しかし，実際，殷代の甲骨文字と現代の漢字の意味用法を比べてみると，大きく異なっていることがわかる．これは，漢字そのものが意味変化を起こしたからではなく，漢字の背後にある中国語や日本語が変化し，それに適応するという形で漢字の意味が進化したにすぎない．本章では便宜をはかって，「漢字の意味」「字義」という書きかたをしていくが，「漢字の意味」「字義」という場合は漢字の背後にある中国語・日本語の語彙の意味と解釈してもらいたい．

4.2　字　　　　義

4.2.1　本　　　義

　漢字には成立当時からある本来の字義と，後の時代に字義の拡大や縮小などによって生じた副次的な字義がある．本来の字義を「本義」といい，この本義が字の形と音に由来するのが一般的である．これに対して，副次的な字義を「転義」という．転義の発生には本義の拡大や縮小，同音・類音の字との影響関係等，さまざまな要因がある．

　まず，本義についてみてみよう．本義とは一個一個の漢字の字源から連想される本来の意味用法を指す．当然，漢字は古代中国語を表すために作られた文字で，古代中国語において複数の意味をもつ語を一つの漢字でまとめて表すことも少なからずあっただろうが，通常，本義という場合はその文字構成，つまり字源から帰納できる最も根本的な意味を指す．六書でいう象形，指事，会意，形声の法則に従って構成されるのが本義である．六書でいう仮借は一般的に転義と見なされるが，なかには数字の「四」，代名詞の「予」のように甲骨文字・金文まで遡っても仮借の例しか見当たらない字もあり，字源を別として（この2字については諸説あり，定かでない），これらの字についてはいわゆる「本義」に用いられることなく，最初から表音的（仮借的）にしか用いられなかった可能性がある．この場合，あまり一般的な見解ではないが，

76　　　　　　　　　　第 4 章　義からみた漢字

図 4.1　甲骨文における「樂」の字形（高 2004）
図 4.2　金文における「樂」の字形（高 2004）

仮借義を本義と見なすことができる．そもそも漢字は形やアイディアを表すために作られた文字ではなく，実際の人間の言葉を表すために作られた文字であることを忘れてはならない．形では表せない，あるいは表しにくい数字や代名詞のために最初から表音的な字（形は同音・類音の事物をかたどっているにしても）が作られてもまったく不思議な話ではない．

字によっては 4.1 節で挙げた「木」「水」「馬」「象」のようにその本義を比較的容易に知ることができるものもあるが，だいたいの字についてはその本義を何と見なすかについては諸説ある．字の本義を解明しようとした最初の字書には後漢の許慎が著した『説文解字』（西暦 100 年ころ成立）がある．許慎は当時使われていた漢字 9353 字[*1]を 540 の部首に分けて，その本義を象形・指事・会意・形声・仮借・転注の六書に基づいて解説した．『説文解字』は甲骨文字がまだ発見されていなかった清時代において聖典のように信奉され，20 世紀初頭に清末までの『説文解字』の注釈を集めた丁福保『説文解字詁林』で引用される『説文解字』注釈書はなんと 228 冊に上る．『説文解字』は当時として殊に優れた学術成果であったといえるが，甲骨文字の存在がまだ知られていない時代に編纂され，漢字の最古の形を小篆に求めたため，現在の説とはそぐわない記述が少なくない．このため，20 世紀以降，甲骨文字を根拠に『説文解字』の説を非難する研究が多くみられるようになった．しかし，甲骨文字の段階で漢字はすでに一つの文字体系として成り立っており，なかにはもはや本義で使われなくなった字も少なくないので，甲骨文字が現れたことで，むしろ漢字の本義を明らかにすることがより複雑になった．

ここで一例として，「楽」（以下にはその繁体字「樂」を用いる）という字の字源説をみていきたい（図 4.1，図 4.2）．まず，『説文解字』を見ると（図 4.3），「樂」の本

[*1]　許慎の序文による．現行本では 9831 字となっている．

4.2 字義

義について次のように説かれている．

(1) 𝕏 (樂), 五声八音総名. 象鼓鞞. 木虞也. (樂,
五声八音の総名なり．鼓鞞を象る．木は虞なり．)

『説文解字』巻六・木部

「五声」は宮・商・角・徴・羽からなる古代中国の五音音階を指し，「八音」は糸，竹，金，石，匏（ひょうたん），土，革，木という材質によって楽器を分類した古代中国の楽器分類法を指す．「鼓」と「鞞」は戦争に使う大鼓と小鼓のことを指し，「虞」は鼓と鞞を置く台を指している．すなわち，許慎によれば，「樂」は大鼓と小鼓を台に置いた形をかたどる象形文字であり，その本義は歌と楽器音を含めた音楽の総称である．清代に『説文解字』に徹底的な注釈を施した段玉裁の『説文解字注』によれば，「樂」の上部中央にある「白」は大鼓の形を示し，その両端の「幺」はそれぞれ小鼓の形を示している．下部にある「木」は栒（鐘と鼓を置く台）を示している．19世紀までの字源説のほとんどはこの鼓鞞説に従っている．

図4.3 『説文解字』における「樂」(『説文解字詁林』六上・木部, p.2589)

19世紀末の甲骨文字の発見に伴って，『説文解字』の多くの説が見直されるようになった．「樂」もその見直される字の一つである．甲骨文字を根拠に「樂」の本義を問い直した早いものには羅振玉の琴瑟説が有名である．以下のようなものである．

(2) 从絲附木上琴瑟之象也. 或増白以象調弦之器. (絲に从ひ，木の上に琴瑟を附する象なり．或は白を増して，以て調弦の器を象る.) 『増訂殷虚書契考釈』中（1927年刊）

すなわち，「樂」は「絲」（蚕糸）からなる字で，琴瑟（琴と大琴）を木の上に載せた形である．或るものは「白」を加え，弦楽器の調律に使う器具の形を取る．「或は」とあるのは甲骨文字における「樂」のほとんどの例は中央に「白」を加えていない「𢆶」という形になっているからである．

羅振玉の説は中国では広く受容され，いまでも多くの辞書に載っているが，日本ではこの琴瑟説を批判する説が多い．おそらく最も有名なものは水上静夫の櫟樹説である．水上は甲骨文において「木」が物を置く台の義に用いられる例はなく，琴瑟を台の上に置いた形とは解しにくいと指摘する（水上1966：27）．クヌギの木を表す「櫟」の音符に用いられることから，「絲」を蚕糸の意味に捉え（実際，甲骨文字ではこの意味に用いられている），繭のついたクヌギの木の形と捉えたほうが自然だと主張している．そして，音楽の義や喜楽の義に用いられるのは仮借だとする（pp. 29-31）．

この説は日本では広く認められ，多くの辞書に採用されている．

しかし，「樂」の本義をめぐる議論がこれで収まったかというと，そうではない．水上の数年後には白川静もまた新しい説を唱えている．白川によれば，「樂」の両端の「絲」は「明らかに鈴の形」であり，下部の「木」は「虞〔藘：引用者〕の形」ではない．むしろ手に乗つて〔取って：引用者〕かざし，振るのに便した形」である（白川 1970：81）．この振鈴説は一部の辞書にみられるが，櫟樹説ほど広く採用されていない．

ここに「樂」の字源を説く主に知られる四つの説をあげたが，この他に，穀物の成熟した形の象形文字を仮借した（古代の人は収穫のときに喜んで，踊りをしたことから）とする修海林の説（修 2004），「絲」を吊り下げた鈴の形，「白」と「木」を木製の鼓を台にかけた形とする林桂榛と王虹霞の説（林・王 2014）等，数え切れないほどの説がある．やや極端な例にみえるかもしれないが，実はこのように複数の字源説をもつ字ははなはだ多い．『説文解字』と甲骨文字は漢字の本義を知るための大きな手掛かりとなるが，4000 年以上の歴史をもつ漢字の本義や字源についてはそれでもやはりはっきりしない点が多い．

4.2.2 転　　義

漢字は非常に古い文字体系である．このため，作られた当時と現代では意味が大きく変わった字は少なくない．以下に漢字の意味変化のパターンをいくつか紹介する．なお，冒頭でも述べたように，字義の変化とは正確にいうとその背後にある言葉の意味変化を，漢字が反映した現象にすぎない．そのため，字義変化のパターンといっても，言葉一般の意味変化のパターンと重なるところが大きいが，なかには表語文字だからこそ起こりうる変化もある．

〈**意味拡大**（semantic widening）〉

ある字が指す意味範疇がその上位概念まで広がることを意味拡大という．例えば，「臉」という字は本来頬の上の部分を指す字であったが，後に顔全体を指すようになった（陳 1994：12-14，宋 2009）．以下は宋代の字書における「臉」の項である（反切の後ろに Baxter and Sagart 2014 による中古音の音素表記を示す[2].）

(3)　臉，頬也．（臉，頬なり．）『集韻』上声下・五十琰

---

[2]　ここでいう中古音とは南北朝末〜宋初の中国語，特に西暦 601 年成立の韻書『切韻』とその増補改訂版『広韻』（1008 年）で示されている中国語の発音を指す．声調は Baxter and Sagart に従って，平声＝無表記，上声＝X，去声＝H，入声＝無表記（子音で終わるため，平声とは区別がつく）のように示す．

（4） 臉, 居掩切. 目下頰上也. 又作瞼. （臉, 居掩切 (kyem). 目の下, 頰の上なり. 又瞼に作る.） 『六書故』巻十二

『集韻』で「臉」は「頰」の義とされ, 『六書故』では「目の下, 頰の上」の義とされている. 同時代の詩を見ると, このような意味で用いられていることがわかる.

（5） 笑従双臉生 （笑ひ, 双臉より生ず） 晏殊「破陣子」（燕子来時新社）

(5) は笑いが両頰から出るという意である. 頰でないと意味が通らない. 一方, 時代が下ると次のような例もみられるようになってくる.

（6） 仰着臉四下里看時, 不見動静. （臉を仰着して四下里に看る時, 動静を見ず.） 『水滸伝』第六十二回

(6) は『水滸伝』（明代）からの例である. 顔を仰向けにして, 四方を見るときに, 動きを見なかったという意であるが, ここでは頰だと, 意味が通らず, 顔と解釈するほうが自然である. 現代中国語では「臉」はもはや頰の義には用いられず, 顔の義にのみ用いられるようになったが, これは顔の部分から, 顔全体のように, 指す意味範疇が上位概念まで拡大した例であるといえる. この他に, 意味が拡大した字の例として, 特定の川の名前から川全般の意味まで広がった「江」（本来は長江の名称）と「河」（本来は黄河の名称）や, 財産の面での貧しさから, 一般に不足・欠如している状態を指すようになった「貧」（貧血, 貧瘠 (pínjí；土地が痩せていること)）等があげられる（周 2015：110）.

〈意味縮小 （semantic narrowing）〉

　下位概念から上位概念への拡大もあれば, 上位概念から下位概念への縮小もある. その例として「瓦」があげられる. 「瓦」は本来陶器全般を指す語であったが, 後に日本語の「かわら」のように屋根に葺く陶器の材料という下位概念を指すようになった. 『説文解字』で「瓦」の項を確認すると, 土器の総称とされていることがわかる.

（7） 𤬓（瓦）, 土器已焼之総名. （瓦, 已に焼きたる土器の総名.） 『説文解字』巻十二・瓦部

また, 以下の『礼記』の例では「瓦棺」は陶器で作られた棺桶を示している.

（8） 有虞氏瓦棺. （有虞氏は瓦棺なり.）〈鄭玄注：始不用薪也. 有虞氏上陶. （始めに薪を用ゐざるなり. 有虞氏, 陶を上ぶ.)〉 『礼記（正義）』檀弓上

有虞は舜時代の五帝王の一人である. 上の文は, 有虞の時代には瓦（陶器）の棺桶を用いたという意である. 鄭玄の注（後漢ころ成立）で有虞が陶（器）を尊んだとあることから, 「瓦」は現代のような屋根に葺く材料ではなく, 陶器全般を指していることがわかる.

　一方, 『礼記』より時代をすこし下ると, 屋根に葺く陶器材料という特化した意味で用いられた例が見られるようになってくる.

(9) 雖有忮心者，不怨飄瓦.（忮心有る者と雖も，飄瓦を怨みず.）『荘子』外篇・達生

(10) 孤城西北起高楼. 碧瓦朱甍照城郭.（孤城の西北に高楼を起こす. 碧瓦，朱甍，城郭を照らす.）杜甫「越王楼歌」

(9)は，怒りっぽい人でも，風で吹き落とされた瓦を恨まないだろうという意で，(10)は，青緑色の瓦と紅色の屋根の棟は城郭を照らすという意である．どちらも陶器全般というより屋根に葺く瓦の義を表している．このように，広い概念を指す「瓦」がより特化した下位概念を表すようになった．その他の例として，一般の自称から天皇・皇帝の自称に縮小した「朕」や，一般の嗅覚から悪臭の義に縮小した「臭」等があげられる（周 2015：110-111）．

〈比喩的拡張（metaphorical extension）〉

字義の変化は必ずしも上位概念あるいは下位概念の方向に進むとは限らない．むしろ，そうでない場合が多い．言葉を比喩的に用いることは私達の日常生活においてごく普通に行われることである．例えば，現代日本語を例にとると，「明るい人」や「明るい表情」のように「あかるい」を陽気な性格の意味に用いるが，「あかるい」は本来光の具合を表す語で，このような比喩的な意味に用いられる例は古文にみられない．漢字の場合も同様に比喩として用いられることでその字義が広がることがよくある．

ここに「あかるい」の表記に用いられる「明」という字を例にとってみよう．「明」は「日」と「月」からできた（「朙」を本字とし，「囧」（光が差してくる窓の形）と「月」からできたとする説もある）会意文字であり，本来，光や明るいさまを表す字であったとされている．以下は『説文解字』における「明」（『説文解字』は「明」を「朙」に作る）の項である．ここでは「照らす」の義とされている．

(11) 𣊬（朙），照也. 从月从囧. 凡朙之属皆从朙. 明，古文朙从日.（朙，照らすなり．月に从ひ，囧に从ふ．凡そ朙の属，皆朙に从ふ．明，古文は朙，日に从ふ.）『説文解字』巻七・朙部

一方，漢籍における「明」の用法をみてみると，光，明るいさまという義のほかに，道理を明らかにする，道理が明らかなさまという比喩的な意味にも用いられていることがわかる．

(12) 日往則月来，月往則日来. 日月相推而明生焉.（日往けば則ち月来り，月行けば則ち日来る．日月相推して明生ず.）『周易』繋辞下伝〔光の義〕

(13) 東方明矣，朝既昌矣. 匪東方則明，月出之光.（東方明けぬ，朝既に昌ならん．東方則ち明くるにあらず，月出づるの光なり.）『詩経』国風・斉国・鶏鳴〔明るくなる，夜が明ける義〕

(14) 孔子曰，君子有九思. 視思明，聴思聡……（孔子曰く，君子に九思あり．

視るに明を思ひ，聴くに聡を思ひ……）『論語』季氏第十六〔明瞭の義〕

(15)　且明公之不善於天下……（且つ公の善からざるを天下に明かにせば……）
　　　〈鮑彪注：明顕，猶示．（明は顕なり，猶示のごとし．）〉『戦国策（鮑彪注）』
　　　韓三〔明らかにする義〕

　漢字の意味拡張のなかでは，おそらく比喩的拡張が最も多い．その他の例として，容器の中身を入れかえる義から書写する義に拡張し，そこから字を書くこと全般まで表すようになった「写」（ジスク 2009）や，非難する義から刑罰のために殺戮する義に拡張した「誅」（陳 1994：15）等があげられる．

〈同音・類音の字による類推 (analogy with homophonous/synophonous character)〉

　以上の三つの転義はいずれも意味的類縁性を要因に意味変化が起きたものだといえるが，なかには意味的類似性が原因とならない意味変化もある．その際，字義に最も影響を及ぼしやすいのは同音または類音の字との関係である．

　ここに一例をあげると，「閑」という字はもともと「門」と「木」を組み合わせた会意文字で，門の仕切りを表したものと考えられるが，「間」と同音であったため，「間」がもつ間暇（暇なとき）と清間（静寂）の義に用いられるようになった．『説文解字』では「闌」（遮り）の義とされているが，段玉裁によれば，古くは清間の義にも使われていたという．

(16)　閑，闌也．从門中有木．（閑，闌なり．門に从ひ，中に木有り．）〈段玉
　　　裁注：引申為防閑．古多借為清間字．（引申して防閑と為す．古，借りて
　　　清間の字を為すこと多し．）〉『説文解字（注）』巻十二・門部

実際，「閑」と「間」の字音について北宋の韻書『広韻』で調べると「間」の字音については「古閑切（kean）．又閑澗二音」とあり，「閑」の字音については「戸間切（hean）」（両方とも上平声・山第二十八）とある．反切上字に用いられている「古」の声母は軟口蓋音（牙音）(k) で「閑」の声母は喉音（h）と異なっているが，「間」の項に「又閑澗二音」とあることから，「閑」にも hean という字音があったと推定できる．

　「閑」は一般に間暇，清間の義に用いられるようになった後にその本義を失った例であるが，漢文の中にはある字が慣習的または一時的に同音・類音の字の代わりに用いられることがしばしばある．慣習的に互用される字の例として，「有」（上古音[*3] *[ɢ]ʷəʔ > 中古音 hjuwX）と「又」（上古音 *[ɢ]ʷəʔ-s > 中古音 hjuwH）や「材」

---

*3　Baxter and Sagart（2014）による．ここで言う上古音とは西周（紀元前 11 世紀〜7 世紀ごろ）の中国語の発音——特に『詩経』の押韻から再構築できるもの——を指す．Baxter and Sagart の再構築に使われている記号の意味は次の通りである．[　] ＝中の

と「裁」（両方とも上古音 *[dz]ˤə > 中古音 dzoj）があげられる．一時的に代用された字の例として，『詩経』秦風・終南の一節「有紀有堂（終南に何か有る，紀有り，堂有り．）」における植物の名前である「杞」（クコ，上古音 *C.qʰ(r)əʔ）と「棠」（ヤマナシ，上古音 *[N.]rˤaŋ）の代わりに使用された「紀」（上古音 *k(r)əʔ）と「堂」（上古音 *[d]ˤaŋ）があげられる（陳 1994：233-235）．このうち，慣習的に互用される同音・類音の字を通仮字と呼ぶ．通仮字の存在から，漢字が語を表すにあたって表意性だけではなく，表音性も重要な役割を果たしていることがわかる．

〈字音の分裂（polyphonic split）〉

　日本漢字音についても同様だが，中国語では一つの漢字につき複数の字音があることがよくある．ものによっては意味的にあまり大きな違いがないものもある．例えば，現代中国語では「血」という字は単独で用いる際は xiě と読み，熟語で用いる際は xuè と読み，意味の上での差はないといわれているが，大体の場合においては字音が異なれば，意味も異なると考えてよい（なお，閩方言，呉方言をはじめとし，口語音と文語音を区別する一部の方言があるが，普通話においてはこの差はほとんど失われている*⁴）．

　字音によって意味的な違いが認められる代表的なものには，4.2.1 項で取り上げた「樂」がある．現代中国語では「樂」を yuè（中古音 ngaewk）と読めば，音楽の義を指し，lè（中古音 lak）と読めば，楽しいという意味を指す．日本漢字音でも「ガク」と「ラク」と同様に区別をしている．さらに，現代中国語では「樂山樂水 yào shān yào shuǐ」（ある人は山を好み，ある人は水を好み，人の好みは十人十色）という諺でしか使われなくなったが，yào（中古音 ngaewH）という字音（日本漢字音では「ゴウ」または「ギョウ」）もあり，好むという義を表す．現代のような字音の区別がいつごろから生じたかは定め難いが，『広韻』に至ってはすでに現代中国語と同様な区別が示されている．

(17)　樂，好也．五教切．又岳洛二音．三．（樂，好むなり．五教切（ngaewH）．又，岳（ngaewk）と洛（lak）の二音なり．三．）『広韻』去声・二十六效

(18)　樂，音樂．周礼有六樂……又姓……（五角切．）（樂，音樂なり．周礼に六樂有り……又，姓なり……（五角切（ngaewk）．））同，入声・四覚

　音の音価が未定，（ ）＝中の音が存在したかどうか判断できない，C ＝音価未定の子音，N ＝音価未定の鼻音，r ＝直前の子音がそり舌音（retroflex consonant），- ＝形態素境界，. ＝音節境界．

*4　本章では「方言」を中国語 fāngyán，英語 topolect（相互理解可能性（mutual intelligibility）を問題としない同国内における言語の地理的変異）の意味に用いる．

(19) 樂，喜樂．（盧各切．）又五角五教二切．（樂，喜樂なり．（盧各切 (lak).）
又，五角 (ngaewk) と五教 (ngaewH) の二切．） 同，入声・十九鐸

ここでいったん字音の分裂を差し置いて，音楽と喜楽の意味がいつごろ分裂したかについて考えてみたい．水上（1966：26-27），落合（2011：178）等が示すように，甲骨文字では「樂」は地名や人名でのみ用いられるため，その意味は判断できないが，やや下って東周（春秋戦国時代）の金文を見ると，「樂」は鐘の銘文においてもっぱら動詞として（鐘を鳴らして）先祖，父兄，嘉賓（賓客）等の尊敬の的にある人物を喜ばせるという意味で用いられている（以下の3例は水上1966による）．

(20) 樂我先祖．（我が先祖を樂しましむ．） 邾鐘

(21) 用樂嘉賓父兄及我儷友．（用て嘉賓と父兄と我が儷友を樂しましむ．） 王孫遺者 鐘

(22) 用樂父兄諸士．（用て父兄と諸士を樂しましむ．） 子璋 鐘

これらの例がいずれも鐘の銘文に現れていることから，単に喜ばせるだけではなく，鐘を鳴らして――つまり，音楽をもって――先祖や賓客等を喜ばせるという意味で捉えられそうである．そしてこのように捉えるのであれば，春秋戦国時代においてはまだ音楽と喜楽の義の結びつきが強かったといえる．この時代において「樂」における音楽と喜楽の義がまだ完全に切り離されていなかったことを示すもう一つの根拠として以下の『墨子』の一節がある．

(23) 子墨子曰問於儒者，何故為樂．曰，樂以為樂也．子墨子曰，子未我応也……是猶曰，何故為室．曰，室以為室也．（子墨子，儒者に問ひて曰く，何故に樂を為す．曰く，樂は以て樂しみの為にするなり．子墨子曰く，子未だ我に応へざるなり……是猶何故に室を為るかと曰ふに，室は以て室の為にすと曰ふがごとし．） 『墨子』公孟

この例は墨子とある儒者の対話である．墨子の「楽（音楽）は何のためにするか」という質問に対して，儒者は「楽は楽のためにする」と答えるが，この答えに墨子は不満をもち，「家は何のために作るかと聞いて，家は家のために作ると答えるのと同じだ」と儒者を非難する．墨子が儒者の答えを理解できなかったのはおそらく墨子が「樂」を一つの概念として把握していたからであろう．そして，話を字音に戻すと，ここで音楽の「樂」と喜楽の「樂」の字音が中古漢語や現代中国語のように分裂していたら，このような誤解は生じなかっただろう．実際，清末の学者で『墨子』の研究で有名な孫詒讓はこの一節について次のような解釈を示している．

(24) 説文木部云，樂，五声八音総名．引申為哀樂之樂．此第二樂字用引申之義．古読二義同音．故墨子以室以為室難之．（説文木部に云はく，樂，五声八音の総名なり．引申して哀樂の樂を為す．此の第二の樂字は引申の義に用ゐる．古読は二義同音なり．故に墨子「室は以て室の為にす」を以て之を難ず．）

『墨子間詁』公孟

つまり，孫詒譲によれば，「樂」は墨子の時代において音楽と喜楽の二義が同音であったため，このような誤解が生じたのだという．そして，あくまでも再構築であるが，Baxter and Sagart（2014）は「樂」の上古音を次のように再構築しており，同音ではないが，よく似た音であることがわかる．

(25)　樂　*[r]ˤawk > lak > lè（'joy；enjoy' 喜び；楽しむ）

(26)　樂　*[ŋ]ˤrawk > ngaewk > yuè（'music' 音楽）

(27)　樂　*[ŋ]ˤrawk-s > ngaewH > yào（'cause to rejoice' 喜ばせる）

当時，どこまで字音が似ていたか，この一例だけでは判断できず，また方言の問題も関わっているのかもしれないが，少なくとも墨子と儒者との間で「樂」の字音・字義の理解において，コミュニケーション・ブレークダウンを来すほどの差があったといってよいだろう．

　以上をまとめると，現代中国語では「樂」の字に yuè と lè という二つの字音（yàoを入れると三つ）があり，日本語の「ガク」「ラク」と同様に区別して用いているが，漢代以前の文献や金文の例を見るには，これらの語はもともと同音（あるいはきわめて近い音）で，後代になって分裂したのである．

　この他に，字音が分裂した字の例として，「説」がある．「説」は漢代以前の文献において解説する義（上古音 *lot）と喜ぶ義（上古音 *lot，『論語』学而にある「不亦説乎（亦 説 ばしからずや）」の一節のように）という二つの字義をもっている．上古音では両方の義とも発音が非常によく似ているが，中古音では解説する義が sywet，喜ぶ義が ywet のように分裂した．現在では後者のほうを「悦」と書くが，これは隋唐以降に作られた比較的新しい字で，喜ぶ義を表すために「説」の限定符をりっしんべんに変えたものだといわれている（小川 1951：166-169）．「説」はこのように，字音・字義の分裂に伴って，字形も分裂した例だといえる．

　なお，実は字音分裂が起こらない場合でも，最初から象形的であった漢字に字義の区別を示すために限定符を付け加えることがよくある．「然」に火へんをつけてできた「燃」がその一例である．「然」は本来犬の肉を表す「肰」と「火（灬）」からできた会意文字で，焼く，燃やす義を表したが，もっぱら助字として用いられるようになることでその本義を失った．そこで，焼く，燃やす義を表すために新しくできた字が，「然」に火へんをつけた「燃」である．中国語学では「燃」のように音符が音を表すと同時に意味をも表している字を亦声字という．

　以上，中国における字義の変化のパターンをみてきたが，字義の変化は中国に限った現象ではなく，韓国や日本等の漢字文化圏の国に漢字が借用された後にも新しい言語のなかで字義が変化し続けたのである．例えば，「念」という字は本来，思うこと

や思考を表す字で，漢文訓読では「おもふ」と読まれることが多い．日本語に入ってから，「念ず」という形で堪える，我慢する義，「念のため」「念を入れる」「入念」等の形で注意を払う義にも用いられるが，これは中国語にはみられない用法で，「念」が日本に伝来した後に起こった変化——つまり，「念」の和化——であるといえる．もう一つの例には古代韓国における「骨」字の意味変化があげられる．「骨」は本来，人骨や獣骨のように人間や動物の「ほね」を表す字であるが，新羅語に借用されてから，氏族という意味にも用いられるようになった（「骨品」「真骨」「聖骨」等）．本論では中国語内で起こった意味変化しか見てこなかったが，このように借用された後に，字義が和化した例（Japanism）や韓化した例（Koreanism）は決して少なくない．

4.3　字　　　訓

4.3.1　日本語の「訓」と中国語の「訓」

これまでは字義の発生と変化をみてきた．字義ともう一つ類似する概念として，字訓がある．日本では「訓」という語を一つ一つの漢字に充てられた日本語読みという意味に用いる．しかし，中国では「訓」をこのような意味に使うことがなく，「訓」のこの用法はいってみれば，日本語に入ってきてから起こった一つの字義の和化であるといえる．

さて，中国語における「訓」とはもともとどのような意味の言葉だったのか，古代中国の字書における「訓」の意味を確かめてみよう．

(28)　訓（訓），説教也．从言川声．（訓，説教なり．言に从ひ，川（tsyhwen）の声なり．）〈段玉裁注：説教者，説釈而教之．必順其理．（説教は，説釈して之を教ふ．必ず其の理に順ふ．）〉『説文解字（注）』巻三・言部

(29)　臣鍇曰，訓者順其意以訓之也．（臣鍇曰く，訓は其の意に順ひ，以て之を訓ふるなり．）『説文解字繋伝』巻五・言部

(30)　釈訓第三．休運反．長揖雑字云，訓者謂字有意義也．（釈訓第三．休運反（xjunH）．張揖，雑字に云く，訓は字の意義有るを謂ふなり．）『経典釈文』巻二九・爾雅音義上

(28)は『説文解字』の例であるが，『説文解字』によれば，「訓」は「説教」の義であり，段玉裁の注によれば「説教」とは説釈（説明と解釈）して教えることである．(29)は『説文解字』の注釈書である『説文解字繋伝』（南唐の徐鍇）における「訓」の項である．徐鍇によれば，「訓」は意味に従って教えるという義である．(30)は南北朝の陳の陸徳明が著した『経典釈文』からの例である．『経典釈文』は『詩経』『易経』等の経書のなかから難解な字（句）を解説する字典である．陸徳明は『爾雅』の「釈訓」という篇名について，魏の張揖の『雑字』という書（現存しない）を引いて，

図 4.4 貨泉（公益財団法人大阪府文化財センター所蔵：大阪府立近つ飛鳥博物館 2011）

図 4.5 漢委奴国王の金印（大阪府立近つ飛鳥博物館 2011）[*5]

「訓」の意味を「字の意義」としている．

このように，中国では「訓」は物事の意味を解説することや漢字の意味ということを表す語である．「訓」はよく「詁」（古言＝昔の言葉）と共に「訓詁」という熟語で用いられ，字義の解説や注釈を表す．また，漢字の形音義のうち，義に注目する研究分野を中国では「訓詁学」と呼ぶことがある（なお，広義では音と形に関する研究を含む場合もある）．日本語の「訓」にある，漢字の習慣的に定まった「読みかた」という意味は中国ではみられない．

4.3.2　和訓の誕生

さて，日本語でいう「訓」というものはいつごろから生じたのだろうか．本項では，古代の資料と文献をたどりながら，日本における訓の誕生について検討していく．なお，以下，中国語の「訓」と区別を示すために，日本語の「訓」を指す場合は「和訓」または「訓読み」のように呼ぶ．また，和訓を使って漢文の文章を丸ごと日本語で読み下すことを慣例に従って「漢文訓読」または「訓読」という．

漢字が日本列島に伝来した時期は南本州や九州の各地で出土した漢時代の銅鏡や貨泉（図 4.4），漢委奴国王の金印（図 4.5）等の漢字遺物から比較的はっきりするが，日本人がいつから漢字に和訓を与え，漢字をもって日本語を書き表すようになったかについては不明な点が多い．和訓として確定できる現存最古のものは，岡田山一号墳出土鉄刀（島根県松江市）に象嵌された「各田卩」という文字列であるとされる．「各」（「額」の省文）は「ぬか」，「田」は「た」，「卩」（「部」の省文）は「べ」と読み，氏族名の「ぬかたべ」を表記したものと思われる．古墳は 6 世紀第 3 四半期ころの築造で，鉄刀もこのころまでに製作されたものとされる（沖森 2003：62-64）．

7 世紀に入ると，このような例は増えてくる．よく取り上げられるものには法隆寺

[*5]　ここでは印影を掲示したが，本来は荷物の封印のために粘土に擦で「封泥印」として用いられた．

薬師仏造像銘（推古15年（607）以降成立）と天寿国曼荼羅繡帳銘（推古30年（622））
がある．前者は奈良県の法隆寺金堂に安置されている薬師如来像の背面に刻まれた銘
文で，そのなかに『古事記』『日本書紀』にもみられる「池辺大宮」（いけべ（のおほ
みや））と「小治田大宮」（おはりだ（のおほみや））という訓で表記した地名がみら
れる．後者は奈良県の中宮寺に伝わる刺繡品であるが，そのなかに尾治王（おはり（の
みこ））という人名や池辺宮（いけべのみや）という地名などがみられる．これらの
人名・地名を訓で表記したからといって，一般に漢字に訓読みが定着していたのか，
一部人名・地名に漢字を充てる習慣ができていただけなのか不明である．もし後者だ
とすれば，日本における訓読みはある種の rebus（絵を使って暗示的に名前を示す方
法）として成立したといえる[*6]．いずれにせよ，遅くとも6世紀後半ころまでには訓
読みが成立していたといってよいだろう．

　このように資料が非常に限られているため，6〜7世紀において和訓がどこまで体
系的に定着していたかについては知るすべがない．奈良時代に入ると，この事情は一
変する．これまでには断片的な状態でしか残っていない日本語資料が，8世紀に入る
と，『古事記』『日本書紀』『万葉集』『風土記』等といったまとまった作品として現れ
るようになる．そして，そのなかでも特に『古事記』と『万葉集』は訓読みの急激な
体系化をうかがわせるのである．

　『古事記』序で有名な「已因訓述者，詞不逮心．全以音連者，事趣更長．（已に訓に
因りて述べたるは，詞心に逮ばず，全く音を以ちて連ねたるは，事の趣更に長し．）」
の一節は，日本語を訓で表記すると意味が通りにくいが，一方，すべて音で表記する
と文章が長くなるという，当時における日本語を表記することの困難さを訴えている．
同時に，「訓に因りて述べたる」ことができるという点で訓がある程度体系的に定ま
ってきていたことをうかがわせている．さらに，『古事記』の本文のなかに「画鳴〈訓
鳴云那志〉而（画き鳴し〈鳴を訓みてナシと云ふ〉）」（上巻），「生奈何〈訓生云宇牟〉
（生むこと奈何に〈生を訓みてウムと云ふ〉）」（同）のような訓で読むべき旨を示す
注記が散見されることから実際に訓が用いられていたことがわかる．

　『万葉集』の借訓表記も8世紀において訓読みがある程度体系的に定着していたこ
とを示す良好な証拠である．『万葉集』の表記には漢字をその本来の（中国語での）
意味で用いて和訓で読む正訓，漢字を字義と関係なく表音的に用いる借音，和訓その

[*6]　貴族の名前にrebusを用いることは世界的にみられる現象で，有名な例として，bows（弓）
　　と lion（獅子）の形を絵で表したイギリスの Elizabeth Bowes-Lyon 女王（在位 1936-
　　1952）の紋章があげられる．また，Beckwith（2004）によれば，韓国の三国時代の歴
　　史を描いた『三国史記』（1145年成立）では漢字を表意的に用いて高句麗の地名を表し
　　た例がみられる．これらの地名の表記が三国時代まで遡るとすれば，rebus は漢字を受
　　容した国において広く行われた初期的な表記法として認められそうである．

ものを表音的に用いる借訓という．主に3種類のものがある．和訓の体系化・定着が
かなりの段階まで進んでいないと，このような借訓方法は成り立たない．峰岸明が主
張するとおり，「和訓の固定を別の面から確認させてくれるてがゝりは，まんによう
かなの分類において借訓とよばれる用字である．この，いはゆる借訓の発生は，正訓
の成立をまづ予定してはじめて可能である」（峰岸 1986：126）．借訓には「寸三（キ
ミ）」「湯目（ユメ）」のように1字で1モーラを示すものや，「為暮（シグレ）」「裏経（ウ
ラブル）」のように1字で複数のモーラを示すものがあり，また「夏樫（ナツカシ）」
のように漢字をもって表記されている語のイメージを浮かばせようとするようなもの
もあれば，「名毛伎」（ナゲキ）のように表記されている語の意味と無関係なものもあ
る．和訓はこのように奈良時代において，日本語を表記するうえで欠かせない道具と
なっていた．

4.3.3　和訓が字義に与えた影響と字義が和訓に与えた影響

　日本語と中国語は異なる言語である以上，本来の字義と日本でつけられた和訓が一
対一の関係で一致するとは限らない．例えば，日本語の「もり」は本来，神霊が降臨
する木が群がってこんもりと生い茂った場所を指す語であったと考えられるが，中国
語の「森」にはこの意味はなく，樹木が密生したいわゆる forest という意味しかない．
また，日本語の「おそれる」には怖がるという義のほかに敬って遠慮するという義も
あるが，中国語の「恐」には前者の意味しかない．逆の例をいうと，中国語の「本」
には根本，初め，書物などの義があるが，日本語ではこれらの概念はそれぞれ別々の
語で表される．このような字義と和訓との間に不一致が起こると，背後にある日本語
の意味を正確に表すためにいろいろな工夫をする必要が出てくる．
　「もり」や「おそれる」のように中国語より日本語のほうが広義である場合は一つ
の和語に複数の漢字を充てることがある．「もり」の場合では山林の義に用いる際は
「森」を充て，「神社のもり」の義に用いる際は「杜」の字を充てることで意味を区別
する決まりがある．「おそれる」の場合も怖がる義に「恐」を充て，敬って遠慮する
義に「畏」を充てて区別することがあるが，一般には「恐」の字で統括することが多
い．「もり＝森，杜」「おそれる＝恐，畏」のような日本語1語に対して複数の漢字を
充てる語を同訓異字語という（これについては次項で取り上げることにする）．「恐」
を「恐れ多い」「恐れ入れる」等のように「おそれる」の意味のなかで本来中国語に
なかった意味に用いる現象は「念のため」「念を入れる」の「念」と同様に字義の和
化という．「念」の場合は字音語として字義が広がり，「恐」の場合は字訓語として字
義が広がったといえる（なお，「恐」は「恐縮」「恐々謹言」のように，字音語として
も同様に字義が広がっているのである）．「杜」の字は本来中国語では山梨の義なので，
「神社のもり」に用いるのも実は字義の和化の一つになる．

4.3 字　　　訓　　　　　　　　　89

　「本」のような中国語のほうが広義である場合は，一つの漢字に複数の和訓をつけることが多い．例えば，「本」には「もと」「もとづく」「はじめ」「ふみ」等の訓が充てられてきた．多いものには「下」（「おりる」「おろす」「くださる」「くだす」「くだる」「さがる」「さげる」「した」「しも」「もと」）のように常用漢字表で訓読みが10個もあげられるものまである．このように，漢字の意味と日本語の意味が必ずしも一致しなくても，漢字の意味を広げたり，一つの和語を複数の漢字で書き分けたり，一つの漢字に複数の和訓を与えたりすることで背後にある日本語の意味を正確に表すことができる．しかし，すべての場合においてこのような調整がとれるとは限らない．漢字の和訓が強く定着してくると，中国語の影響を受けて，本来ならば日本語では許容されないはずの表現が生まれてくることがある．

　ここにジスク（2012）で取り上げた「あかす」と「明」の関係を例にみていきたい．「あかす」という語は本来，「夜が明く」の「あく」の対応他動詞であり，何かをして夜明けまで過ごす——厳密にいえば，何かをして夜を明るくする——という意味を表す語であった．『古事記』と『万葉集』の歌謡では以下のような意味で用いられる．

　　（31）　……昼は　日の暮るるまで　夜は　夜の明くる極み　思ひつつ　眠の寝
　　　　　がてにと　阿可思通良久茂（あかしつらくも）　長きこの夜を　『万葉集』巻
　　　　　第四・四八五

恋人のことを思いながら眠りにつかないまま夜を過ごしてしまったという恋慕の気持ちを表した歌であるが，奈良時代の文献ではこのような意味で用いられた例しかみられない．「あかす」は明るくするという意味で類似していることから，早くも「明」の和訓として用いられるようになった．4.2.2項で示したように，「明」は明るくするという物理的な意味のほかに，道理を明らかにするという比喩的な意味をもっている．「あかす」は本来，このような意味をもたないが，平安時代の訓点資料のなかで以下のように明らかにする義の「明」を「あかす」と読んだ例が多数みられる．

　　（32）　釈-論に迦-梅-延-子ノ六度の斉-限アテ［而］満スルコトヲ明スコトヲ引
　　　　　ケルカ如キハ［者］，此レ血ノ衆-生ヲ調ヘテ乳ト為セムト欲スルナリ.
　　　　　東大寺図書館蔵『法華文句』長保ころ（1000年ころ）点

ここで「明」は「六度ノ斉限アテ満スルコト（六種の修行の限界があって初めて完成すること）」という抽象的概念を明らかにするという意味で用いれらている．「明」の傍らに「アカス」と訓が施されていることから，ここは「あかす」と訓読されたことがわかる．和文・和歌ではこの意味に用いた「あかす」の例がみられないのに，訓点資料で「明」の訓として現れるのは，この意味は日本語内で発生したものではなく，「明」の影響を受けて生じたからだと考えられる．このような本来日本語になく，漢字から取り入れた意味を借用義（loan meaning）という．

　意味借用のもう一つの例として「あらわす」と「著」があげられる（ジスク

2010).「あらわす」は本来，以下の『万葉集』の例のように隠れたものを表に出す
という意を示す語であった.

(33)　玉島の　この川上に　家はあれど　君をやさしみ　阿良波佐受（あらは
　　　さず）　ありき　『万葉集』巻第五・八五四

家は玉島の上流にあるが，恥ずかしいから君には教えなかったという意味である.「著」
には「あらわす」と同様に表に出すという義があり，このため，「あらわす」は早く
から「著」の訓として使用されるようになった．以下は平安時代の訓点資料からの例
である.

(34)　房（と）イフハ是れ上-古より以_来・衆生，慙「-」愧（する）を以（て）
　　　の故に，襞キ 幔 をして彰 シ 著 サ 令（め）むと欲（は）不．　高山寺蔵『大
　　　毘盧遮那成仏経疏』巻第三・永保2年（1082）点

房（部屋）は古代より衆生が慙愧する（深く恥じる）ものであるため，襞幔（几帳）*7
を張って，周りに見せようとしないという意味で，(33) とはよく似た用法であると
いえる.「著」はこのような表に出すという義のほかに，以下のような本を著作する
という義をもっている.

(35)　関令尹喜曰，子将隠矣，強為我著書．於是老子乃著書上下篇，言道徳之
　　　意五千餘言而去．（関 令尹喜曰く，子将に隠れんとす．強ひて我が為に書を
　　　著せと．是に於いて老子 乃ち書上下篇を著し，道徳の意を言ふこと五千餘
　　　言にして去れり.）　『史記』老子韓非列伝

(35) は尹喜が老子が隠れようとしたときに，私のために書（『老子道徳経』）を著作
するように頼んだという意である．このような著作する義で用いられた「あらわす」
の例は奈良・平安時代の和文資料においては一切みられないが，「あかす」と同様に，
訓点資料でみられる．(36) は (35) であげた『史記』老子韓非列伝の箇所を引く『三
教指帰注集』（寛治2年（1088）成立）の例である.

(36)　喜カ曰（く），子将ニ隠レナムト（す）［矣］．強（ひて）我カ為（に）書
　　　ヲ 著 セトイフ．　大谷大学図書館蔵『三教指帰注集』巻上本・長承2年
　　　（1133）点

「著」に「アラハセ」と仮名で訓を施していることからわかるように，平安時代の漢
文訓読において，「あらはす」は和文ではみられない著作するという義に用いられて
いたのである．これは明らかにする義の「あかす」と同様に漢字から借用された借用
義である.

　「あかす」と「あらわす」はどちらも漢字から意味を借用した例であるが，漢字・

---

*7　杲宝（1306〜1362）撰『大日経疏演奥鈔』に「房者庇衛義也．襞幔者几帳類也．以之引
　　廻房四方也.」（巻第四）とある.

4.3 字　　　　訓　　　　　　　　*91*

漢文訓読の影響はこのような意味借用にとどまらない．ジスク（2015）が指摘するように，漢字・漢文訓読の影響は日本語の語構成，語派生，統語まで及んでいるのである．例えば，語構成の面においては「號ビ哭キ」(サケ ナ)（西大寺蔵『金光明最勝王経』平安初期点），「囚徒」(トラヘ人)（石山寺蔵『金剛般若経集験記』平安初期点），「起チ避ラ（ず）(タ サ)シテ」（小川本『願経四分律』平安初期点）等のように，二字熟語を 1 字ずつ直訳したことで新たな表現を生み出した例が訓点資料においてはなはだ多くみられる．このような外国語の複合語を直訳してできた表現を翻訳借用語（loan translation）という．日本語の語派生が漢文訓読に影響された例として「およぶ」と「ならぶ」がある．「およぶ」と「ならぶ」は本来，それぞれ離れた場所に届く義と，同列にそろう義を表す動詞であったが，動詞的用法と接続詞的用法を両方もつ「及」と「並」の訓として定着することで，その接続詞的用法まで取り入れ，本来存在しなかった「および」「ならびに」という接続詞が生まれたのである．このような中国語の多品詞性に影響され，異なる品詞の語が派生する現象を借用転成（loan derivation）という．統語的な面で漢文訓読の影響を受けた例として「いはく」と「おもへらく」等の倒置法があげられる．日本語は SOV の言語であるのに対して，中国語は SVO の言語である．このため，漢文を訓読する際に一二点やレ点等を施して返読する習慣が昔から行われてきたのである．「曰」「云」「謂」「思」「以為」等，言語思考行動を表す一部の動詞については，漢文に頻繁に現れるためか，動詞を返読しないで，いわゆるク語法（動詞語幹に -(r)aku という接尾辞をつけて体言化する文法構造．『論語』の訓読で頻繁に現れる「子（S）曰く（V）……（O）」等がこれに当たる）を利用することで語順を SVO に変える習慣ができたのである．このような漢文の影響を受けた統語形式を借用統語（loan syntax）という．

4.3.4　同訓異字の問題

　前項で日本語の語彙が漢字から新たな意味を取り入れる借用義の例を示してきた．このような借用義は，中国語（漢字）の意味が該当する日本語の意味より広い際に起こるといえるが，逆に日本語の意味が該当する中国語より広い場合，あるいは，日本語では 1 語で表す概念が中国語では複数の語で表せる場合に，日本語の 1 語が複数の漢字の訓として定着することもある．このような場合には同訓異字語が生まれてくる．

　ここに 4.3.3 項で取り上げた「あらわす」を例に同訓異字語の発生過程をみていく．一般の国語辞典では「あらわす」の意味は以下のように分類されている．

　　① 隠れたものを表に出す．（以下，「表に出す義」）
　　　（例：「正体をあらわす」「姿をあらわす」）
　　② 考えや思考を表現する．また，抽象的概念を象徴的に示す．（以下，「表現する義」）
　　　（例：「感情を言葉にあらわす」「漢字は語をあらわす文字である」）

③ 文章を書く．また，書物を丸ごと著作する．（以下，「著作する義」）

（例：「竹帛にあらわす」「孔子は『論語』をあらわした」）

④ 名前や手柄等を広く世間に知らせる．（以下，「広く知らせる義」）

（例：「功績をあらわす」「世に名をあらわす」）

そして，多くの辞典は①を「現」，②を「表」，③を「著」，④を「顕」のように書き分けるべき旨を示している*8．例えば，『広辞苑』（第六版）は③と④の定義の前に「著」と「顕」の字を示し，項の最後に「「表」は内面にあるものを外に示したり，事物を象徴したりする場合，「現」は隠れていたものが姿を見せる場合に使うことが多い．」という注を加えている．さらに遡って，江戸時代の同訓異字語辞典に当たる『操觚字訣』（1763 年序）で「あらはす／あらはる」の項を引くと，「表」「現」「著」「顕」の用法について以下のように詳しく述べられているのである．

(37)　現ハ，顕也，露也．出現，現在等ニ用ユル通リ也．見ト音義同ジ．

　　　顕ハ光也，又見也，明也，観也，著ナリ．キツトアキラカニ，カクレマガヒナク，テリカヾヤク程ニ，アラハルヽコト也．顕達，顕者モ，コノ義也．

　　　著ハ明ナリ……著名ト連用ス．シカトソノ形チワケヲ，アラハシ，シメスコト也．著令，著述，著姓，又名ノアラハルヽトイフモ，ソノコトイチジルシク聞ユルコトナリ．

　　　表ハウハカハへ，ミセル也．表異トイヘバ，各別ニアラハシテ，外トチガウヤウニスルコト也．　　『操觚字訣』巻之六・5 ウ〜6 オ（傍線は原文のまま）

「現」を「出現」の義，「表」を「ウハカハへ，ミセル」義，「著」を「著述」の義と説いている点では現代の用字法と類似しているといえる．「顕」については「テリカヾヤク程ニ，アラハルヽコト」とあり，現代の用字法とは異なるが，同時代の同訓異字語辞典である『訳文筌蹄』（初編，1715 年刊）に「高位ニ登テ姓名ヲ人ニ知ラレタルコト」（巻二・2 ウ）とあり，現代のような用いかたも存していたことがわかる．

このように，『操觚字訣』の記述から江戸時代において①〜④の意味による書き分けの基準がすでにある程度できていたことがわかるが，実際，『操觚字訣』の「あらはす／あらはる」の項を見ると，「表」「現」「著」「顕」の4字の他に，「見」「形」「暴」「露」「章」「彰」という6字があがっており，『訳文筌蹄』ではこれらの字に加え，「彪（ひょう）」「旌（せい）」「甄（けん）」の3字があがっていることがわかる．つまり，『操觚字訣』と『訳文筌蹄』

---

*8　『広辞苑』第六版，『大辞林』第三版，『日本国語大辞典』第二版，『同訓異字辞典』（東京堂出版），『漢字用法字典』（角川学術出版）はいずれもこの区別を示している．「顕」は常用漢字表では「あらわす」の訓を載せていないが，約 1 億 500 万語（2012 年 3 月現在）からなるテキストのサンプルを集めた「現代日本語書き言葉均衡コーパス」では「あらわす」を「顕」で表記した例が計 66 例みられ，現代でも一部使用されていることがわかる．

4.3 字　　訓

では「あらはす」と読まれる字が合わせて13字にのぼり，現代の国語辞典に比べ，相当多くなっている．そして，さらに遡って，平安・鎌倉時代の古辞書と訓点資料を見ていくと，その数がなお一層多いことがわかる．

　例えば，平安時代末期成立の漢和辞典『類聚名義抄』から「あらはす」の訓が施された字を集めると，全部で58字にのぼり，同時代のイロハ引き国語辞書『色葉字類抄』で「あらはす」の項を引くと，45字も掲げられている．このうち，辞書にしか出てこない字もあるだろうが，平安・鎌倉時代の訓点資料600余点から訓点語彙の用例を集めた『訓点語彙集成』（築島 2007-2010）における「あらはす」を調べてみると，48字もあげられており，そのうち，25字と，その約半分が『類聚名義抄』と『色葉字類抄』に見られる字と重なっている．その詳細は以下の通りである．（無印のものは『類聚名義抄』『色葉字類抄』両方，「*」付きのものはそのどちらかに見られる字．各字の後ろに『訓点語彙集成』で見られる用例の数を括弧内で示す．）

(38)　顕 (79)，現 (33)，著 (32)，表 (21)，旌 (19)，呈 (16)，形 (13)，彰 (13)，露 (9)，見 (7)，効* (4)，效 (4)，明* (4)，標 (3)，験* (3)，発* (3)，公 (1)，徴 (1)，揚* (1)，祖* (1)，詮 (1)，證* (1)，陽 (1)

　『類聚名義抄』と『色葉字類抄』は日本語の文章を書くための辞書というより，漢文を正しく読み書きするための辞書である――『操觚字訣』『訳文筌蹄』についても同様なことが言える――ので，この中に漢文（の訓読）にしか用いられない字も多々含まれているだろう．しかし，それにしても，どうしてここまで多くの字が「あらはす」と読まれているかという問題が残る．

　ここで，平安時代における和訓の選定プロセスについて少し考えたいと思う．4.3.2項で述べたように，奈良時代までは，和訓は日本語の表記を主な目的として発達したのであるが，平安時代に入ると，和訓の役割が大きく変わる．すなわち，漢文訓読の発展に伴って，和訓は日本語を書き表すための道具から漢文の文章を正しく読むための道具へと化していった．そして，漢文訓読の際にどの字をどう読むかを決めるにあたって，中国の字書や古典注釈書が大きな参考になった．実際，「あらはす」の場合，(38) であがっている 25 字のうち，その字義を中国の字書や注釈書で調べてみると，そのすべてが直接的あるいは間接的に「表」「現」「著」「顕」の 4 字と結び付けられていることがわかる．例えば，「旌」について『漢書』顔師古注に「旌，表也」とあり，「呈」について玄応撰『一切経音義』に「呈，見也」とある．『訓点語彙集成』に 1 例しかない「公」の場合でも『春秋左氏伝』孔穎達疏に「而公怨之（之を公怨して）」という本文に対して「而公顕然（而公は顕然なり）」とあり，かなり限られたものであるにしても，「顕」の義とする注がみられることがわかる．

　「表」「現」「著」「顕」の 4 字はいずれも漢文において頻繁に用いられる基本的な字で，その字義も「あらわす」と大きく重なっている．このような比較的簡単な字で，難読

表4.1　平安〜江戸時代の文学作品における「あらはす」の用字法

作品	用法	表記										
		仮名	顕	現	表	著	呈	露	證	見	驗	計
今昔物語集	①		33	8								41
	②		8		4				4	1	1	18
	③											0
	④											0
	計		41	8	4				4	1	1	59
太平記	①	1	15	1			4	1				22
	②	1	11				2	1				15
	③											0
	④		7				3	2				12
	計	2	33	1			9	4				49
夢の代	①	8	4	7					1			20
	②	6	1		6							13
	③	14				16						30
	④	1	2									3
	計	29	7	7	6	16			1			66

の字や字義の和訓を決める際に辞書や注釈書において常に手掛かりとなるような字をここに仮に基準字（reference character）と呼ぶ．(38) であがっている 25 字は当然，中国語ではそれぞれ異なる言葉を表す字で，それぞれ異なる意味をもっている．元の意味を正確に日本語に訳すならば，「あらわす」の一語では足りないことは言うまでもない．しかし，漢文訓読とはこのようなものではない．漢文訓読は元の文章を正確に訳すというより，元の文章を残しながら機械的に日本語に置き換えていく逐字訳的システムであるといったほうが適切である．言ってみれば，漢文訓読は個人の解釈も入る翻訳（translation）より，楽譜をそのままに，調を一定の音程に移していく移調（transposition）に近いものである．このような機械的なシステムだからこそ，4.3.3 項であげたような直訳的表現が多くみられる．そして，このようなシステムの中で，基準字は和訓を決める際に大きな役割を果たしたと考えられる．

　以上，平安・鎌倉時代の辞書や訓点資料における「あらはす」の訓が施された字を見ることで，その数は現代よりはるかに多いことがわかった．さて，現代語で見られるような書き分けの基準はどのようにできたのか，以下に実際に日本語の資料で確かめてみよう．表 4.1 は『今昔物語集』（平安時代，1120 年ころ成立），『太平記』（鎌倉時代，1371 年成立），『夢の代』（江戸時代，1820 年成立）の 3 作品における「あらはす」の表記を意味別に分けたものである．

　まず目立つのは『今昔物語集』と『太平記』において，現代ほとんど使われなくなった「顕」が半分以上の例を占めていることである．さらにその用法をみていくと，①・②・④のいずれにも用いられていることがわかる．『夢の代』になると，「顕」の

例は減ってくるが，それでも①・②・④のすべての用法に用いられている．その一方，「現」と「表」は「顕」に比べ，用例が少ないものの，三つの作品において現代語と同様な使い分けがされている．「著」は『夢の代』までは用例をみないが，現代と同様に③の用法に専ら用いられている．

　以上の文献から，江戸時代までは「あらはす」の表記として「顕」が最も使用範囲が広く，特に平安・鎌倉時代においては使用頻度が他の字より高かったことがわかる．これに対して，「現」「表」「著」は使用頻度が比較的低かったが，現代とだいたい同様な使い分けがされていたことがわかる．なぜ「顕」の字が現代のようにほとんど用いられなくなったかというと，あくまでも憶測であるが，おそらく「現」で①，「表」で②，「著」で③という使い分けが広く定着したなか，どの意味にも使用できる「顕」は意味を弁別する上で機能しなくなったからだと考えられる．そして，④というかなり限定された用法にその跡を留めるのみとなった．

　「あらわす」は複数の漢字表記をもっても，日本語表現としてはあくまでも一語として認識されているといえる．つまり，「あらわす」は複数の字で書き分けることで意味の分別が明確になった語の例といえるが，なかには複数の漢字で書き分けられることで意味分裂（polysemic split）を起こし，別語意識まで生じさせた例もある．その例としてよく取り上げられる語に「なく」がある（小松 2004：27，佐竹 2006：53）．現代日本語では人間が涙を流すことを「泣く」と書き，動物が鳴き声を上げることを「鳴く」と書き，「泣く」と「鳴く」は別々の語と捉えられることが多い．実際，国語辞典のなかに「泣く」と「鳴く」を二つの項に分けているものもある（『大辞林』第三版，『明鏡国語辞典』第二版，『新潮国語辞典』第二版等）．しかし，「なく」は本来，喜怒哀楽の声を上げるという義で，「なく」主体が人間であっても動物であってもよかった．「泣」と「鳴」の字を充てられることで，人間が涙を流す「泣く」と動物が鳴き声を上げる「鳴く」という別々の語として捉えられるようになった．

　実際，『万葉集』における「なく」の例を見てみると，以下のように，人間が泣いているが，その泣きかたが動物にたとえられている例がある．

　　(39)　慰むる　心はなしに　雲隠り（くもがくり）　鳴徃（なきゆく）鳥の　音のみし奈可由（なかゆ）『万葉集』巻第五・八九八

　　(40)　霍公鳥（ほととぎす）　なほも奈賀那牟（なかなむ）　本（もと）つ人　かけつつもとな　我を音（ね）し奈久母（なくも）　同・巻第二十・四四三七

(39)は心を慰めるものがなく，雲に隠れて「なきゆく」鳥のように「ないて」ばかりいることを表した歌で，(40)は本つ人（亡くなった親しい人）を偲んで「なかせられる」ので，ほととぎすにもっと「ないてほしい」という感情を表した歌である．現代語の感覚で考えるとこれらの「なく」の例に「鳴」の字を充てるべきか，「泣」の字を充てるべきか迷うところであるが，どちらも充てられないのが正解であり，こ

のような表現ができたのは奈良時代において「なく」はまだ一つの概念として捉えられていたからだと考えられる.

「なく」のように中国語の意味区分を取り入れたことで別語意識が生じた例として「行く」と「逝く」,「開く」(開ける)と「明く」(明ける),「謝る」と「誤る」等があげられる.これとは類似した現象として,「安い」と「休む」,「狭い」と「迫る」,「致す」と「至る」のように同じ語根から分かれた同根語が漢字で書き分けられることで,縁のないもののように意識されるようになったものもある(佐藤 1981:22-24).

4.4 字義から字訓へ──日本語表現の原動力としての漢字

以上,中国における字義の派生と変化や,日本におけるその受容と訓読みの成立,漢文訓読の日本語への影響,字義の和化,同訓異字語の成立をまとめてきた.冒頭で述べたように,漢字は語を表す表語文字であるが,このように語を表す文字であるため,訓読みや漢文訓読という漢字文化圏特有の習慣が成り立ったといえる.すなわち,アルファベットのような表音文字を借用した際には,音だけを取り入れることになるが,漢字の場合は字音のほかに必ず字義を備えており,この字義はやはり自言語を通して解釈するほうが経済的である.

こうして漢字を自言語で解釈しようとした結果,日本における訓読みと漢文訓読が誕生したのである.それははじめは人名や地名を表す rebus として成立し,やがて奈良時代にいたって一般の語彙・文章を表記する道具へと進化した.そして,平安時代に入ると,漢文訓読の発展に伴い,和訓の数が大幅に増加していったのである.和訓を選定する際には中国の字書や注釈書における基準字を参考にし,最初は文脈に沿った訓を選んでいったのだろうが,和訓が固定してくると,日本語として適切な表現を選ぶことより,統一した読みかたをすることが重視されるようになった.その結果,借用義や翻訳借用語等の借用形式,借用統語が多く生まれたのである.

同じ理屈で,漢文訓読が盛んに行われた平安・鎌倉時代において,同訓異字語が現在よりはるかに多かったが,和訓が固定していくのにつれて,日本語の文章を書く際には使用頻度の高いものや意味弁別のために機能するような区別しか残らなくなった.とはいえ,現代語において一つの和語に対して二つまたは三つ,四つの表記が存在することは決して珍しい現象ではない.このように,意味の面において必ずしも日本語とは一致しない──いや,むしろ一致しないほうが多い──漢字を日本語に取り入れることで,日本語の意味は場合によっては漢字の意味に引きずられて拡張し,また場合によっては複数の字の訓として定着することで意味の弁別が明確になったのである.言い換えれば,漢字の受容によって,日本語の表現力がより豊かになったといえよう.

[マシュー・ジスク]

第5章　表記からみた漢字

5.1　日本語表記と漢字

5.1.1　はじめに——「表記」という用語

「表記」という用語は比較的一般にも知られている言葉だろう．学術論文においては「書記」という類似の用語と厳密に区別する研究者もいるが，ここでは「書記」は使用せず，表題にも掲げられている「表記」のみとし，これを，書かれた文字（あるいは文字列）という意味で使うことにする．その際，大事なことは，それが言葉と対応しているかどうかということである．例えば古代の土器などに「田」のような形が記されている場合，それが田圃の意味で「田」と書いているなら文字だが，直線で構成された単なる模様かもしれない．この場合，模様であって文字ではないわけだから，必然的に言葉を書いたものではないことになり，「表記」と呼ぶのは不適切である．つまり，何に書くにせよ——紙でも金属でも木でも，言葉として書かれたその結果を「表記」と称する．また，「表記する」という動作を表すいいかたもよくあるが，上に，「表記」を"書かれた結果"という形で定義したことを踏まえると，これを「〜する」というのでは意味が通らないので使わないことにする．「表記」を生み出すための動作，作業は電子機器類によるものも含め，総括して単に「書く」といっておく．日本語の表記の場合，そこには漢字以外に，平仮名，片仮名，アラビア数字，時にアルファベットなどが混ぜ書きされてできているから，表記からみた漢字という場合，そのように実際に使用されるなかにおいての漢字のありようを追いかけるということになる．

5.1.2　日本語表記における漢字の存在感
〈複数種の文字を混ぜて書く〉

日本語の表記をみた場合，地名・人名や「本」「酒」「薬」のような各種看板,「未」「済」「㊙」といった短いメモ書き的なものを除けば，漢字だけが目に入ってくるということはまれで，前述のように，たいていは，平仮名との混ぜ書き，そこにしばしば片仮名も混じるものを目にする機会が多いだろう．この混交が，まずは日本語表記の大きな特徴で，系統の異なる文字を同時に混ぜて書くのは世界的にも珍しいといわれてい

る．こういう「複雑さ」（もっとも，日本語母語話者はつねづねそう思っているわけではないだろう）が，当の日本語母語話者にとっても重い負担であるという見かたもある[*1]．確かに，どこを漢字にしてどこを平仮名にするか，あるいは同語の，平仮名，片仮名の書き分けといったことも厳密に決められていない[*2]ことがしばしばあるので，そのあたりも，ことに外国人学習者を悩ませるのであろう．例えば，「あらわす」という語について，「表」か「現」か判断し難い場合がある．こういう時は平仮名で書いておく，ということは許容されるかもしれない．これまで，日本語表記の複雑さが強調され，かつまた悲観されてきたことは，はや半世紀以上前の欧米の言語学者の言葉にも表れている．次にイギリスのG.B.サンソムの，よく引かれる1文を紹介しよう（サンソム・福井 1951：198-199）．

　　日本人の才能が千年以前にこの發明に達し得なかつたことは，恐らく東洋歴史の悲劇の一つであろう．日本人はその後數世紀の間に眞に恐るべき方法を展開した．僅か數十の小綴音を記すために，莫大な，複雑な符號を道具に用いた．この事を思えば西洋のアルファベットは，恐らく人間精神の最大勝利であると考えざるを得ない．

　これを引いたディヴィッド・ルーリー氏[*3]は，「〔サンソムの発言は：引用者注〕世の中に流通している日本の文字史の様々な誤解の集大成，言い換えれば日本の文字，もっと広く言えば世界の文字史の誤ったアプローチの見本」と指摘している．そして

[*1] 例えば野村（2008）では，「日本語教育となると，問題は深刻である．初級—500字，中級—1000字，上級—2000字などという，どのような根拠にもとづいたか分からない目標があるが，それを学ぶ外国人は3年か4年でそれを習得せねばならない．日本人が10年以上かかってもおぼえきれないものが，外国人におぼえられるわけがない．少数の優れた能力をもつ学習者を除いて，大部分がヨミカキの段階で脱落する」，また田中（2011）では，漢字で書かれる日本語，「漢字語」の問題を捉え，文字のみならず，「外国人がかんたんに日本語社会に参加できないということは，ある種の日本人には都合がいいとしても，日本語にとっては大きな損失である」（pp.30-31），「その習得にぼう大な時間のかかる知識で人々に威圧をかけている」（p.32）といった指摘をしている．

[*2] 決められていない，というのは一つのいいかたであるが，普段書く時に一応定められている「目安」がそれほど知られていない，あるいは頓着しないことが多い，などといったほうが正確かもしれない．例えば植物学等学術的には「あじさい」は片仮名で「アジサイ」と書くことになっている．しかし，個人的にこれを書く時に，「あじさい」「アジサイ」「紫陽花」のどれを選んでも自由だという感覚が強いだろう（事実，自由だ）．このように，実は，社会的にある場面での表記の「目安」は設けられてはいるが，全員があらゆる機会で遵守すべき正書法ではないので，「決まっていない」という表現に結局は落ち着くことになる．

[*3] ルーリー(2013)．なおルーリー氏は「サンサム」と記しているが，ここでは福井氏の訳文である「サンソム」に統一した．また訳文は福井（1951）の訳をここではひいた．

こうも続ける——「確かに，日本語を大人になってから勉強し始める，ネイティブではない人間にとっては，悲劇的な要素があります（これは私自身も，自分の経験から証明できます）．しかし，「複雑な工夫」を嘆くような視点からでは，文字の歴史を客観的に評価できないのは，言うまでもありません」と．サンソムの発言にあるようなアルファベットという表音文字[4]こそが，文字進化の到達点であるという捉えかた，"西洋の勝利"と"東洋の悲劇"という対比的捉えかたは，ルーリー氏の指摘どおり，正当とは言い難い．「文字に対する価値判断を行うことの危険性と誤謬」とは同じく氏の指摘だが，そのとおりであろう．日本語には表音文字たる平仮名，片仮名がありながら今日まで漢字が排除されていない．この点をもってみるだけでも，表音文字の優位性，先進性といった観点からでは解けない様態が，まさに生きた証拠として存在していることになる[5]．

〈漢字が分節を果たす〉

　中国古典語はもともと句読点があってもなくても特に支障がないのだという．いわゆる漢文の白文といわれるものは，訓点はもとより，句読点さえ付されていない．助辞が文の切れ目を自ずと示すからである．日本語表記の場合，基本は漢字平仮名交じり文だが，そのなかでも漢字は視覚上の分節を果たしている場合がある（以下，いずれも作例である）．

　　きょうはなすといったでしょう．
　　今日話すと言ったでしょう．
　　今日は茄子と言ったでしょう．

---

[4] 文字一つ一つは表音文字といっていいかもしれないが，実際に使用される場合それらは多く，綴られることになる．そして，例えば英語の場合，往々にして表音とは言い難いものがある．例えば「knight」と「night」はｋの有無が語を弁別していて，綴りとしての機能は事実上表語である．この表音文字が実際の働きとして表音とは言い難い側面をもっているという話は，注3にあげた書に，ルーリー氏による明快な説明がある（主にpp.25-26）．

[5] ルーリー氏が指摘するとおり，世界の文字史という観点で，進化や優劣という切り口は有効でないし，その延長上で，日本語の表記を考究することには問題がある，という意味でここでは述べた．したがって，現状の日本語表記においての漢字の是非を巡る議論などとはステージが違うのであり，注1にあげたような意見，議論の存在が否定されるものではない．むしろ今後も積極的に交わされていくべきであろう．例えば日本語表記の複雑さを礼賛するとか，現状の変更をまったく認めないというのも，それはそれで問題だからである．日本語表記は，千数百年の歴史でさまざまに姿を変えてきた．しかしいまはもう停止している，完成していると決めてかかるのは，学問的には頽廃的な考えかただといわねばならない．

京は茄子と言ったでしょう[6].

京は那須と行ったでしょう[7].

最後の二つの例はやや強引だが，しかし漢字が語の切れ目を明示するのに役に立っていることはわかるだろう．ただ，文字種の違いがその機能を果たすというのであれば，

キョウはなすトいったデショウ（＝今日話すと言ったでしょう）．

などでもいいのではないかという理屈にもなる．しかし，違和感は大きい．読みにくさの要因は，すなわち学習することで得られる習慣がかえって可読性を低めるからである．日本語表記は漢字が混ざっているから読みやすいというのはあくまで習慣を通して結果的に得られる感覚であって，漢字という文字が本質的にもたらすものではない．もちろん，平仮名や片仮名との字体構成の違いが，視覚的に差異を際立たせるということはいえるが，それをいうなら，アルファベットと平仮名とか，片仮名と平仮名という異系文字の組み合わせの混ぜ書きでありさえすれば同様の効果を得られなくてはならない．しかし実際には，例えばより異系であるアルファベットを，漢字と置き換えてみても，分節が際立つどころかわれわれにはひたすら違和感だけが増す．

watasi がこの hon であらわしたかったのは kanojo の kokoro の naka の omo い
です．

この違和感こそ，馴れや習慣によるのである．

ここですこし現代を離れてみよう．古代，そして中世から一つずつ例をあげる．前者は漢字（ただし，字義を捨象した，いわゆる「万葉仮名」というもの）ばかり，後者はおおよそ平仮名ばかりという資料からである．犬飼隆氏によれば，正倉院文書に含まれるいわゆる仮名文書において，同じ音節であるが，当てる文字を変更することによって分節のマーカーになっていることが指摘されている[8]．例えば「布」と「伎」は文の始まりと終わりの指標，「末」「万」が交互に使用されているのは，文章の進行の指標だという．正倉院仮名文書は，図 5.1 のように漢字をもとにした仮名で書かれているわけで，その見た目には同じ漢字だけの文字列中でも，同音節の字種を変えることでそのようなマーカー機能を果たしていることが明らかにされている．これは，まずもって漢字だけで日本語を書くことがないわれわれには追体験しにくい方法であると同時に，漢字それ自体に，日本語文を分節する機能があるというより，前後の環境（どのような漢字がどのような音節に当てられているかという状況）との関係において，成立しうることだとわかる．

もう一つの中世の例は，藤原定家筆の『土左日記』である（図 5.2）．例えば冒頭部

---

[6] 京都といえば代表的な野菜は，の意として．

[7] 京と那須は人名．

[8] 犬飼（2005），主に第 4 部 p.281～．

5.1 日本語表記と漢字　　　　101

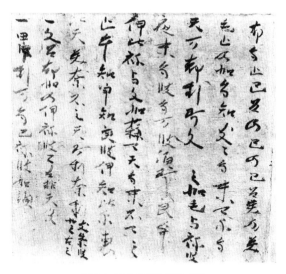

図 5.1　正倉院仮名文書（甲）

部分をみると，定家は，「す」を書くにあたって，語中の場合は「寸」「春」に，語の切れ目の場合は「数」と使い分けている．おおむね平仮名だけが並ぶなかで，その平仮名字母を交替させることで分節マーカーとしているのである．先にあげた漢字（万葉仮名）に対してこちらは平仮名という違いがあるが，方法としては正倉院仮名文書に通じるものがある．そして，このことも，平仮名がほぼ 1 音節 1 字種であるわれわれの感覚では追体験しにくいものがある．ちなみに漢字と仮名にまつわっていえば，定家は，「なほ（猶）」という語を『土左日記』筆写においてほぼ漢字，つまり「猶」で書いている．定家仮名遣いではこの語は「なを」となるのだが（歴史的仮名遣いでは「なほ」とすべき），もし「なを」と平仮名で書くと，「菜を」「汝を」「名を」と混同するので，漢字で「猶」と書いているのだという[*9]．これについては，現代語の表記においてわれわれがときどき行うことと似ていよう．つまり，「市立」と書けば「私立」と勘違いされる心配はないし，「化学」と書けば，「科学」「歌学」と勘違いされ

---

*9　遠藤邦基の指摘による．なお，定家本では書写の終わりが近づくと，正しい仮名遣いで「なほ」と書かれている箇所も出てくる．このことについて，遠藤は，「土左日記を僅か二日間で書写したという速度と無関係ではないと思われる．そのような環境のもとでは，時間の経過とともに自らの定めた原則も弛緩しがちだからである．と同時に，原本である貫之自筆本を書写するに際して，仮名を漢字に改めることはともかくとしても，仮名遣いまでをも改めることにはいささか躊躇するものがあったのではないかと考えられる．」と指摘している（遠藤 2010：124-125）．

図 5.2 藤原定家の筆による『土左日記』

る心配がないという，漢字の表語という機能に依拠した視覚的弁別の方法である．

　さて，話を現代に戻そう．以上のように，歴史上，漢字だけ，あるいは平仮名だけの表記中であっても，同音節表示の別字への変更による分節明示という方法があったことがわかる．対して，現代日本語表記の場合は，主に平仮名と漢字という混ぜ書きが必然的に分節効果を生んでいる．そして，漢字を混ぜたほうが読みやすい，というのは日本語を書く上で，自立語の多くが漢字，送り仮名や付属語は平仮名という緩やかな習慣（「正書法」では，ない）があることを経験的に知ってはじめて得られる感覚である．漢字という文字自体に，日本語文を分節する機能が前提的に備わっているわけではない（漢字一字一字はある語に対応しているのでそういう意味では分節的ではあるが，例えば「開」字は，これ1字では，どう送り仮名を振るかによって相当する語が一定しない）．小学校の，ことに低学年などでは，未学習の漢字を平仮名で書かせることがある（「配りょ（慮）」「りょう（料）理」など）があり，時に名前さえもそのように指導することがあって，一部に批判もあるようだが「配りょ」「りょう理」が子供たちにとって分節が不分明になって可読性が損なわれる，という批判はなされにくいだろう．確かに見た目のバランスは悪いようにも思えるけれども*10 名前と違

---

*10 「バランスが悪い」というのも，いわば経験によって得られるものだから，「配りょ」や「りょう理」といった例を，例えば（義務教育，高等教育を経た）大人がこれみよがしに批判するのも奇異である．ニュース，新聞では「破たん」「し烈」「覚せい剤」「抜てき」など，それで社会的に認知されている混ぜ書き表記も存在する．まして，子供の場合，学習の途上の一つの方便である（いずれは書けるようになるし，そう指導される）わけだから，「配りょ」では見た目が悪いといった批判は，あまり当を得ていないと思う．

って，習っていないものは書きようがない，仕方がない，といえる．漢字を混ぜることで語の切れ目がわかりやすくなる，という感覚は，もうすこし学年も上がって，常用漢字をおおむね使いこなせるという達成が見込まれる義務教育終了以降，さらに日本語の読み書きを断続的に重ねていく上で醸成されていくものと思われる．

また，漢字の分節性にまつわって，よく例にあげられるのは，「ここではきものをぬいでください」(着物／履き物) のような例だろう．漢字を混ぜて書けば語は自ずと決定し，文意は一つに絞られて誤解はない．また，「端をもってください／箸をもってください」のように，いわば分節も同じとなる同音異義語についても漢字は視覚的に便利な一面をもっている．これをさらに推し進めて「深化と進化」とか，「悲しいというより哀しいという感じだ」といった口頭の日本語ではなかなかできない (結局，「深いのシンと，進むのシン」などと補足説明しなくてはならない) ことも，漢字を利用した表記では可能である．

5.1.3　書く行為と読む行為

われわれが，日常漢字に接する時，それは読むほうが多いだろうか，あるいは書くほうが多いだろうか．人によったり，日によったりではあろうが，たいていは読むことのほうが多いはずである．町中の看板や建物内の掲示物など，読むともなしに目に入ってくるものも含めれば，接しかたとしては読むことのほうがおそらく多い．それに，書いているとしても，書き手は同時にそれを読んでいるわけでもあるから (推敲もするなら，まさに読み手に成り代わっている)，やはり，読むということの絶対的比率は高くなる．読まれるその文字列を表記と呼ぶ時，表記とは書かれてできあがった「結果」である．そこに交えられた漢字をはじめとする文字に，読み手たるその人は何らかの発音を当てつつ読むわけだが，例えば

(1)　2月の初めまでに提出してください．

(2)　今日は月がよくみえるなぁ．

という文において，「月」の読み分けを必然的に行っている．俗にいう，音読み，訓読みというものであるが，これは裏返せば，「ニガツ」という字音語を書いたもの，「つき」という和語を書いたものだと言い換えることができる．その書き手が書いたことを瞬間的に推し量りつつ，読み手は読むのであるが，その時，前後に記された言葉から絞り込んでいることも重要である．(2) は，「がよくみえるなぁ」が「ゲツ」と読まれる可能性を排除するであろう．(1) は直前の「2」の存在が大きい．「2」がなければ，「つき」と読まれ，しかも (2) とは違う意味の「つき」になる．脳内での処理がごく瞬間的なのでふつう自覚はしないが，読解上の手続きとして，当該の文字だけを見つめているわけではなく，前後も見渡していることに注意せねばならない．もちろん，

（3）　家賃は<u>月末</u>までに払ってくださいね．

のように，前後から推し量ろうにも，一つに絞り込めない場合もある（「ゲツマツ」／「つきずえ」）が，しかしそのどちらかではあるのだろう，と見込みをつける．この，どちらかだろう，と見込めることが，すなわち，漢字が実際の「表記」におかれていることを意味する．つまり，表現の一方法として書くことが選ばれ，そしてその方法に沿って文字が選択され，列をなして並べられている以上，個々の文字は何らかの言葉を一つだけ表すものとしておかれているはずで[11]，読み手が，「ゲツマツ」なのか「つきずえ」なのか悩んでしまうのも，どちらかのつもりで書かれているはずだという思いが前提的に頭にあるからである．

　誰しも一度や二度は経験があることだと思うが，実際の言葉や文脈から離れて，漢字の読みの種類を尋ねたり，教えあったりという場面を想像してもらいたい．例えば「月」という字にはどれだけ読みかたがある？と尋ねるような場合である．聞かれたほうは「つき」「ゲツ」「ガツ」などと答えるだろう．この，どうということはないごくありふれた漢字の知識の確認にすぎないような作業は，上の（1）〜（3）における「月」字を読解する作業とは区別されなくてはならない．この会話における「月」はその漢字が実際に運用されているとは言い難い点で，違うのである．「月」字に，音読みと訓読みがある，それぞれはこうである——というのはいわば「月」字の使い道を説明しているに等しい．ある漢字がもっている意味や，その由来などの辞書的情報は，その漢字の本質的な機能を列挙するものであって，実際にはそれを使用にうつす——書き手（日本語の文章を書こうとするなかで用いる人）がおり，またそれを読むことによって"稼働"するという次元がある．使われなければ，その漢字は使われる時を静かに待っているだけで，いわば抽象的な存在としてあるのみなのである．

---

[11] 古代，ことに漢字専用時代はそうとも限らない．例えば『古事記』の冒頭部分の「天地初發之時」は，「アメツチノ<u>ヒラケシ</u>」か，「アメツチノ<u>オコリシ</u>」か，一定しない（させられない）．「發」の訓を一つに定める根拠がないのだ．この点では「月末までに」が「ゲツマツ」なのか「つきずえ」なのか決められないのと同じだが，現代語の場合は本論にも述べたように，いずれかではある，と前提できる．対して，『古事記』の場合はその前提自体がまず疑わしいのである．亀井孝は，編者の太安万侶が，果たして一々の漢字が特定の訓に必ず帰するように期待して書いただろうか，と述べた．そして，そのように語の同定はできずとも，文意はわかる——これを「ヨメなくてもよめる」と表現した．「ヨメる」は語（語形）を一つに確定すること，「よめる」は確定できずとも意味は把捉しうることを指す．『古事記』の文章，表記とその読解を考究していく上で，亀井の言葉は半世紀以上前のものだけれども今日まで重い問いかけとして存在感をもって受け継がれている．詳細は氏の著作「古事記はよめるか　散文の部分における字訓およびいはゆる訓読の問題」（亀井1957所収）を参照されたい．

5.1.4 漢字の"動態"と"静態"

〈漢字，日本語表記研究の基本的入り口〉

漢字を研究する時に，「素材としての文字」と，「用法における文字」という別個の観点でこれを区別すべきであると提唱したのは山田俊雄という研究者である（山田1955）．「素材として」とは，つまりは表語文字であること，それそのものを指す．「用法における」とは，実際にその「素材」をどう使うか，ということで，例えば表音用法ということもありうる．この基本的な区別は，漢字という文字を，さまざまに使ってきた日本語表記の歴史的研究においては大変重要なもので，かの有名な『日本語の歴史』第二巻（亀井ほか1963）でも大々的に取り上げられている（主にp.405〜）．ここでは先にあげた文字の区別の前者を静態，後者を動態というように捉えている．つまり機能として，どのように言葉に対応できるかということと（静態），実際に言葉に当てて使われている場合（動態）とを区別するわけである[12]．いまや研究の導入部の概説でこのことを説く専門学術書も少なくない[13]．このように与えられた術語としていろいろあるけれども，代表させてここでは動態と静態という術語を使っていくことにしよう．

前項で述べたことに立ち返りながらいうと，「月」字を，何らかの文脈において使っている場合，それは動態である[14]．「月がきれいだね」「今月は10日にいらしてくだ

---

[12] 本書は執筆者の寄せた原稿を亀井がまとめあげてリライトしたということで有名だが，この箇所では山田の指摘であるとことわられている．一部引用すれば，「漢字については，表記素材として静態的にみる場合とは，全く別な分類をあたえることが可能になるのである……日本語における漢字について言及する時は，ことに静態文字論，動態文字論というべき区別が必要になる，というのが山田の主張である」とされている．

[13] 例えば乾（2003）では主に第一章p.3〜，犬飼（1992，のち改訂版2005）ではp.15に言及がある．なお，犬飼は，この把握の重要さを認めた上で，「素材」を「system」と呼んでいる．

[14] 読み手が読んだ時にはじめて文字は「稼働」する——そこにおいてこそ「動態」と呼べるのではないかといわれるかもしれない．例えば，ロゼッタストーンのヒエログリフは，ナポレオンの軍隊に発見され，そしてシャンポリオンに解読されるまで，静態としてその時を待って保存されていた，などと表現することもできるかもしれないが，本項では，ある言葉を表すために選び取られ，書かれ，並べられている漢字を動態と見なす．つまり，ロゼッタストーンに言葉を表すものとして彫りつけられ，その文字列が一定の言語を書いた表記として存在した瞬間，それは文字の動態とみる立場である．そして，そのように使用にうつされていない，抽象的体系の一としての各文字を静態におくのである．わざわざこのように断るのは，例えば小松（2006）においては，違う意味での「動態」「静態」があるからである．曰く，「発話として実現された言語は動態の一様相であるが，書記テクストにとどめられた言語は静態化された形骸である」（p.14）といった言及がそうである．この場合は音声言語を動態，対して「書記テクスト」を静態と表現しているとみられる．本項でいう動態，静態は，この意味ではなく，あ

さい」はいうに及ばず，例えば星座の説明で，描画された月のイラストの横にただ1文字「月」と書かれている，これも動態である．しかし，「月」字の読みかたにはどのようなものがあるかと考えてみる時，並べられた音ないし訓というのは（脳内の作業としては実例──つまり動態例から帰納していることになるかもしれないが），前述のように「月」という字にはそれだけの使い道がある，といっているだけのことにすぎず，実際に「月」字を運用しているわけではない．したがって，これは静態を観察しているということになる．辞書的説明と先に述べたのはそのような意味であった．

以上のようなことを踏まえると，「表記における漢字」ということは，先にも述べたように，実用されている状態の漢字──つまり動態としての漢字なのである．

〈動態としての漢字の用法〉

漢字は語を表す文字である．したがってこれを表語文字という（表意文字というと意味だけを表すかのようで，多くの場合，実情にそぐわない）[*15]．実際に使う時，その語を表すものとして使うわけであるから，

　　君はあしたもくるかい？.

における「君」字は，いうなれば表語文字が表語用法で使われているといえる．「君主が交替した」という場合の「君」は音読みでの表語用法ということになる──ごく当たり前のことをくどくどしく説明したのは，実は，表語用法ではない，ほかの使いかたがあるからである．古い例だが，『万葉集』に，

　　事尓不有君（こともあらなくに）（巻7・1365）

というのがある．ここでの「君」はまず音読みで使われていて，しかも「君主」等の意でもなく，また二人称「きみ」の意味でもなければ，敬称でもない．要するに意味は捨てられ，「クニ」（クンの開音節化，/N/ + i）という音節を表すために当てられているのである（こういうのを「二合仮名」という）．つまり，文字としては表語文字でも，表音用法もあるというわけである．今日でも中国語では，外来語をこの方法

　　くまで山田，池上論を踏まえた『日本語の歴史』第二巻にいう，それである．

*15　犬飼（2002：12）では，「「表意文字」という術語は適当でない．その理由は，意味だけを表す文字は存在しないからである．別の言い方をすると，文字である限り，どの字も一定の発音を表すからである」とある．また，沖森ほか（2011：14）では，「表語文字は表意文字とも呼ばれてきたが，その一つである漢字を例にすると，……それぞれ意味……を表すが，同時に音……をも表している．すなわち，全体としては言語単位の上では語を表すものであることから，「表語文字」と名付けるのが適切である．」とされている．このほか，野村（2008：97）でも，表意文字といういいかたは正確ではないとの言及が，また沖森（2011：5）では「今日では従来「表意文字」といわれていた類を「表語文字」と呼ぶことが一般的となっており，本書でもこの語を用いることにする」との言及があり，かなり一般化されているとみられる（本書4.1節も参照）．

5.1 日本語表記と漢字 107

で訳すことがある（例えばTAXIを「的士」とする）。これを音写（音転写）といい，ここに使われている漢字を特に借音文字といったり，仮借文字といったりする*16.

　今日，固有名詞のたぐいを除けば，わざわざ漢字を上記のような表音用法をもって書くという場合はまずもって希有であるが，するにしても，完全に語義が捨象されて無意味という例はかえって見出し難い。つまり，表音用法として発音を表しているのだけれども，何らかの意味の読み取りを期待している場合が多い。例えば「ふれ愛（ふれあい）」のようなものである*17。「ふれあい」の「あい」は和語だから，字音語のアイでは決してない。したがっていわゆる当て字ということになるわけだが，「愛」字がもつ love にまつわるイメージを「ふれあい」という言葉に重ねることが期待されている。ほかに「ゴミ箱」を「護美箱」とするようなものも上と同様である。こういったものは，まずは音節表示のために字音を借りる表音用法には違いないが，その上で，漢字がもつ意味が匂わされているという構造をもつ点で，凝った表記だといえよう。現代では，表音用法で漢字を当てる場合にはこのように，意味も沿うようにしてあることがほとんどだと思われるが，裏返せば，まったく意味を捨てて漢字を使うということが現代日本語表記のなかでは受け入れられにくくなっているということでもあるだろう。例えば「ふれあい」を「ふれ阿以」，ゴミ箱を「後未箱」と書くとする。「阿」「以」「後」「未」それぞれには意味はない，音を借りているだけである——漢字の一用法としてあるものだ，といってみたところで，現状そのようにわざわざ漢字を使って書く意義自体が共感され難いことだろう。「ゴミ箱」と書けるのに「護美箱」と書くのは，「護＝ゴ」「美＝ミ」という発音に加えて，「美」を「護」る，と漢字の意味を通しても語との関連性に納得できるという構図があるからこそである。こういった凝ったことをするのでなければ，「ゴミ箱」「ごみ箱」などと平仮名か片仮名を使えばいいだけのことである。ちなみに，表音用法でありながら意味も合わせて読み取らせるというやりかたは現代に至っての発明ではなく，「可我見」（"我を見る可し"＝鏡），「作楽」（"楽を作す"＝桜）のような例がはや『万葉集』にも出てくる。中国でも，先に例示した「的士」は意味が捨象されているが，企業名の「佳能」（Canon），飲料の「可口可乐」（Coca-Cola）などは，対象語に関係深い，「好字」（字義のよいもの）が選ばれており，表音用法ではありながら，上記のように意味をも読み取られることを期待したものであろう*18.

---

*16　「仮借」は本来は，別字に意を貸すことを指すが，意を捨てて音のみの機能で利用するものをも，「仮借」と呼ぶ。

*17　「ふれ愛」表記はいまや日本各地でみられる。2，3あげておくと，「滝川ふれ愛の里」（北海道），「高蔵寺ふれ愛センター」（愛知県），「株式会社ふれ愛交通」（大阪）など。1980年代にドラマ化された祖父江文宏氏の小説の題名が『ふれ愛』で，早い例といえる。

*18　この反対が卑字である。現代日本語にも卑字の例があって，ネット上の特定の女性た

ところで，上に「君はあしたもくるかい？」と「君主が交替した」を，それぞれ訓
読み，音読みでの表語用法といって一くくりにしたが，元来は日本語に文字はなかっ
たので，中国語における表語用法を，日本側において，意味の共通を基盤に適用した
ということになる．齋藤希史が「表語機能を媒介として表音機能を獲得したのが倭訓
であった」と指摘するのがそうである（齋藤 2014：83）．つまり日本におけるいわゆ
る「訓」とは，中国語の漢字という文字を使うにあたって，いわば意味（字義）を媒
介にして，代わりに音を自由化して使うことになった表語用法だということになる．
一方中国の場合は，かつて音の共通という要素を媒介にして，意味を自由化して使う
方法があった．「我」「無」など，いまおなじみの漢字とその字義は，もとはいずれも
違う意味であった[19]．音が通じることをもって転用したのである．ほかにこんな例を
あげてみよう——例えば「然」は燃えるという意味であった（「犬」の「肉（月）」が
「火」で焼かれている）が，意味としては無関係ながら，シカリの意に通じさせてこ
れを使うことになった．結果，そちらに使われることが主体になってしまい，「然」
から「もえる」の意味が薄れてしまった——いうなれば，庇を貸して母屋を取られた
ような形である．実際，いまや日本の漢字でもこれを「もえる」の意では使わない．
そこで「火」偏をもう一つつけ，「燃」字が作られたという経緯がある．こういうの
を「古今字」という．

〈文脈中にはないもの〉

実際に言葉を表すものとして運用されている場合——つまり表記上におけるそれ
——を漢字の動態だと述べた．文章中に使われているものはもちろん，仮に星座表な
どのなかに「月」と書かれているものも moon を指して，月（のイラスト）の解説を
している以上，動態にあたるとみていいとも述べた．これに対し，漢和辞典の見出し
にあがっている「月」字は，実際に書かれている文字ではあるものの，見出しにすぎ
ず，これ自体は言葉の表記として運用されているわけではないので，事実上静態に近
いといえる．この観点からすると，市中の看板等に，「本」「酒」「薬」などとあるのは，
やはりそれ1文字であっても，一応は運用形態，すなわち動態であるとみていいだろ
う．また，これらは，「ほん」「さけ」「くすり」としかまず読めない点でも共通してい
る．もちろんそれぞれに他の読みももっているが，看板に記されている場合のそれを

ちを指す意味での「婦女子」を「腐女子」と書くというのがある．「フ」つながりで選
　ばれているので表音用法には違いないが，これももとはといえば揶揄を込めた卑字の
　意識があろう．ちなみに「腐」字つながりでいうと，「豆腐」を「豆富」と書くのは好
　字である．
[19]　「我」はもともと刃先がぎざぎざの矛を指し，「無」はもともと「舞」と同じ意味であ
　った．

読むとすれば，自ずと一つに絞られうる．ただ，文章中におかれる場合と違うことがあるとすれば，看板であるがゆえにわざわざ読まない（＝語形復元しない）という選択もあるということだ．例えば，「酒」という文字を見て，/sake/ という音節を脳内に響かせることなく，一足飛びに具体的なアルコール類の映像等が浮かぶ，あるいはそういうものを販売していると瞬時に理解するといった回路である．厳密には，「サケ」だとか「〜シュ」だとかいう語形——音が本当にまったく何も脳裏に浮かばないということは，その文字を知っているかぎりあり

図 5.3　韓国にある薬局の看板

えないことだが，語形を読み取らなくても別によいという判断によって，関連イメージ想起のほうが優先され，結果，語形想起があまりに瞬間的すぎて自覚しないということは考えられる．さらに例をあげてみよう．市中の駐車場に表示されている「空」の文字，文脈はないけれども，環境や状況が sky の「空」，抽象的な「むなしい」などでないことを裏づけている．その上で，「空」字がもつ「あき」「すき」「から」「クウ（シツ）」などのうち，どの語形が復元されるべきか，という点はほぼ感知されていない．それらはいわば一くくりの字義の束にされているようなもので，どれでもよいのである．車を停めるスペースがあいているということをこの文字から理解してくれればそれでよい．ここで，余談だが，現状社会的に漢字をおおむね排除している韓国の，とある看板を紹介しよう（図 5.3）．看板のうしろ 2 文字，「약국」とは「薬局」のことであるが，看板では「薬」にあたる「약」だけ色が変えられている．「약」はあくまで表音文字だが，表語的にこれをアピールする狙いがあろう．通常の文章でこういうことはまずしないはずなので，看板ゆえのことだが，一見して語なり意味なりが瞬間的に想起されることを期待してのことであろうと思われる．

　さて，以上にみたような漢字の使いかたは，典型的な，文章中におかれる表語文字の表語用法という観点からするとやや異質の用法であろう．漢字は「表語」というかぎり語を表すはずだが，上述のようなケースでは，実際には語形復元はあまり率先して行われない．復元とはこの場合一つに絞り込むということ——これを「空」字を例にとっていうならば，

　　明後日にはこの部屋を空けて鍵をお返しします．
　　平日の美術館は比較的空いていて見やすいですよ．
　　今，部屋に空きはありますか．

などが，それぞれ読みを一つに要求する（そしてまたそれが可能）こととは違うといわねばならない．

　本項で紹介した用法は，漢字の動態の一側面に違いないし，表語文字が表語的に使

われているのではあるが，語形復元の同定に頓着せず，関連する読みは一くくりにして「意」として提示する方法だといえよう．1文字でこのような芸当ができるのは漢字ならでは，であり，それだけに，これこそが漢字の代表的使いかたのように思われがちでもある．しかし，実際には，日本語表記という観点ではあまり典型とは言い難い使いかたであって，ここでは表記における漢字の，その周辺的用法の一つとして取り上げておく．

5.1.5　おわりに――漢字は表記のなかで"稼働"する

　以上，日本語表記における漢字をさまざまな観点からみてきた．一般に漢字は語を表す文字ということは知られているが，実際その1文字だけをぽつんと使うことはあまりない．pp.108～109にあげたような例は，町中などで時に見かけはするものの，あらゆる漢字がそのような方法で溢れかえっているわけではないし，そのように使おうにも，使いようがない漢字は多々ある．1文字だけを表示して使うというのはある程度字種が限られているし，ものによっては表記といえるかどうか微妙な面もある．漢字は，このように，実際には1文字それだけでは厳密な言葉の伝達にはなりにくいことが多いのだが，近年恒例にもなっている年末の「今年の漢字」[20]というのは，いわば，その1文字の字義にまつわって，まさにあらゆることを読み取らせようとする試みである．文章中で，ある一つの読みに同定するのとは反対に，字義を最大限に開放する試みであるといえよう．大書されるあの1文字は，特定の言葉との緊密な対応はむしろ希薄であって，そういう意味では，典型的な日本語表記からするとむろん例外的で，漢和辞典の見出し字の如く，まさにシンボリックな表示というべきであろう．かの試みは，漢字一字一字には意味があって，それを表示する機能があるということについて，そこに，まさに強くスポットをあてるのだけれども（先述のように，これこそが漢字の本懐たる機能といった捉えかたを誘引するところがある），現実には，日本語表記における漢字の使用方法としてはごく周辺的なものである．

　漢字は語を表すというが，実際には表記のなかにおかれ，その表記においてある語に定められること――文中の他の成分，助詞や修飾語，さらには文脈におかれてはじめて，表語文字としての機能を稼働させるのである．　　　　　　　　　　　[尾山　慎]

---

[20]　日本漢字能力検定協会による．2014年で20周年を迎えるという．同会ウェブサイトによれば「漢字の奥深い意味を伝授する活動の一環として，毎年年末に全国公募により1年の世相漢字を決定しております」とのこと．選出された漢字は，京都の清水寺にて同寺僧侶によって大書される．

5.2 当て字（熟字訓，振り仮名）・文字表記のニュアンス

5.2.1 当て字とは何か

　当て字とは，漢字を一般的な字音や訓義に従わずに語の表記に用いることである．またその漢字や表記を指す．宛（て）字とも書く．また，語の意味や語源からみれば，それにそぐわない漢字を指すことになる．正しいと意識される文字による表記や定訓などと異なり，それらには漢字表記と語との間に不整合感が意識され，違和感が抱かれる傾向がある．

　その類が中国で早くより行われている場合，仮借（かしゃ），音訳と称する．中国では古くから仮借の方法が好まれ，六書の一つに仮借があるほか形声も実は部首以外の部分が発音を仮借するケースが多い．「清」「理」，外来語に対する「浮屠（ふと）」「馬自達（マツダ）」「可口可楽（コカコーラ）」のようにいずれも漢字の字義も利用することがある一方で，「馬殺鶏」（マッサージの遊戯的な音訳），「蝌蚪啃蠟」（コカコーラの旧訳）のように字義を無視しているかの例もある．韓国でも同様である．

　当て字を，漢字の読みかたを利用したものに限ることもあるが，それは仮借，音訳の方法であり，義訳にも当て字と称されるものは存在する．「瞳」を「め」と読ませることは小説や歌詞，漫画などにみられる．「瞳」は「め」に違いないがそのなかの「ひとみ」に限定してそのように読む字であり，「め」には「目」だけを学習しているので，当て字と称される．また当て字は2字以上の漢字からなるとする辞書もあるが，「釦（ボタン）」などが反例となる．

　「住まい」を「住居」とするのも当て字であり，「すまひ」から「すまゐ（い）」へという音変化を経て二次的な解釈が加わったことを反映する．「玉子」は，語源に沿った表記であり，表内訓によるため当て字と言い難いが，「卵」が定訓を得ているほか，語源が忘れられているため，当て字と認識されることがある．

　中世に入る前後に，顕昭『古今集注』や経尊『名語記』などに「アテ字」という用語が現れ，研究や検討が行われた．字義と語源が一致するもの（『塵袋』のいう「正字」に近い）に対する変則的な漢字表記を指し，素養と結びつけて蔑む意識も生じた．『名語記』では字義と語源とが一致する表記に対して生じた変則的な表記を指した．今日一般には誤字，誤用，誤変換，嘘字を含めるなど，より多義的に使用されている．

　漢語にも当て字はなされる．早くは奈良時代に，日本を指す「倭」を，日本では呉音によれば同音となり，よい意味をもつ「和（わ）」と変えた（字という観点からは国訓つまり日本独自の字義といえる）．日本で転化や創作を経た漢語に，さらに別の漢字を当てたものも当て字となる．中国の「土圭」を，江戸時代に字義を二次的に考慮して選び直し「時計」と表記したものはそれである．漢字表記と語義との間には，概して

ずれが存在し，時代とともにさらに乖離する．語義や語形の変化により語や語義が派生し，その解消のために当て字がなされることもある．「比興」から生じた「卑怯」はその例で，和製漢語を生み出す一因となっている．「十分」から派生した「充分」は語義ごとに表記が機能の分担を行った結果といえる．「姉妹（きょうだい）」のように漢語の熟語に別の漢語の読みをあてがうケースもある．これらは，熟字訓（5.2.2項）として当て字の中に含まれる．

　当て字を排除する原則を示した「当用漢字表」は，明治期以降の国語改良部などによる施策の方針や振り仮名廃止論（後述）の影響を受けていた．漢字政策によって当て字は減少していったが，漢字制限により新たに生まれるものも少なくない．

　使用漢字の容易化と制限による「叡智」を「英知」とする類の書き換えも当て字の一つである．多くは戦前からみられ，当時書き換えが提案されたこともあった．「選考」のようにもとは「銓衡」であった（2字めは表内字）ことが忘れられているケースも少なくない．一方，「奇弁」「貫録」と新聞で書かれていると本当は「詭弁」「貫禄」だと思う人が多い．漢字政策に沿って漢語の表記を書き換えた結果であるが，一般に違和感が残り続けたものである．なお，「すてき」に「素敵」を当てたのは何らかの表現効果を求めた結果であろうが，「素適」を用いる人たちもいる．

　漢字を用いる場面では，類形の字だけでなく同音，類音の字は，互いに通用（仮借）することがしばしばあった．中国では，古代の金石文や書籍，文書で頻用されており，いまでも漢字を忘れた時など同音の漢字を書いて済ませる習慣が一部にある．近代に入るころまで日本でも同様であり，名前の表記においてもその自由さが見出せる．日本人は意味とニュアンス（辞書的な意味である「ディノテーション」に対する文脈上の意味，言外の意味である「コノテーション」）を使用時に重視する傾向をもつが，それが弱かったこともあったとみられる[21]．

　むしろ，本来の漢字が現代のイメージと違っているケースも少なくない．例えば，「註」は古めかしいが，歴史的には「注」で表され，それから派生したものだった．ここでの古さは特に明治から戦前にかけての趨勢によって形成された意識といえよう．「燻製」の「燻」も「薫」が戦前からみられ，古代中国ではむしろその意味は「薫」が表しており，書き換えは先祖返りとなるケースである．「障碍」を「障害」と書くことは江戸末期からみられるが，字義が語のコノテーションを悪化させているとの意

---

[21]　「竜」はかわいらしい，「龍」はかっこいいといった文字の字体などから得られる感覚である文字感，「くま」はぬいぐるみ，「クマ」は標本，「熊」は野生といった表記から得られる感覚すなわち表記感を日本人は知らず知らずのうちに獲得し利用している．国字でも，「悪事を働く」のときには「はたらく」と仮名表記にする，「木枯らし」と書くと紋次郎のイメージが付着するので「凩」を用いるといった選択がなされることがあり，文字感，表記感と関わることは当て字の作製，使用と同様といえる．

5.2 当て字（熟字訓，振り仮名）・文字表記のニュアンス   *113*

識に基づく批判から，もとの「障碍」（礙まではあまり戻らない）への回帰や交ぜ書き，言い換えなどが行われるようになってきた．

「臀部」を「殿部」，「沈澱」を「沈殿」と部首を除去するケースは，一種の表音化ともいえるが，抵抗感がしばしば示される．「扮飾」を「粉飾」とすると，「こな」という具体的なイメージが表れ，批判の対象となることがある．「憶」と「臆」では後者は国訓だが，なじみが生じていた人があり，やはり違和感が唱えられることがある．警察用語だった「土地カン」は，「鑑」という表記が古く本来のものだったようだが，今日では「土地勘」「土地感」などと俗解（異分析）され，その誤りと意識されるようになったため，摩擦を回避するために「土地カン」と漢字表記を抜いて交ぜ書きとするケースがマスメディアなどでみられる．

外来語に対しても中国製の漢字による「銃（ガン）」「釦（ボタン）」「珊（サンチ）」，日本製漢字による「粴（センチメートル）」，熟語のように漢字を並べた「金平糖（コンペイトウ）」の類の当て字が生じた．これらの多くは，日本に字訓や熟字訓があるために可能なものである．「米突（メートル）」「亜米利加（アメリカ）」からは「平米」「欧米」のように派生語も生じている．喫茶店で「珈琲（コーヒー）」と記すのは，清代の口へんの2字による音訳の部首を江戸時代に玉へんに換えたものであり，今日では高級感を醸し出す効果による経済効果をもつ（笹原2006）．

「倶楽部」という表記は，「クラブ」という語がclubという英語に起源をもつ外来語であることが知られているかぎり，片仮名が正規の表記であり，漢字をあてがうことは正式ではないと意識されるであろう．「倶（とも）に楽しむ部」という字義は，字を選ぶ際に考えられたことが想像できる．現在，「倶楽部」と「クラブ」とで，アクセントを異にする別語を表記し分ける現象も生じている．

時代を遡れば，『万葉集』には，「こひ」（恋いの意）に万葉仮名で「孤悲」を選んで用いた歌が多い．「かは」（河川）に「河波」，「めぐし」に「目串」を当てたのも字義を考慮した可能性が高い．当時は平仮名，片仮名がなかったなかで，当て字の萌芽とも位置づけうる漢字表記が生み出されていた．「めづ（愛づ）」から派生した「めでたし」に「目出タシ（度）」を用いるなど当て字を多用した『今昔物語集』などを経て，中世には漢語「明月」から「名月」という表記も生まれた．国語辞書『節用集』などに，和語への当て字が収められ再使用を促進したため，柳田国男は「節用禍」と呼んで語源が俗解されることを嘆いたが，すでに俗解が生じ，定着していたために生じた当て字も多かっただろう．むしろ当て字に各時代における語源解釈が読み取れる可能性がある．漢字に高い価値をおく時代において，当て字は国字とともにしばしば産出され，「目出タシ」は「𪜈」という合字も派生した．使用する集団や場面による違いも観察される．室町時代の辞書『伊京集』に，武家は「弓断」，出家は「油断」，公家

は「遊端」と，「ユダン」の表記が分かれていたと記録されている．

　近世には，戯作や各種文書に至るまで，「師走」「莨・煙草（タバコ）」など現代に
つながる当て字が多用された．近代には小説，評論などで「三馬（さんま）」や「出
鱈目」といった当て字も用いられた．これらはより古くに根源をもつが，「浪漫的・
浪漫主義」の「浪漫」は，夏目漱石が作った当て字とされる．この「的」は，白話小
説の助字を英語の -tic への当て字として利用したものであった（大槻文彦『復軒雑
纂』）．漱石は原稿で「専門」を「専問」と書くことがあり，誤字とされるが，当て字
との差は客観的には明確化しにくい．romantic には，中国では「羅蔓蒂克」と字義
を踏まえないような音訳がなされたことがあったが，いまではこの「浪漫（的）」が
採用されており，club に対する「克臘勃」も，発音は英語からはより遠い，先述の「倶
楽部」に変わった．「倶楽部」は韓国やベトナムでも，それぞれの漢字音で用いられ，
ハングル，ローマ字という表音文字で書かれることがある．

　井原西鶴や漱石など作品に当て字の使用が目立つとされる作家もおり，文芸上のレ
トリックとしても扱いうるが，文体や使用場面による位相差もみられた．また上記の
「浪漫」のような個人的な創作，意図せぬ誤用も混在するが，歴史的な文献や同時代
の文献においては一般的なものも少なくない．

　2010 年の「改定常用漢字表」では，削除された音訓よりも追加された音訓のほう
が多くなった．現実の文字生活の実態をある程度反映したが，「お腹」「寿司」など社
会一般で目にし，用いられているものでも，なお採用されないものがある．

　振り仮名は，読みを示すための補助的な表記法であり[*22]，漢字の読みかたを万葉仮
名で示すことは奈良時代以前からあり，漢字の傍らに仮名を添える方法も平安時代か
ら現れているが，振り仮名のほうに表現意図や価値が示されるケースも生じた．ただ，
書く側の意図が読む側に正確に伝わるとは限らず，新たな解釈が生じることは，振り
仮名をつけない表記法（例：『雪国』の冒頭の「国境」）と同様である．

　ルビ付き活字まで用いられる一方，日本語の平易化や視力の維持などのために振り
仮名廃止論が唱えられたことがあったが，常用漢字ではその効果的な利用も説かれてい
る．左右に振り仮名を振る場合は，右は読み，左は意味を示すケースが多かった．
括弧書きで読み仮名をつけることが新聞では多かったが，意味の注記や言い換えとの
区別がつけにくく，技術的な進歩により，振り仮名に変わりつつある．この振り仮名
という表記法のお蔭で成り立つ新規の当て字が少なくない．

---

*22　振り仮名は，児童や初学者などに対して補助，教育のために通常の読みかたを示す，
　　複数ある選択肢のなかからその場面での読みかた（語義）を示す（これらは送り仮名
　　がその働きを代行することもある），筆者の独自の新規な表現による読みかたを注釈代
　　わりに示すといった目的で用いられ，時には振り漢字，振りローマ字なども行われる．

5.2 当て字（熟字訓，振り仮名）・文字表記のニュアンス

方言に対しても漢字が当てられることがあるほか，ウェブ上では新たな当て字が特異な意図や原因から生み出され，一般に広まるものも現れている（関西方言の「ホンマ」に対して変換される姓の「本間」など；笹原 2013）．

店名，人名（芸名やハンドルネームを含む）などの固有名詞の類の表記に際し，漢字の発音と雰囲気だけを利用する手法は，一般には万葉仮名の一種ともいわれるが，新しい命名にも利用されている．概して体系性に欠け，その特定の語かぎりの方法とみることができる．

5.2.2 熟 字 訓

「大和（やまと）」「吹雪（ふぶき）」「似而非（えせ）」「百舌鳥（もず）」「一寸（ちょっと，ちょいと）」「五月蠅（うるさ）い」など，熟語など2字以上の文字列で語を表記するものを熟字訓という．「昨日（きのう）」「七夕（たなばた）」のようにもともとある漢語の熟語に読みを当てるケースと，ある語のために漢字や熟語を新たに組み合わせるケースがある．「蒲公英（たんぽぽ）」のように中国での熟語（蒲公英はホコウエイ）に対応する和語を当てはめたものもある．「紫陽花（あじさい）」のように，もとの漢語の熟語とは，意味にずれが生じた国訓に相当するものもある．「松明（たいまつ）」「美人局（つつもたせ）」のように日中での造語法，着想，語構成にずれがあるケースも少なくない．分節性に差がみられることがあり，その一般性の低さにより傍訓（振り仮名，ルビ）を想定する対象に応じて要することがある．

これらは，ほとんどが文字列全体の字義と語義との間に何らかの関連性を見て取れるが，意味のみを表す黙字さえあるように一字一字については読みと対応しないため，当て字と位置づけることが可能である．当て字は名詞のみに行われるという見方もあるが，実際には助詞を含めた各品詞に及んでいる．

地名の「あすか」に，熟字訓「飛鳥」が定着したのは枕詞からといわれるが，相互の前後関係は不明である．固有名詞「くさか」に「日下」を当てることは『帝紀』にすでに見られたようで，『古事記』序文にそのまま用いる由が記された．「えび」に「海老」を当てることはすでに奈良時代以前の木簡にみられる（これらは合字となるなどして国字を生む）．『万葉集』では，「十二月」で「しはす」といった熟字訓，「十六」で「しし」（4×4＝16：猪・鹿などを意味する「しし」）と読ませる遊戯的な表記も行われた．こうした自由度の高さは，上代以前の金石文，『万葉集』『日本書紀』の古訓，漢文の訓読（「如何（いかん）」「而已（のみ）」「噫吁嚱（ああ）」など）などに萌芽がある．

明治以降も，「さばえ」を表す上代からの漢字列の読みを転化させた「五月蠅（うるさ）い」のようなものが小説作品などのなかで生み出され使用された．戦後の「当用漢字表」ではこの類を認めず一切採用をしなかったが，「当用漢字音訓表」の改定

の際に至り，広まっているものに限って付表に採用した．掲げられた熟字訓の類には，当て字や1語だけのための特異な読みを含むものもあり，やや古い語も収められた．前述の「時計」も「常用漢字表」に採用されている．

中国から入ってきた外国の国名や地名を表す文字列が漢語などとして音読みされるもの（印度，欧州など）のほか，「華盛頓（ワシントン）」など熟字訓のように読まれるものが生じた．外来語と意識される語に漢字が当てられれば当て字と判断されやすい．日本語では，「欧羅巴」でオウラハではなくヨーロッパ，「英吉利」でエイキチリではなくイギリスと読む．「独逸」のように日本で作られた当て字も同様である．

それは，日本では古来「たなばた」を「七夕」，「タバコ」を「煙草」，「キセル」を「煙管」などと表記するような熟字訓という方法があり，それを準用させたものといえる．タバコ，キセルは「莨」「莨」，「籮」と国訓や国字にすると当て字という感覚が薄まるのは，「釦」「粍」などよりも古くに定着した語であり，もともと外来語意識が比較的弱いということが一因である．カムイ，シシャモなどアイヌ語やそれに由来する語に対する当て字は，語源意識の不明確さもあって，北海道の地名ほどは当て字と認識されていない．中国や韓国，ベトナムでは，「欧羅巴」などを漢字で1字ずつ音読みするしかなく，原音との乖離が拡大する．日本の当て字の「時計」を受け入れた韓国では，「シゲ」と1字ずつ音読みしている．

中国近代の白話に対し読みを当てはめた「閑話休題」（それはさておき，あだしごとはさておきつ，はなしをもどして，など）のような語の単位を超え，句や文などの単位で読みが付されることもある．固有名詞である歌舞伎などの外題には造字を交えて多数みられる．単字では「戀（ことばのいとそのしたごころ，など）」，一般にも「寿（いのちなが）し」のように複数の形態素からなるものが生じたが，助詞まで含めるものはまれである．漢字を特定の音読みしかしない原則をもつ中国や韓国でも，日本の影響から熟語を括弧書きで逆の意味に読ませたり，「○○と（ハングルで）書いて××と読む」と述べたりすることが現れた．

日本の固有名詞には，「服部」「長谷川」など人口が多く有名なもののほか，判じ物のような例もみられる．姓では「薬袋（みない）」，「月見里（やまなし）」，「小鳥遊（たかなし）」，「栗花墜（つゆり）」（梅雨入りから），「四月一日（わたぬき）」，「東海林」（トウカイリンではなくショウジと読ませるのは漢語「荘司」によるとされる），地名でも「西広門田（4字で，かわだ）」，「十八女（さかり）」など数多く存在している．地域社会のなかでしか読み難いものに由来について複数の伝承がある．「一口」と書いてイモアライと読ませる姓や地名が日本各地にあるが，都内では難読というためかヒトクチに読みが変えられた．

近年でも「首領」や「天皇」と書いて「ドン」と読ませるたぐいのものが歌謡曲や漫画，小説などで現れている．「秋桜」を「コスモス」と読ませる当て字も，歌謡曲

から始まったものだったが，いまでは辞書にも収められるに至った．その結果，水原
秋桜子を「コスモスコ」と当て読みする人が現れている．

このように日本語においては文字による実用と遊戯との境界が不明確なケースがあ
る．人名でも，「希望（のぞみ）」のように読みがある程度推測できるもののほか，
「一二三」で「ワルツ」のように読めないといわれるものが増えてきた．「海月」「海星」
「心太」などは，たまたま従来の辞書に載る熟字訓では人名らしからぬ読みとなるため
に，名づけ親の教養と結びつけて論じられることがある．

5.2.3 当て字の分類

当て字を単語に当てられる漢字のもつ，どの要素が利用されるのかによって分類す
ると，下のようになる．

利用される要素，例

- 字音（発音）　　汎：パン　　　冗句：ジョーク　　倶楽部：クラブ
- 字訓（発音）　　鯖：サーバー　矢鱈：やたら　　出鱈目：でたらめ
- 字義（意味）　　扉：ドア　　　煙草：タバコ
- 字体（形態）　　弗：＄，ドル　孑孑：ぼうふら

上記では，「汎」は「ハン」，「鯖」は「さば」のように，漢字の読みに従うことが
ある．「汎」が字義，「聖（セイ・ひじり）：セント」が字音（発音）も踏まえ，「倶楽
部」「冗句」は字義・語義までふまえているように感じられるなど，上記の条件が複
合しているとみられるものもある．

表記される語の出自つまり語種によれば，当て字は下のように分けることができる．

表記される語の語種，例

- 和語　　　瞳：め　　一寸：ちょっと　蒲公英：たんぽぽ
- 漢語　　　倭：和　　比興：卑怯　　　詭弁：奇弁　　　銓衡：選考
- 外来語　　扉：ドア　釦：ボタン　　　型録：カタログ　麦酒：ビール
  倶楽部：クラブ

平仮名，片仮名が成立した平安時代以降も「浅猿（浅まし）」「浦山敷（うらやまし
く（き））」などの当て字が生み出された．

「混凝土」は，音訓を重箱読みのように交ぜて利用し，末尾の「土」が音読みと意
味領域を表し，「コンクリート」と読ませる（「倶楽部」「金平糖」と同様の手法；「食
べ歩記」のたぐいは，食べ歩きに「記」という語義 が追加されるので新語）．混種語
も，「餡麺包」（あんパン）などの当て字（交じり）の表記を生んだ．

「運命」に「さだめ」と読みを振るのは，情感はあるが語感の弱い和語を表現性の
強さをもつ漢字と結合させたものだろう．「他人事」は，「人事」では「ジンジ」と衝
突するためにいまも使われるが，「タニンゴト」と当て読みされることが増えた．「五

月雨」は,「さみだれ」では読み取りにくい季節と天気が視覚的に伝わるようになっている.「薔薇」は,「ばら」「バラ」では同音語と紛れ,さらに漢字の字面が植物の姿や質感にマッチすると意識されることがある.「薔薇のバ」「薔薇のラ」といった字の説明が行われるのは,熟字訓という意識が薄いためであろう.

5.2.4 当て字と意識

　日本語表記では,芸術的な技巧や高尚な趣味と生活上の実用,そして遊戯との間の境界が曖昧なものがある.それらは掛詞と駄洒落のようには明確に分けられない点があり,雅俗が混用され,さらに学術的な成果を取り込むことがあり,また学術の方面に影響を及ぼすことさえかつてはあった.当て字には,漢字の表現力を利用した表現意図をもつものがあり,効果を発揮することがある.一つの意味が漢字によって新たなコノテーションを帯びてイメージを広げるのである.

　また,語形とは別にこの字義だと表現意図を示すことがある.傍訓（振り仮名,ルビ）で,逆に語形が中心的な表現だと示そうとすることもある.二つの意味を同時に重層的に表そうとすることもある.文脈のなかにあっては,常に書き手の意図と読み手の解釈とが一致するとは限らず,独自の解釈が新たに加わって味わいを生むケースもある.

　一般に当て字は良くないという意識もあるが,「仕事」「試合」「支払い」と「し」（和語のサ変動詞）に漢字を当てて定着しているものも当て字である（仕は訓読みとしてサ変動詞を表したことがあったが,「当用漢字音訓表」以来シは音読みとされ,「仕事」などが語例欄にあげられている）.これらは「常用漢字表」などでも公認され,ほとんど当て字という意識がもたれていない.

　「欧」は毆,嘔の異体字であったが,そのことは知られておらず,ヨーロッパへの当て字として一般化し,「当用漢字表」以降いまに至るまで公的な表記とされている.「鉢」「塔」「僧」「魔」など梵語に対する音訳のために造り出された漢字も採用されている.表外字では,「琵琶」「葡萄」なども,西域などから入ってきた（中国語にとっての）外来語に対する造字による当て字であった.

　「香ばしい」は,一般に当て字だと意識されていない.和語の「かぐわしい」が変化した「こうばしい」なのだが,「音読みコウ＋ばしい」だと漠然と意識されている.「かんばしい」は「芳しい」となるため送り仮名は「香しい」となるはずだが,意識と習慣を変えることは難しい.「混む」も「込む」が本来的な表記だったが,音読みの「コン」,「混雑」の意が混淆して明治期よりこの表記が現れ,2010年に「常用漢字表」に追認された.「放る」も「常用漢字表」に訓読みとして追加された.

　「酢し」が語源とされる「すし」に対する当て字「寿司」は,江戸時代末からみられ,めでたいという表記感が加わり広まった.現代では「鮨」「寿し」に比べて回転寿司

など安価なすしのイメージが定着してきており，いずれも表外訓，表外字ながら表現効果や表現価値に差が生じた．日本では，漢字から平仮名や片仮名が派生し，ローマ字も導入されたことによって漢字の位置が揺らぐ一方，比較の対象を得たことで，表語性・表意性の強い漢字への独自な意義づけがいっそう強化されていったのである．

年齢を表す助数詞「歳」を「才」と書くことは近世以前からみられ，「才」に略字説も唱えられた．字面や字義から後づけの意味やニュアンスが語られることも生じている．語源や語種の俗解から「文字る」「水ミング」「寝ぐりじぇ」といった当て字が生まれることが現代でもある．「よばひ」から「夜這（い）」が生じたように，古くから避け難いことであった．

日本語の表記法の全体を，「よろしく」を例に文字種，用法，語，表記の諸点からまとめると次のようになる．当て字は，表記体系の一角を形成しているといえる．

表音	よろしく　ヨロシク　夜露死苦　四六四九　YOROSHIKU　4649
表意	宜（しく）
表形	宜（しく）　Ｅロシク　よ3しく　(^^)/　☺

「よろしく」を「夜露死苦」と書くのは，その使用により書き手が暴走族や不良であること，あるいはその雰囲気を求める者であることを示しており，その点からは特定の集団のイメージを与える「役割表記」となったものといえる．さらに「4649」と数字で書くことも，こうしたものの延長であり当て数字として捉えることができる．滝沢馬琴はすでに遊戯的な意味を込めて「四六四九」と記していた（笹原 2010）．こうした日本独特の表記は，外来文化を受け入れ，多様性を容認し，個々に何らかの差をもたせて意味づけする，繊細で間接的な表現を好む日本人の志向性に沿ったものといえよう．

当てローマ字も，日本では位相が顕著だが「Ｙ談」「かっこＥ」「そうでＲ」「そうdeath」のようにみられる（語形が英語風に変わることもある．ケースごとに象形性，略記，非尋常感，遊戯性，別義の連想なども生じる）．「good sleep」に「グッスリ」とルビを振る例もあるが，駄洒落と認識されがちである．当て片仮名も概念自体が定着していないが，「納トク価格」のように，「おトク（得）」を連想させるケースなどでみられる[23]．

5.2.5 当て字の現在と未来
戦後，「当用漢字表」によって原則として排除されてきた当て字であったが，根絶

---

[23] これは，適当を「テキトー」と書く「抜き漢字」とは表記形式は結果的に同じになるが，文字種を選択する動機が異なる．選挙ポスターでの「笹原ひろゆき」式の表記も，読みやすさだけでなく親しみを感じさせる効果をもつ傾向がある．

することはなかった．むしろ，表外字を制限したことから，前述の書き換えと呼ばれる当て字「交差」（叉），「風光明美」（媚）などを生み出したり固定化したりした．表内字であっても「十分」から「充分」を派生し定着させたのは機能を分担するためであるが，「豆腐」を「豆富」としたのは字義を気にする日本人によるイメージアップのためであった．

　表外熟字訓も根強く，「理由（わけ）」などが広く定着している．「訳」がその表内訓だが多用される別義の「ヤク」と衝突し，読み取りにくくなるのに対し，意味が正確に伝えられる．読みも「リユウ」との文体上の選択が比較的自然に行える．教育されない熟語と読みとの対応づけにかっこよささえ感じられることがある．「わけ」では文字列に埋没し意味も特定しにくくなり，「ワケ」では意味深長に解釈されてしまいかねない．こうした体系上の欠陥は，変化をとめない日本語と表記においてなくなることはなく，それを補おうとする動きもやむことはない．

　発音と表記との相乗効果を狙った当て字は，いまなお店名や人名，インターネット用語などで次々と生み出されている．各種の文字のなかで漢字を尊重しようとする意識や，特に名詞や動詞などはその意味やニュアンスをしっかりと表現できる漢字で書きたいという意識が根強いことをうかがわせる．

　なお，当て字の裏返しの行為として，漢字（列）に読みを当てる「当て読み」も存在する（笹原 2010）．無理が感じられない場合，特に意識されることはないが，例えば文学作品を朗読する際には，「深緑色」など，振り仮名がない場合には文体やニュアンスまで考えて読みを考え，選ぶこととなる．「雰囲気読み」などと呼ぶ人もいる．

　当て読みは，上述した漢籍，『万葉集』や『古事記』『日本書紀』などの後代の読解における訓読にすでに発生しており，別字と間違えての訓読みや幽霊語形，単字の旁などから類推したことによる音読み（百姓読み，一部の慣用音や故実読み）も早くから生じた．「変水（おちみず）」の誤写である「恋水」を中世以降，「なみだ」と読むことも行われ，別の場面で転用されるに至った．発生的には異なるが形式的には当て字と同じ構造をもつ．ネット用語の「糸冬」のような分字をもとの字で読むという当て読みの手法を採ること（「麿」のたぐいの対）も同様である．漢字を左右に「ネ申」のように 2 字に分けて「かみ」と読ませるものも同じだが，読みが「ねもうす」となる場合は分字による造語となる．

　外国の国名や地名には，「印度」など字義があまり浮き立たない漢字のほか，明清代からの「葡萄牙（ポルトガル）」のように国の産物など性質を表すケースがあり，「瑞典（スウェーデン）」のようによい意味をもつ字が選ばれることもあった．「墨」はアメリカにも使われたが，アメリカが中国の社会集団や方言の影響によったといわれるが「米」，続いて「美」となったことから，メキシコとして定着した．古代中国では中華思想から周辺国には意味の悪い字が当てられたが，近代でも少数民族の名にそれ

5.2 当て字（熟字訓，振り仮名）・文字表記のニュアンス

が続けられた．日本でも，戦争状態になると悪字に変えるケースもあった．

1980年に，「英」「豪」のような略称となる当て字がほしいとしてニュージーランド大使館が公募したことがあった．投票数が最も多かった「乳」に決まったが，本国により重工業貿易に差し支えるとして撤回させられた．「NZ」では「日米」のような熟語が生み出せない．地名でも「愛琴（エーゲ）」，日本製の「浦塩（ウラジオ（ストク））」や「晩香波（坡）（バンクーバー）」のように意味のよい字を当てることもあった．

漢詩文でも向島を「夢香洲」と訳すケースがあり，その字の選択に卑俗との批判も受けた．知多半島では，平成の大合併の際に「遷都麗空（セントレア）市」という当て字が議員によって提案されたが市民はその地名を選ばなかった．漢字表記ならば正しい，格が高くてよいという意識と，漢籍に典拠のない漢字は誤り，そぐわない漢字は不適となるケースがあるとの意識は葛藤を来す．国字「澨」（隅田川の意，ボク）を含め，漢字意識に起こりうる矛盾である．

当て字は，特に江戸期，明治期に，文体や文脈上の必要から意図的に生み出された．「定め」の語義をより明確化し，表記感を重厚にした「運命（さだめ）」で書くことは文芸にみられ，戦前から歌謡曲でも利用されていた．そうしたものは今日のライトノベルを含めた小説，同人誌や漫画，歌謡曲などにもみられる．「ひと」には少なくとも64種もの表記がみられる（笹原2010）．文芸や歌謡曲などでは「とき」を「一瞬」，あるいは「永遠」と記し，その作品や場面での語義を視覚的に示すことがある．「悲観的現実主義者」を「おとな」と読ませるように（図5.4），当て字によって語義を限定したり拡張したりすることがあり，ニュアンスを付加する文脈への依存度が高いケースもある．「大人（こども）」といった対義語で読ませるケース（反訓に似る），何

図5.4　「おとな」と読ませる当て字の類の例（笹原2010）

らかの意図をもって次元さえ異にする関連性の薄い語，字とは完全に無関係の語で読ませるケースもみられる．

　挨拶の語である「今日は」の助詞「は」を「和」で書くのは，「わ」（ゎ）を当てるケースに対し，意味を示そうとしている．「頑張れ」を「顔晴れ」と換えるのも字義を前面に主張させるものであるが，ときおり反感も表明される．明治初期に現れた「五月蠅い」は，新暦の採用，環境や語義の変化に伴って「八月蟬い」と書くほうがしっくりくるという人が増えてきた．

　口語に対する「本気（まじ）」「真剣（まじ）」などは遊戯性を込めた表現ながら定着をみた．江戸の遊郭に始まり，戦後の落語界で使われていた俗語「まじ」への当て字に端を発した「本気と書いてマジと読む」というフレーズは，落語の漫画から広まったもので現れてから40年も経過していない．そのもとになった「まじめ」に対する「真面目」は江戸時代に現れた当て字で（表記誌は笹原 2011），「まじめ」に，本当の姿を意味する漢語の「真面目（しんめんもく）」を当てたものであった．それらしい漢字を得てこの表記も広がり，2010年に「改定常用漢字表」で「付表」に「いわゆる当て字や熟字訓など，主として1字1字の音訓としては挙げにくいもの」として追加された[24]．

　個人性の高いメールやLINEなどでは，漢字の代わりに絵文字やスタンプを当てたり，絵文字を並べて熟字訓のような読みや意味だけを伝えようと用いるケースさえ現れている．文字コードの制約もあって新規の造字が生産性や拡散性を失いつつあるなかで，既存のコードをもつ文字やそれを使う表記は新たな可能性に満ちている．そうしたなかから，多くの人々が必要とし，違和感がなく，公の場面でも問題がないと感じて広まり，国語政策に追認されるものも現れていく可能性は残されている．

［笹原宏之］

---

[24] 漢字かな変換という物理的制約によってたまたま最初に出てくるものが，奇妙な表記感を与える隠語のようになって定着することがある．「まじ」は「馬路」「爻」となった（「中坊」を「厨房」とし，さらに「〜厨」と略すことと同様）．近年さらに「マ」と略され，また，語形も強調されて「魔剤」とする若年層も現れた．流行語の変化に伴い，「本気」は「ガチ」という振り仮名も与えられるようになった．「死ね」を「氏ね」「shine」とするように，NGワードの回避や婉曲，多義化を目指す使用もみられる．固有名詞を卑下するための当て字も生まれる一方で，若年層が用いる「ギャグセンス」の略の「ギャグセン」を俗解を経て「ギャグ線」と，当て字と認識しながら書く人が少なくない．女子生徒が熟字訓「大人」に飾りとしてくにがまえを加えて「囚囚」とするのも，結果として当て字といえる．

第6章　社会からみた漢字

6.1　漢字の位相——集団・場面

6.1.1　はじめに——「位相」と漢字使用

　「位相」とは田中章夫氏の定義によれば「社会的な集団や階層，あるいは，表現上の様式や場面それぞれにみられる，言語の特有な様相」を指す（田中 1999：1）．これに基づく差異を「位相差」という．本節では，まずは上掲定義に基づくところから位相語と漢字——ひいては漢字という文字の位相についての関係を探る．次いで，地域差についても言及し[*1]，これは主にその地域特有の字体という観点から触れる．また時代差に基づいた漢字使用については位相をめぐる話の埒外と見なし，立ち入らない．本節の主眼は，「漢字の位相」なるものを次々具体例とともに紹介していくというより，漢字という文字の位相とはどのようなもので，それがいかに定位されるうるものなのかという段階から説き起こして模索していくという趣旨であることを，あらかじめお断りしておきたい．

　さて，冒頭に掲げたところの定義はあくまで言葉に関するものだが，その表記を担う漢字にも「位相」で捉えうる差異や特質があるのだろうか．まず単純に考えられるのが，言葉の位相に連動する意味においての，漢字の使用差である．漢字は言葉を書き表すために用いられるわけだから，ある位相語があるとして，それを漢字を使って書くならば，その漢字使用がすなわち位相に裏づけられている，と説明することが可能ではある．しかしながら，あくまで書く上での選択肢の一つとして漢字があることに鑑みれば，その位相語が時に平仮名や片仮名などで書かれる可能性も考慮せねばならない（絶対に，常に，漢字でしか書かれない言葉というのがどれほどあるだろうか．5.1 節参照）．ならば，語の位相性に対し，その表記を担う個々の文字の“位相性”に普遍性はないことになる．ここで一例をあげておこう．「菩」という字は，常用漢字ではないのだが，これをごく日常に多用する領域がある．すなわち仏教界およびその研究，教育，布教分野である．例えば「菩薩」は一般にもよく知られてはいる言葉だ

---

*1　田中（1999）によれば地域差は，位相とは区別されていて，同じく区別される時代差とともにその違いが述べられているが，本節では地域差にも注目する．

ろうが，あくまでこれは専門用語であり，この「菩」字は「菩提」「菩薩」という語で集中的に使用される．一般社会で，「菩薩」「菩提」という熟語を離れてこの文字を使うことは滅多にないことからして，これは語の位相が，必然的にそれを表記する"漢字の位相"として重ねられうるもののようにも，思われる．しかし，「菩」字は人名漢字としては認められており，完全に仏教専用字というわけではない．「菩」字の場合は，あくまで語の位相に基づく，文字使用上の選択肢の一つとしてそう位置づけられるとみるのが穏当で，漢字の側からいえば，これは見せかけの位相とでもいうべきであろう．

　さて，結論を先取りすれば，上記のケースは漢字という文字の位相の，その典型には措き難い．ならば，語の位相には関係しない，漢字自身の位相，位相差というものはあるのだろうか．このことを考えるには，語自体が特殊な位相語でない場合で考える（つまり文字以外の条件を無標にセットする）と有効であろうが，しかし，そういう位相差が見出されにくくて，よく使われる語は，そもそも常用漢字などなじみの漢字で書かれる，ということが予想される（「母親」とか「仕事」とか，「月」，「日」といったごく日常的な言葉の表記に用いられる漢字を，位相漢字などと呼ぶのは奇異である）．となると，本節題目にもあがっているように，言葉自体はいわゆる位相語ではなくともある「集団」ないし「場面」において，その表記にあって漢字が特徴的に使用される，という場合を模索するとよいのではないかと考えられる．

6.1.2　インターネット上の"スラング的表記"

　インターネット掲示板としてよく知られる「2ちゃんねる」をみてみよう．ここでは，特有の言葉がよく用いられている．いわゆるネットスラングだが，スラングだけに用語の意味がわからなくて検索すると，例えば「2ちゃんねる用語解説」[*2] では，そのトップページに，「くれぐれも実社会で使わないようにな」とあって，その特異性，位相性は理解されているようである．前項末に，位相語ではないものを分析していくと述べたが，まずは語自体が「2ちゃんねる」を始めとするインターネット上で特有のものを取り上げ，その表記をみておくことにしよう．後から述べるように，語の位相の問題であって文字はその表記の構成要素にすぎない，とは言い切れない複雑な構造，要するに先の「菩」字とは異なる事情を，これらはもっているのである．

　「鬼女」：既婚女性のことを略して「きじょ」，当て字でこう書く．単に既婚女性を指すというより，ネガティブ，攻撃的な書き込みをする女性たちという意味で揶揄的に用いる（定義自体がすでに偏見と揶揄を帯びている）．「おにおんな」と読

---

*2　http://pmakino.jp/channel5/misc/2chbible.html

6.1 漢字の位相──集団・場面   *125*

む場合もある（意味もほぼもとの語義のとおり）が，これは表記を先に知って，
読んで→使う，ことを経由した二次的使用であると考えられる．こういったルー
トを経由すると，語源が「既婚女性」だと知らずに使う人がでてくるし，事実少
なくないという.

「今北産業」：<u>いま</u>，（スレッド＝掲示板内の個別記事に）<u>来た</u>から，<u>三行</u>で状況を
  説明してくれ，の意．スレッドの最初を見るか，自分で調べろと逆にののしられ
  ることもある.

　これらは，言葉自体が，この「2ちゃんねる」を中心とするネット上コミュニティ
に出てくるもので，一般には使わないから，そういう意味では位相語ということにな
り，前項の「菩提」「菩薩」の例と変わらないではないかといわれるかもしれない.
しかし，これらは表記と語の関係性が特殊である点，語がそもそも音声言語にはほと
んど現れてこない点で，先の仏教語の例とはすこしく差異があって，注意されるので
ある．つまり，既婚女性を「既女」とする略語は本来ないし，「今来た三行」も日本
語としては奇妙な表現である．しかもこれを別語を表す当て字で記すことによってい
わば二重の隠語の構造になっている．成立経緯としては「きじょ」と打ち込むと，た
いてい「鬼女」がまず変換されるのでこれを単純に採用したか，略語「きじょ」が
「鬼女（きじょ）」に音通することで採用したとも考えられる．そこには，「既（婚）女（性）」
という，評価としては本来ニュートラルであるはずの語に対して，ネガティブな意味
を負わせるにうってつけの変換ではなかったかと思われる．本来の語義を示しうるは
ずの「既女」の表記は，決して（一度めでは）変換されないので，そういった労力軽
減も兼ねて一石二鳥だったのかもしれない．「いまきたさんぎょう」にしても同じで
ある．そのまま入力しても，「今来た三行」とはまず変換されない．"「誤」変換"を
そのまま採用したことでできているのだ．「既婚女性」の略語という語源を知らない
ままに使う人は，「鬼女（きじょ／おにおんな）」そのものだと思って使っている場合
もあるようだし，また「今北産業」は本当にそのような会社でもあるのかという勘違
いもあるようだ.

　ところで，この場合，「鬼」「女」「今」「北」「産」「業」はすべて常用漢字であり，文
字ごとには特段珍しくはないわけで，またそれぞれが，別の場面では一般の語の表記
に用いられるから，文字それ自体が絶対的に位相に裏づけられた存在だとはいえない.
まさに「きじょ」「いまきたさんぎょう」という語の表記として用いられるときに，
その文字列が，書き言葉としての位相語をなしているといえる例である．先述の通り，
これらの言葉がほぼ音声化されないことを思えば，事実上，表記それ自体が位相語で
あるともいえよう．また，本来の既存語として「きじょ」（＝おにおんなの意味で），「い
まきたさんぎょう」（という会社がもし存在するとして）と書かれるならば，位相語
ですらなくなるわけである（使われる漢字ももちろんのこと）．これらの例は，まず

図 6.1 「鬼女」「今北産業」にみられる屈折的な構図

　その位相語が，そもそも語形が同じこと——いわゆる音通を利用して，位相語でないはずの語形を位相語として転用しているところに特徴があり，それでありながら，表記はその位相語でない，もとのほうの意味に引き戻す形で書かれるという屈折的な構図になっているのである（図 6.1）．

　ところで，こういったインターネット上の掲示板等は，「集団」といっていいものであろうか．巨大な集団と捉えられなくもないが，匿名で，書き手はひっきりなしに入れ替わっており，変化が常に連続的だから，例えば職業的専門集団等とは一緒にできないものがある．それに，こういう語や漢字の使いかたをする人も，多くは「2ちゃんねる」を離れると，普通はそのような語や表記は使わないと思われる．「2ちゃんねる」は匿名ゆえに，まさに不特定多数の書き手がいるが，彼らは決して「2ちゃんねる」に帰属しているわけではないから，「集団」と捉えるのはふさわしくないであろう．この掲示板上には他にも特定のスラングに対しての共通の表記の方法がいくつかあるが，それはまさに個々の書き手にとって「(「2ちゃんねる」という）場面」での使い分けの選択肢といえる．

6.1.3 位相語ではない語に当てるとき

　語自体は，特定の位相語や専門用語ではなくても，漢字の使いかたに差異が出るものとして，先にもあげたインターネット掲示板「2ちゃんねる」等の特有語，スラング以外の語に対する当て字があげられる．中傷や揶揄を目的としたものが少なくないが，閉じられた世界のなかにおける符牒の意味を兼ねていることもあると思われる．例えば「死ね」という言葉を「氏ね」，「～過ぎ（る）」を「杉」（「人大杉」＝人多過ぎ）など．前項であげた例と違うのは，語自体は一般にも使われるという点である．

　ただ，これらの漢字も，結局は通常の意味での「彼氏」や「杉の木」などに使うわけだから，やはり，漢字そのものの位相だとはいいにくい．では，この特異な使われかたはどう位置づければいいのか．

　「氏ね」や「～杉」は，字義と語義が無関係ゆえに，もとの語の意味を消すことに

6.1 漢字の位相——集団・場面　　127

なっている（実際には，文脈のなかでは隠しようがないが，語それだけを取り出せば，異義の漢字によってカモフラージュされているといえる）．前者は，「死ね」と書き込むことが誹謗中傷，ひいては名誉毀損といった現実のトラブルに陥ることの回避として，語形はそのままに表記が意味を消して隠語化するというもの（という体），後者は意味表出の忌避というわけではないが，送り仮名まで含めて1文字で書けるという，まるで上代の訓仮名のように使う方法である[*3]．特に「人多過ぎ」の「おおすぎ」は「大杉」にそのまま当てはまるが，語義の隠蔽ということはあまり必要ないだろうから，おそらくは変換候補の上位をそのまま採用することで生まれたものと考えられる（この点では，前項の「きじょ」「いまきたさんぎょう」の漢字変換の構造と通じるかもしれない）．実際には，隠語というのも大げさなほど，児戯に等しい当て字だが，それゆえに，いったん表すその言葉がわかってしまうと，読み手書き手ともに，これはこれで一つの表語性をもっていくことになる．そして，「2ちゃんねる」を離れているときは「〜多過ぎ」と書き，「2ちゃんねる」においては「〜大杉」と書き分けるとすれば，「〜すぎ（る）」という語自体は位相語ではないし，使われる文字も絶対的な位相をもつわけではないが，表記が，「場面」に裏づけられた"位相語"として機能しているといえるだろう．いうなれば，視覚で認識する言葉という意味での，位相語である．ゆえに，個々の文字が位相漢字であるというより，漢字が連なって，語を表すことをもってできた，いわば「位相表記」である．

　本書5.1.4項に，漢字を素材と機能に二分して捉える視点を紹介した．漢字は，表記において使われてはじめて稼働する．実際に動態として漢字が用いられるということは，すなわち語を書き表したものとしてあることを意味する．そうすると，これまでみてきたとおり，漢字の位相なるものを模索するにあたっては，語を書き表したものという点でまずは検証するのがふさわしいから，6.1.1項にみたような語自体が位相語であるもの，次いで本項のように，語自体は位相語ではないが，書かれた漢字の文字列が，標準的な表記に対して有標となって，結果的に（表記のレベルにおいての）位相語（位相表記）になっているというものをあげてきたわけである．これらは，ある集団の専門用語や符牒（6.1.2項），あるいはある場面で限定的に使われる（本項）というものである．個々の漢字は，そこに用いられることによって，結果的に位相を形作っているのであり，その場面から解放されると，位相性は解除される．前述のと

[*3]　訓仮名は文字どおり，訓を借りて意味を捨象して使う方法．繁見丹開有（『万葉集』巻八・一五〇〇）において，「繁み」の「み」を書いた「見」は訓仮名という．こういった方法は上代には多々みられる．なおここでみた「杉」のような1字2音のものはほとんど万葉集にしか出てこない．例えば「相見鶴鴨」（例えば『万葉集』巻一・八一）など．「相見つるかも（あひみつるかも）」の「つるかも」は鳥の鶴，鴨には関係がない．

図 6.2 阪急電鉄梅田駅の特有の字体

おり,「氏」「大」「杉」個々の文字それ自体が位相をなしているわけではない.

そうすると,最も典型的な漢字という文字次元での位相とは,ある集団,場面で用いられ,それでいて,集団,場面から開放され（個々の文字にばらされ）ても,なお位相性が解除されないものが,当てはまるということになるだろう.位相性が解除されない,とは,他に使い道がない,と言い換えてもよい.これを次にみてみよう.

6.1.4 文字レベルの位相

笹原宏之氏によれば,「特定の社会集団で使用されるような文字」を「位相文字」という,とされている（笹原 2011）.同書では,『三省堂国語辞典』に,「泻」（新潟の「潟」の略字でこの地方で使われる）や「硑」（炭鉱労働に従事する社会集団に偏在する文字）というような,特定の社会に通用するような文字も丹念に拾われていることが取り上げられている.結論からいうと,ここであげるものが,文字レベルの位相として最も典型的なものであるといえる.前項までにみてきた例は,いずれも文字自体は,一般的なものであり,まさに「集団」「場面」という状況下にあって,その表記においてはじめて結果的に位相をなすものであった.しかし,本項であげるのはその集団,場面と不即不離,つまりそこを離れて一般に使われることはない（使いようがない）という点で,まさに文字次元での位相だといえるのである.必然的に,字体が特有であることになる.笹原（2011）で例示されているのはいずれもそうで,特に地名やその土地特有の語形に当てられる特有の字体はこれに含めることができる.

一例をあげておくと,関西の私鉄の阪急電鉄では,自動改札ではなかった時代の名残で,路線における「田」のつく他の駅名と,ターミナルである「梅田」を一目で見分けられるように,「図」という字にしてある（自動化された現在も；図 6.2）.これはまさに地域,集団に特有の字体であり,「図」はここを離れてはふつう使われない.これは見かたを反転すれば,文脈・状況等一切なしに,「図」という字だけを提示しても,知らない奇妙な文字としか見なされないか,もしくは阪急電鉄梅田駅の切符の表記にある文字である,とだけ,特定されうる.この認定のありようこそ,文字としての位相であることを意味する.

また方言ではないけれども,職業的専門集団で専用される固有の字体（主に省画文字）は,これに含めることができよう.主に手書きだが,密教の聖教類では「金剛」を「釗」と書いたり,声明（仏教声楽）の譜面には口伝を意味する「叺」といった文字がある.また,その地名のためだけに発生した字も,より限定的な存在として位相

文字だとみることができよう．例えば「俉沢」(青森県) など*4.

6.1.5 おわりに

漢字の位相といったとき，それは三つに分けられる．一つは，語自体が位相語であって，漢字はその表記に用いられているだけであるもの．そしてその語の表記を離れれば，他に使い道もあるという場合――いわば"見せかけの"漢字の位相である．だから，厳密にはこれは漢字の位相ではない．次に，語自体は必ずしも位相語ではないが，書かれた表記が有標で，一つの位相語（表記）として認知されているもの．綴られて文字列をなす，それ自体が位相となっているもので，漢字一字一字は必ずしも特殊ではない（他に標準的な使い道がある）．いわば表記の位相というべきものである．そして，3番めに，文字それ自体がある集団・場面において特有のもので，そこを離れては使われないというもの．これが，まさに文字の位相というべきものであり，字体からして特有である．

6.2 漢 字 政 策

6.2.1 常 用 漢 字

〈枠組みの存在意義〉

常用漢字は現在，2010年の内閣告示第二号で改定されたものが施行されている．基本的には昭和56年（1981）の内閣告示第一号でのそれを引き継いでおり，文部科学省ウェブサイトで検索するとまずはこれが表示される*5. その前書きに「この表は，法令，公用文書，新聞，雑誌，放送など，一般の社会生活において，現代の国語を書き表す場合の漢字使用の目安を示すものである」とされている．しかし，「一般の社会生活において」という但し書きがある一方，「前書き」の2には「個々人の表記にまで及ぼそうとするものではない」とある．「一般の社会生活」を行っているのはその当の「個々人」なのではないかと思えるが，実はここにこそ，常用漢字の存在意義を考えるポイントがある．そもそも「常用」と銘打ってあるものの，例えば筆者個人からすると日常使いそうにない文字も結構入っている．一例をあげると，「顎」という漢字が件の改定時に入ったのだが，「あご」という言葉を書く機会自体がそもそも

---

*4 笹原（2007：345）によれば，明治期には「俉沢」であったが，現在は公的にも拡張新字体「俉沢」になっているという．

*5 阿辻（2010：230）に「情報機器を用いて日本語を書くという行為がきわめて普通のこととなったとき，一般社会でまだ情報機器がほとんど利用されていなかった昭和五十六年に策定された「常用漢字表」が示している「漢字使用の目安」が大きくゆらぎはじめたのは，誰の目にもあきらかな事実だった」とある．

少ないし，手書きならまず平仮名で済ますと思う．「がく」という音読みで使う機会はさらに少ない．また，仮にパソコン等で打ち出す場合は，キーを叩けばいいだけだから，これは難なく「顎」と"書く"だろう——まったくもって筆者の個人的趣向に過ぎないが，ここには，常用漢字なる枠組みがなぜ必要なのだろうかという素朴な疑問が抱かれやすい，その要因ともいえる思考回路が露わになっているので，それをあえて例示してみたのである．まず一つに，「顎」字が「常用」といえるのかということで，前述の通り筆者についていえばこれは「否」である．二つめに，「あご」と書こうが「顎」と書こうが，これまでも，これからも自由であるはずで，また 2010 年改定以前に，必要あって「顎」と書いた（打ち出した）こともあったと思う．つまり，2010 年の改定によって「顎」という文字が常用漢字に組み入れられたということは，いってみれば筆者にとっては何も起きていないに等しいわけで，こういったことをして，なぜ常用漢字という枠組みは必要なのかという疑問が生まれてきうるのだと思われる．確かに，「前書き」を読めば，前掲のように「個々人の表記にまで及ぼそうとするものではない」とあるし，同 4 には「過去の著作や文書における漢字使用を否定するものではない」とあるわけだが，それだけに，上記のような疑問が抱かれやすいと思う．よって，まずはこのことについて考えていきたい．

　第一に，上述のような疑問において，出発点の段階から抜け落ちている視座がある．それは「公共」や「社会」といった視座である．人によって必要とする，あるいは職務等で目にしやすい文字群に異なりがあることは容易に想像できよう——例えば医師や歯科医師であれば「顎」という文字は，少なくとも筆者よりは日常的であろう．しかし，「私にとってどうか」「私はこうだがあの人はどうか」といった「個」の視点にとどまるかぎり，上記の疑問は結局のところ払拭されない．改定にあたって，視座はあくまで「現代日本（語）社会」におかれることになる．個々人がどのように漢字を使おうが，基本的には，現在も，これからも自由である．特にパソコンなどの力を借りれば，難読字を縦横無尽に使うことも可能だし，使わないこともまた自由である．この行為は基本的には規制されるものではない．しかし，書いたものは，すなわち読まれるものであるとしたとき，その読まれる層の範囲を考えると，自分の趣味・嗜好だけでは済まされないケースが出てくる．最も影響が少ないのは，書き手すなわち読み手となる場合，例えば日記だ．自分だけが読むのであれば何をどう書こうが勝手であるし，誰も困らない．しかし，読者が不特定多数，そして読む人が，それによって等しく恩恵，サービスをうけるべき，あるいは法律・条例等の，社会の構成員として従うべき対象であるといった場合，やはり書き手が独りよがりに漢字を使ってよいかというのは一考を要するはずである．それらはすなわち，公平な形で読解される必要があり，そのためには均等に教育が行われなければならない．まさに，「義務」教育における漢字教育が，常用漢字を軸に，そして「読み」を優先する所以である（6.3

6.2 漢 字 政 策

節「漢字教育」p.137 参照）．無作為，不統一な漢字使用というのは，公共社会における文書による伝達という観点では少なからず問題があるわけで，日記やごく個人的な文章で難読字や奇字を好きに使うことと同じ次元で捉えてはならない．よって，基準となる漢字使用の枠組みを社会に設けるのである．「前書き」に「目安」とあるのはそのことを指し示している．そしてその漢字群を，国民が等しく受ける義務教育で授けることによって，それを裏づけるのである．もっとも，あくまで目安だから，実際には，常用外の漢字をやむなく使うこともあるが，そこには振り仮名が振られるし，逆に常用漢字内でも語によっては平仮名にしておくなどの柔軟性がある[*6]．このように，ごく広く捉えた日本（語）社会というなかで，その最大多数の人が享受する[*7]公共性の高い文章表記などは，義務教育で国民全員が必ず一通り教わる漢字を目安に使うことにしてあるのである．

いわゆる正書法というものが日本語にはないから，常用漢字とは，社会において，文字で記す言語伝達の均質性，公平性を担保するための方策だともいえる．だから，個人の所為については関知しない．

このようなことに鑑みれば，時代の要請に従って，あるいは社会の変革に従って，その漢字の枠組みが変化してくることも当然である（注[*5]参照）．2010 年の改定では「匁（もんめ）」という字が消えた．必要度が低い[*8]との判定は，「「匁」は常用漢字表外に

[*6] 「専門用語等であって，他に言い換える言葉がなく，しかも仮名で表記すると理解することが困難であると認められるようなものについては，その漢字をそのまま用いてこれに振り仮名を付ける」とあって，例えば「按分」「瑕疵」などは振り仮名を付して使用することになっている．また，「従って」「恐れ」「他」などは常用内の漢字だけれども「したがって」「おそれ」「ほか」と平仮名で書く．以上は平成 22 年 11 月 30 日に内閣法制局長官の名で出されている法令における漢字使用等についての定めから抜粋したものである．

[*7] 阿辻（2010）に，「最大人数の最大幸福」という考えがあることが述べられている（阿辻氏は改定に実際に携わった委員である）．これは，常用漢字制定，改定にあたっての，その趣旨を理解するのにわかりやすい言葉だと思う．ほぼ全員が賛成して組み入れる字はあるかもしれないが，全員が賛成して除外するというのはなかなか難しい．そうなると，より多くの人が共有する可能性が高いものを優先的に組み入れていくという理屈になる．

[*8] ちなみにいうと，「匁」は，例えばタオル業界では伝統的に常用され，慣習としてタオルは 100 匁（375 g）あたりの重さで取引されてきた（これを「匁廻し」という）．とすると，この業界の人たちにとっては「必要性が低い」という判定は納得し難いのでは，とも思える．しかし，結論としては前述のように，例えばタオル業界では依然使われているという事実をいわば関知しない判断を下したわけだ．同時に，タオル業界の人が引き続き「匁」字を使用することはまったくの自由である．一般的社会においての表記の目安としては，改定後，必要あらば「匁」ではなく「もんめ」，もしくは「匁（もんめ）」と記されるようになる，という変更なのである．

しても差し支えない」という，一般社会における妥当性があるとの判断であるといえる[*9]．

　日本語，漢字における「社会」とは何かという問いに対峙するとき，むしろ，こういったことから帰納されることで立ち上がってくる「社会」こそが，「常用漢字」が機能するべく措定されている「社会」ということにもなる．社会の要請，判断に従って常用漢字が定められていくという一方で，常用漢字が何を入れ，何を除外するかで，その言語社会，文字社会像を把握できるというと，まるで循環論のようだが，現実として，個々人と，社会と，そして使われる漢字のありよう――常用漢字という目安の根拠は，そういう関係になっている．

〈字体の問題――しんにょうを例に〉

　「しんにょう」という部首には，一点のものと二点のものがある．情報機器類で打ち出す場合，「邂逅」は二点だが，「遭遇」は一点で出る．「しんにょう」はもともと「辵」という字体で，点が一つか二つかというのは，この「彡（さんづくり）」～「あし」というパーツのどこからどうつなげるかという違いにすぎない．だから，一点しんにょうと二点しんにょうは，同じである．にもかかわらず，活字の場合にこのような違いが出るのは，常用漢字の前身の当用漢字[*10]を定めたときに，字画を変更したことに要因がある．もともと，それ以前は康熙字典の字体に従って二点しんにょうが正式とされていたようである（康熙字典の辵部はことごとく二点しんにょうである）．しかし，当用漢字表制定の際に，これに入るものを一点しんにょうに変えたのである．その際に表外のものについてはいわば放置したので，二点のまま残された．これが常用漢字になっても引き継がれていて，結局常用漢字外の「邂逅」はいまだに二点しんにょうだが，「過」「違」「遭」「遇」など表内の字は一点になっている．なかには「邁進」のように，二点＋一点というバランスの悪い組み合わせも存在する．

　このようななか，2010年の改定で，しんにょうを含む字が新たに入った．「謎」「遜」「遡」である．これまで表外だったのだから，当然いずれも二点しんにょうのままであった．しかし，新たに入れる際に，これを一点しんにょうに修正することはなされなかった．これは，一点に戻すことによる技術，金銭的負担（損害といってもいいかもしれない），不合理性があまりにも高いからである．二点であっても字義に影響す

[*9]　阿辻（2010：234）で，この字についてではないが，全体として，「〔改定に関わる：引用者注〕調査の結果は，追加と削除の字種の選定が多くの人々から妥当であると認められたことを確認できるものであった」との言葉がある．

[*10]　1946年11月告示．1850字が該当し，常用漢字の前身にもあたるものだが，常用漢字は「目安」であるのに対し，当用漢字は，将来の漢字撤廃をも見据えた使用上の「制限」であった点で，異なる．

るわけでもないのに，コンピュータ等に登録されている字体をすべて変更するというのはあまりに非現実的すぎる．あるいはこれから生産されるものについても厳しく一点しんにょうへの変更を求める——となると，わずかこれだけの文字のために総入れ替えという非常に不経済な事態に陥る．二点しんにょうを一点しんにょうに代えて組み入れるのは，「最大人数の最大幸福」（注*7参照）には著しく抵触することであるわけだ．それゆえ，これまでの表外字の字体のまま取り入れられたのである．

6.2.2　送 り 仮 名
〈現行の送り仮名の目安〉

　送り仮名は，漢字と平仮名，片仮名を交ぜて書く日本語においては重要な位置を占めている．ただ，その内実はさまざまで，行う／行くのように，語義の弁別に関わっている（つまり，必ず必要とされる）ものも少なくない一方，焼き肉／焼肉，申し込み／申込み／申込のように一定していない，あるいはなくてもさほど不都合がないと思われるものもある．前述のとおり，現在，日本語に正書法はないけれども，送り仮名の目安は定められている．それをまずは確認しておこう．現行「送り仮名の付け方」は「平成二二年一〇月一日内閣告示第三号 改正」によっていて，常用漢字の使用に準拠するものとなっている．まず，分類は，「活用のある語」「活用のない語」「複合の語」「付表の語」（送り仮名の付け方が問題になる語）に分かれていて，それぞれにルールが説明されている．これを「通則」という．下位項目として「本則」「許容」「例外」がある．この「送り仮名の付け方」では用例とともに詳細に説明されている（文部科学省のウェブサイトでいつでも閲覧可能）ので，要点を以下にピックアップしつつ解説していくことにしよう．

　ここでは用言を例にとって説明する．まず，活用語尾を送る——「走る」「書く」「荒い」「清い」．これがメインルール，つまり「本則」である．ただし，シク活用形容詞で，語幹がシで終わる形容詞，「か」「やか」「らか」で終わるいわゆる形容動詞はその音節から送る——「著しい」「悔しい」「恋しい」，「暖かだ」「和やかだ」「明らかだ」．これが「本則」に対する「例外」となる．また，「表す」と「表わす」，「著す」と「著わす」，「行う」と「行なう」，「断る」と「断わる」，「賜る」と「賜わる」について，それぞれの後者の表記は，活用語尾の前から送っていることになるが，認められている——これが「許容」である．「本則」「例外」「許容」の関係はこのようになっている．

　ここで義務教育の時を思い出していただきたいのだが，その時これは「本則」，これは「例外」といった習いかたはまずしていなかったと思う．つまり，「著しい」は例外だ，という実感はふつうない（本書のこの箇所を読んでいま知ったという読者もいるかもしれない）．つまり，当たり前のように書けるし，それ以外に書くという発想もない（*「悔い」，*「恋い」など）．ということで，「例外」は事実上例外という実

感はできないものになっている．そこで，次項では「許容」についてみてみよう．

〈許　容〉

　許容というのは，ある同語の表記を巡って，そのいずれかを間違いとするわけではないという点で特筆すべきものである．本則および例外であげられている用例は，そのルールどおりに仮名を送らないと，違和感を抱かれるか，もしくは読んでもらえないというところに陥る．「恋い」表記を「こいしい」とはまず読んでもらえないであろう．つまり，「許容」され難いわけである．対して，実際の「許容」とはまさにその言葉通り，複数の候補のいずれであってもいいわけだが，「個々の語に適用するに当たって，許容に従ってよいかどうか判断し難い場合には，本則によるものとする」とも断られている．学校教育でも，まずは本則のほうが教育される．

　あげられている例からいくつか抜粋して列挙しておくと次のとおり．括弧で括られているほうが許容対象の表記で，本則で送ることになっている仮名を省略する場合のものが多い．各種看板，案内等で，スペースの都合上，選択されることも少なくないようである．

　　　表す（表わす）　行う（行なう）　断る（断わる）　浮かぶ（浮ぶ）　生まれる（生れる）　押さえる（押える）　積もる（積る）　聞こえる（聞える）　暮らす（暮す）　終わる（終る）　変わる（変る）

　　　曇り（曇）　届け（届）　願い（願）　晴れ（晴）

　　　当たり（当り）　代わり（代り）　向かい（向い）

　　　狩り（狩）　答え（答）　問い（問）　祭り（祭）　群れ（群）　憩い（憩）

　　　申し込む（申込む）　打ち合わせる（打ち合せる・打合せる）　待ち遠しい（待遠しい）　田植え（田植）　封切り（封切）　落書き（落書）　雨上がり（雨上り）　日当たり（日当り）　飛び火（飛火）　合わせ鏡（合せ鏡）　預かり金（預り金）　抜け駆け（抜駆け）　売り上げ（売上げ・売上）　取り扱い（取扱い・取扱）　乗り換え（乗換え・乗換）　引き換え（引換え・引換）　申し込み（申込み・申込）

〈まとめにかえて〉

　筆者が授業で送り仮名のことを話題にすると，河や池のフェンスに書いてあるような「危い！」という表記の送り仮名は間違いではないか，という質問がよく出た．確かに「送り仮名の付け方」通則の（3）の項に，はっきりと例示されて「危ない」と綴ると書かれているし，学校教育でもこう教わるので違和感を抱くのは無理もないことである．だから，学校教育の現場でこれを書けば，おおよそは「間違い」とされるはずである（し，それでいいのだと思う）．しかし，「送り仮名」は「常用漢字」と同様，「科学・技術・芸術その他の各種専門分野や個々人の表記に及ぼそうとするもの

ではない」ともあって，その観点からすれば「危い」表記は絶対的に誤謬であるとは言い難い．そして，「危い」の送り仮名についての質問はよくあったが，タンクローリーや薬品を運ぶトラックの後部によく表示されている「危」は，送り仮名を付けていないじゃないか，という質問はほとんどなかった．つまり，「危」一文字の表記は漢字の表意的用法に沿っているとみて，「危い」表記と区別する意識があることを意味しているが，実際には「危い」表記も，トラックの後部に表示されているような，漢字をシンボリックに使う方法に近いとも考えられる．「危い」と書いた主が必ずしも無教養だったとかいうわけではなく，注意喚起という観点で，漢字をより際立たせるために，送り仮名を少なくして表示したいという意図があったのかもしれない．また，前述のように，看板というスペースの問題も考えられる．

　「焼肉」は「焼き肉」でもいい，つまり許容の例として「送り仮名の付け方」にあげられているので，そういう意味ではよりどころがまだあるけれども，「危い」については，例外や，許容とさえされていないものであって，しかし，「恋い」(*「こいしい」の表記) のように，読めないわけでもないから，事実上，いわば社会が許容している例ということになるのだろう．

6.3　漢　字　教　育

6.3.1　はじめに——文字教育・学習

　漢字は，外国人にとっての日本語学習における大きな難関の一つとよくいわれる．普段から使っている日本語母語話者からするとなかなか追体験しにくいかもしれないが，例えば英語をはじめとする外国語学習で，自分がその言語を書くための文字をいったい何文字覚えなければならなかったか，振り返ってみるといい．確実に，漢字より数が少ないはずだ．現在，日本語母語話者が小学校1年生で平仮名からまずは習い始めるように (実際は家庭内等での教育が始まっている場合も少なくないが)，通常，外国人も平仮名から習い始め，片仮名，そして漢字学習へと入っていく[*11]．この時，仮に漢字を1000字種覚え，これを自由に読み書きできるようになったとしても，文字の数だけでいえば，日本の小学校6年生修了時とほぼ同じである．現在の日本 (語) 社会において身のまわりに漢字が一定数使われていることからも，漢字教育・学習は，いわば最も基本的な実学的存在であるといわざるをえない．しかしながら，普段の生活で，特に必要とされない漢字のほうが相対的に数として多いことは，おそらく間違いない．漢字とは，日本 (語) 社会で，言語を読み書きして生きていく上で必須のも

---

*11　ローマ字からはじめ，ローマ字表記だけで終わる (会話のみ熟達) というケースもあるが，ここではそういった学習形式は措く．

表 6.1 学習対象としての漢字の階層

漢字の「層」	性格
知っている人は限りなく少ない層	文字数だけでいうなら，現実にはこの層が最も膨大
実用には必ずしも直結しない層	趣味・嗜好としての色合いも 　　参考：日本漢字検定協会 漢字検定 1 級 対象約 6000 字
選択としての実用の層	「打ち出せる」ことによって幾分は身近に 　　参考：JIS 第一水準 2965 字 /JIS 第二水準 3390 字
必須の実用の層	教育される漢字，翻って教養の基本的裏づけ 　　参考：教育漢字（小学校）1006 字/常用漢字 2136 字

のでありながら，しかしある程度以上の枠を超えた学習あるいはその使用は，書き手の選択肢の一つという存在に変わり，さらにひいては覚えること自体が趣味，嗜好とでもいうしかない（要するにほぼ実用外）という領域にまで広がりをもっている．

そもそもは，母語を記すための文字に好きも嫌いもないはずだが，漢字には（漢字学習には），どうやら好き嫌いがあるようだ．そして，たとえ嫌いでも学ぶことになっているのが，教育漢字に始まる常用漢字の枠組みであり，これを仮に「必須の実用」層と名づけて基本におくとすると，次に「選択としての実用」層がその上にあって，その先は「実用には必ずしも直結しない」層が広がっている（もっといえばその先には，「知っている人は限りなく少ない」層が茫漠と広がっている：表 6.1）．好きな人が学ぶにはまさに際限なく，漢字は非常に手応えのある学習対象ではあるのだろう．なお，「実用」とはここでは，普段の一般的な生活における読み書きの両方向を指す．

近年は人間に代わって「書いて」くれる情報機器類の存在もあって，漢字学習の様相も変化してきている．読めるけれども書けないという状況であったはずが，そういった助けを得て，「書ける」ようになったりする（「軋轢」や「齟齬」など手書きなら書きにくいか，あるいは忌避するような語を「書ける」ようになるといったケース）．また，これはよくいわれるが，読めるけれども書けない（あるいはいわゆる「ど忘れ」）という状態をさらに助長するともいう．かように情報機器類で漢字を「書く」ようになった功罪はいろいろと取り沙汰される．曰く，書かなくなることで漢字学習がおざなりになるとか，忘れがちだとか，結局は漢字，漢語という引き出しだけは多く身近にあっても，それを引き出し，使いこなす力は育たない，等々といった数々の「罪」がよく指摘される．確かにそういった負の側面は真摯に考え続けるべきことではあるけれども，学習，教育という観点で「功」もないのか考えてみよう——例えば理解語彙と使用語彙というものがあるが，「書ける」ことによって使用語彙（漢字）に転換したというケースがありうる．上にあげた「選択としての実用の層」は，手書きしか

なければ，基本的に覚えているかどうかに左右される．覚えていなければ書きようがなく，辞書をひくか，あるいは平仮名で書くことが憚られれば別語で言い換えるか，表現自体を改めるといった別選択に展開させられることになる．これは少々おおげさにいえば，漢字を記憶しているかどうかが表現の可能性に制約をかけていることにもなる．ところが PC などを使えば，うろ覚えや，あるいはまったく字体を覚えていなくても語形さえわかっていれば変換してくれ，さらに語義の辞書的説明まで提示されたりもするから，「選択」は気軽かつ身近になったといえよう（むろん，その後，正しく使いこなせるかという問題は依然としてあるけれども）．「うろ覚え」を機械があれこれと助けてくれることを，前述のように否定的に捉える一方で，肯定的に捉える視点もあっていいのではないのではないだろうか．今後，情報機器類の存在感はますますどの場面においても，重いものになっていくはずだ．必然的に漢字との付き合いも連動してそれらと不即不離の関係になっていく．ゆえに，悲観的視点だけでは，前進できないだろうと思うのである．

どこまで学んでいっても際限のない漢字——ゆえに漢字を制限する論，あるいは漢字の未来を悲観する議論がこれまでいくつも出されてきている[*12]．ただ，その議論を前に，今日も漢字は使われていて，学ばれている．こうして活字化して発信し，読まれているという現実がある．よってここでは，漢字教育および漢字の未来におけるその是非，可否の議論には踏み込まず[*13]，あくまで現状として，学校という場で漢字はどのように学ぶようにプログラムが組まれているのか，義務教育の実態を中心に述べていくことにする．

6.3.2 義務教育——小学校

周知のように，小学校には学習指導要領というものがある（文部科学省のウェブサイトでいつでも閲覧可能）．漢字に関することは「小学校学習指導要領・国語」の項目に記載されている（以下，指導要領と略称）．同項には「学年別漢字配当表」という別表が設けられていて，どの学年でどれだけの漢字を習うかということが定められている．小学校では合計 1006 字を学ぶ．内訳としては，1 年生で 80 字，2 年生で 160 字，3 年生で 200 字，4 年生で 200 字，5 年生で 185 字，6 年生で 181 字である．指導要領の 1 年次においては「読み，漸次書」くとあって，当然のことながら「読み」が先行する手順である．また「漸次」とあるように，書くほうは，読みと同時的に（完

[*12] 本書 5.1.2 項を参照されたい．

[*13] 漢字の未来を巡っては，賛成・推進・現状維持派と，反対・廃止・制限派というわかりやすい対極的立場の論争などとイメージされやすいかもしれないが，実際のところは，膨大な無関心派とどう向き合っていくか，が大事であろう．

全に）習得させようとするのではなく，徐々に書けるようにもっていくという方針で，これは小学校教育6年間で一貫している．もうすこしみてみよう――2年次では，同じく配当漢字を「読む」ことが第一で，それを「漸次書」くのだが，その前に，1年次の配当漢字を書けるようにすることが掲げられている．つまり，優先順位としては，2年次配当漢字を読めるようになり，1年次配当漢字を書けるようにし，その後，2年次配当漢字を漸次書けるようにする，ということだ．前学年の配当漢字を着実に書けるようになることを，学年をまたいで2年ごしで定着させるという目論見である．以降この繰り返しで，3年次に確実に書けるように目標設定されるのはそれまでの年次の配当漢字で，当該学年の漢字は同じく「漸次書」くように定められて，着実な習得は次年へ持ち越される．このように，書くことは，後追いで定着させていく方針がとられており，まずは読みの習得のほうを確実にして，その後，書くほうの力を定着させていくようプログラムが組まれている．なお，6年次の場合はそれ以上がもうないので，配当される181字は，「漸次書」ける段階に留まる（必然的に中学校に預けられる）という体になっている．

　俗に，一口に「読み書き」というが，実生活では普通「読み」の分量のほうが占める割合が高い．読めることを前提に，書く――つまり実際に使うことへと応用させるのは，きわめて自然な展開であろう．歴史的にみても，日本人が漢字を神秘的，象徴的模様やデザインとみて模倣した段階を除けば――つまり使いこなすものとして会得するには，当たり前だが「読み」から入っているのであり，「読み」によって得られた経験が，「書く」ことを可能にしていくという道筋がそこにある．指導要領には「書く」ことに続けて，必ず「文や文章の中で使うこと」という一文が添えられている．「書く」というのは，そのように実用していくことを意味する．つまり，文字とそれにそなわる読みを，実用の場から切り取って個々に機械的に記憶するだけではまだ「書ける」とはいえないわけである．いわゆる漢字の書き取りの宿題などで，同じ文字を何十，何百と書くような練習が課せられることがある．これによって一定の成果を得たとして，例えば教師からある訓や音を尋ねられたら，すかさずその文字を書ける，という状態は，ある種の達成ではあるけれども，実は漢字の本当の運用には至っていない．指導要領では，「文や文章の中で使うこと」――つまりそれを実際に運用することを求めている．実際の文から離れて，訓や音をいわれて単にその文字が書けるという，クイズ形式に正解できる段階では，まだ書く能力の完成とは見なし難いわけである．これは英語学習で例えれば，英単語カードなどをひたすら繰っては記憶する作業を蓄積し，単語ごとには正解できるが，しかし英作文はしない（できない），という状態に等しい．単語帳の記憶だけで英語力が育たないことは言を俟たないであろう．漢字教育は同時に国語教育，日本語教育でもある．指導要領にあるように，文や文章のなかで，ある語に対して，ふさわしい漢字を誤りなく書けるように使えてこそ，そ

の漢字を書く能力の達成と見なされよう．漢字テストは短い文が多いから，これも本当の実用段階とは言い難い（しかも多くは，問いの部分の1字ないし2字分についてだけ，片仮名表記などのそれを漢字に直していくという作業である）．学習過程としてそれらはもちろん必要ではあろうが，やはり，国語科目をはじめとする長文日本語の読解や，作文の時間こそが，真に漢字学習の本懐ともいえる時間であろう．

6.3.3　義務教育——中学校

中学校における漢字教育は「中学校学習指導要領・国語」に「各学年における漢字に関する事項」として記載がある（以下同じく「指導要領」と略称）．まず1年次は小学校での1006字に加えてその他の常用漢字300から400程度を「読める」ようになることを第一の目標に掲げる．また，書けるようになるべきは，小学校の学年別配当表のうちの900字程度とある．これは，小学校で習う総字数から106字を依然残した数値であり，1～5年生学習分＋6年生学習分のうち75字まで，という分量である．つまり，6年次配当181字のうち半分以上は，中学校1年生になってもなお，書く能力の習得に時間の猶予を残していることになる（実際には，個々人で，覚えている漢字とそうでない漢字が，きっちりと当該学年の配当表に対応しているはずもないが，ここでは，小学校で学ぶ漢字の，書く能力の習得目標が，どれほど中学校へ預けられているかという数値的な面を知るために，あえて単純化した）．

続いて2年次は，1年次に学習した常用漢字に加え新たに350～450字程度の漢字を読めるようになり，かつ「学年別漢字配当表」に示されている漢字を書き，「文や文章の中で使うこと」とある．つまり，2年次になってついに小学校の教育漢字1006字の読み書き能力両方の達成を見込むことになる．3年次は，2年次までに学習した常用漢字以外の「大体を読むこと」がまず第一にあげられ，加えて，学年別漢字配当表（小学校教育漢字）については「文や文章の中で使い慣れること」——「使い慣れる」という新たな表現がここにはじめて出てくる．さらなる定着を求める一言であろう．

まとめると，中学校3年間を終える——すなわち義務教育終了時には，常用漢字2136字を読めるようになり，そのうち小学校教育漢字1006字については読みはもちろんのこと，書くほうについても文や文章のなかで十分に使いこなせる状態になっていることを設定している．読み／書きでは，やはり設定されている水準が異なっている．これはすでに触れたように，日常普段の生活では読むという行為のほうが比重が高いという実情もさることながら，道理として，まさか読めない（読みを知らないままに）漢字の字形だけを書けるようにしても仕方がないわけで，読めるから書ける，という自然な展開に沿っているといえよう．また，指導要領に記述されていることも，中学校の場合は学年ごとで字数に幅をもたせてあり（「300～400」などといういいか

た），小学校のような厳密な配当表はない．学年ごとの配当が緩やかであることから，どれほど漢字を学ばせるかということは教師の裁量にも関わってくるだろう．これはもちろん小学校にもいえることではあるが，中学校の場合，幾分緩やかであるゆえに，教師の方針，裁量がそのまま表れやすい．指導要領に沿うならば，最終的に1006字の読み書き，そしてそれ以外の常用漢字を「読める」ようになるという目標でよいことになるが，実際には小学校教育漢字1006字以上の「書く」能力のほうも充実を求める——要するに指導要領以上のことを求め，その教育を施す教師も少なくないであろう*14．つまり，常用漢字の残り1130字についても書き取り練習を課す，作文などでも積極的に使用することを指導するといったことである．反対に，これは筆者が仄聞した某学習塾での出来事だが，1006字以外の常用漢字の書き取りを自習していた生徒が，講師から，書き取りのほうは覚える必要はない，他のことの勉強に時間を回すようにと叱責されたという話がある．このことは，学習塾が指導要領を墨守している——というわけではなく，それに沿った出題を見据えて，受験対策の経済性を指摘したものである．指導要領に沿った出題とは，つまり，読み取りについては常用漢字全般から出題されるが，漢字の書き取り問題は小学校教育漢字からしか出題されないということである（例えば兵庫県公立高等学校入試問題はそうなっている）．

6.3.4 まとめ——漢字教育と社会

いま，ここに生きる私たちは，現に漢字に囲まれて生きているのだから，どのような議論に入る前にも，まずは現状を知る必要がある．漢字教育は，その「現状」と「未来」を語る焦点の一つになるだろう*15．

---

*14 以下は，筆者が，2015年現在，現役で大阪府公立中学校国語教諭（勤続30年以上）をされているかたから，本稿のために直接いただいた漢字教育経験談の抜粋である．「（主に方法は二本柱で）1．教科書の単元の末に新出漢字が記載されているので，生徒はそれをノートに書いて，熟語で10回ずつ練習する．2．常用漢字の副教材をもたせ，1週間に一度提出日を決めて，それまでに1ページ分を熟語で10回ずつ練習する．このいずれかの方法をとりました．どちらの方法も一長一短があり，教科書を使う1の方法は教材をとばしたりした場合，新出漢字もとんでしまうことになり，また系統的ではないので何をどれだけやったかがつかみにくく，2の方法は量が多く最後までやりきれないことや，文脈のなかでの漢字習得にはならないという欠点をもっていました．……いずれにしても，授業ではなく宿題としてやらせ，提出日には漢字テストをしてその達成度をみるという方法でした．できない場合は再テストをするなどいろいろ試しました．小学校の先生は授業のなかで細かく指導をしておられるようですが，そのような時間的余裕はなく，すべて宿題（授業ではせいぜいこれが新出漢字と指摘する程度）でした」．

*15 社会における漢字の可否を巡る上で教育がカギになるのは，かつて漢字廃止に大きく舵を切った韓国での事情がそれをよく示している．韓国では朴正熙大統領が1970年に

6.3 漢 字 教 育

　ところでその，日本（語）社会，漢字社会という現状に，懸命に対応しようとする，ある教育の現場があることを一つ紹介しておこう——それは視覚障害者にとっての漢字教育である．視覚障害者は点字を普段使っていて，それで事足りていると思われるかもしれないが，決してそうではない．視覚障害者もまた漢字社会に暮らし，そして自立していくことを目指しているのだ．そして，健常者が使用するのと異なる記号体系である点字を使って生きてきたことが，彼らの文字による言葉の発信という観点では自立を難しくしているところがあるのだという．しかし，近年，情報機器の発達によって彼らは漢字を，平仮名を「書ける」ようになってきたのだ（先に情報機器類と漢字の「功」に触れたが，このような点でもそのことはいえるのである）．「特別支援学校小学部学習指導要領」には，「点字を常用として学習する児童に対しても，漢字・漢語の理解を促すため，児童の発達の段階等に応じて適切な指導が行われるようにすること」とある．「点字と普通の文字の相互変換が可能」になったことで「視覚障害者自身が漢字仮名交じり文を書けるようにな」り，それが，「社会的自立の必要条件の一つ」になってきているという（香川 2010）．

　視覚障害者に限らず，漢字学習が，日本（語）社会・漢字社会で生きていく上での実学という側面をもっていることは，なかなか生徒たち自身がおしなべて明確に自覚できるものでもない．「日々，必要だから」とか，「将来役に立つから」という言葉だけでは，子供たちの心にリアルには響かないだろう．だから，そこにこそ，教育の意義が存在しているはずなのである．筆者が勤める大学の学生に，「会意」とか「形声」という用語そのものはおいておいて，そういう漢字の成り立ちについて「六書」[*16] に相当するようなことをいつごろ知ったか聞くと，およそ半数以上が義務教育の時代に，余談のような形で教師から習ったという．小学校の時点で教わったというものも少なくなかった．前項までみてきたことからわかるように，漢字の六書まで教えるのは，指導要領の基準からいえば余剰には違いない．しかし，甲骨文字の象形としての字体と楷書のそれとを見比べてみたり，自分の名前に使われる漢字の成り立ちを調べてみ

漢字の廃止を決めた．しかし反発が強く 1972 年にこれを撤回したが，結局小学校のほうでは漢字教育を廃止し，中学校以上の選択科目扱いとした．一般社会では 1980 年代からハングルでの表記が中心になっていき，漢字教育を受けていない世代が成長していくのと連動する形で漢字は韓国社会から姿を消していったとされる．このことはつまり，正確には漢字廃止ではなく，漢字教育廃止という方向からこれを進めたということだ．なお，近時は中国という漢字使用国に留学あるいは就労に出る，または中国出身者を自国にさまざまな形で迎え入れるにあたって，字音語の多い韓国語の漢字表記を学べば，中国語学習も格段に有利になるという考えも出てきているということで，韓国版漢字検定の隆盛も著しいとのことである（漢字の学習塾もあるとのこと）．

[*16] 漢字の伝統的分類方法．象形，指事，形声，会意の四つが造字の理論で，転注と仮借が用字の理論である（1.2 節参照）．

たりだとか，教師の余談や独自の工夫で，実際に自身の漢字に対する興味を引き出されたという経験談は多く聞かれた．

　漢字は日常社会のあらゆるところに出てくる．特定の領域にしか出てこないモノ，コトを教えるよりも，格段に話を派生させられる可能性を秘めたものといえるだろう．漢字教育が単なる読み書きの道具としての知識授受に留まらない，派生的教育効果の可能性をもっていることは，日本語社会，この漢字社会という現状にとって大きな強みではないか——否，強みに変えていくことが期待されよう．　　　　　［尾山　慎］

第7章 アジアのなかの漢字

7.1 中国・台湾・香港・シンガポール

　本節では漢語圏の漢字について，字体・字形と用字，そして表記体系の観点から，第二次世界大戦後の現代に期間を限定して概略を述べる（表7.1）．

7.1.1 中　　　国

〈字体・字形の簡略化〉

　中華人民共和国（以下，中国）が正字と定めている「簡化字」（日本では「簡体字」と呼ばれることが多い）に，日本の常用漢字と異なる，かつ筆画の少ない字形が数多く含まれていることは，現代中国語の学習者や中国への渡航者が増えた現在では，広く知られるようになった．筆画の削減に代表される字体・字形の簡略化は，中国の言語政策における最優先課題の一つであったが，それでも「体系」としての簡化字の構築は一朝一夕に成就したわけではない．例えば，1956年1月に『人民日報』に発表された『漢字簡化方案』は，国家の施策としては最初の動きの一つであるが，そこにあげられた簡化字には，抗日戦争・国共内戦期に共産党の支配地域で使われていた字形がいくつも採用されている（松岡 2010：48-49）．また，『漢字簡化方案』発表の時点で，すでに230の簡化字が多くの紙誌で試用されてもいた．

表7.1 中国，台湾，香港，日本の字形の対照

中国 『簡化字総表』 （1964年）	台湾 『常用國字標準字體表』 （1982年）	香港 『常用字字形表』 （1986年）	日本 『常用漢字表』 （1981年）
两	兩	兩	両
专	專	專	専
齿	齒	齒	歯
为	為	為（爲）	為
里	裡	裏（裡）	裏
弹（弾）	彈	彈	弾
直（直）	直	直（直）	直

中国の欄には，実用に至らなかった『第二次漢字簡化方案（草案）』の字形を括弧内に付した．香港の欄には，『常用字字形表』で併用を認めている異体字を括弧内に付した．

『漢字簡化方案』が発表された翌2月から1959年7月にかけて，簡略化は4回に分けて段階的に実行に移された．これに加えて活字の調達という問題もあり，1964年に『簡化字総表』が発表されるまでの期間に活字化された文章は，字体について新旧の過渡期ともいえる状態を呈している．雑誌『拼音』創刊号（1956年8月）の文章では「這」と「開」，「關」はそれぞれ「这」と「开」，「关」に変わっているが，ごんべんは「言」のまま，「開」，「關」以外のもんがまえは「門」のままである．『拼音』1956年9月号では簡化字「儿」が用いられているが，1957年6月号では伝統的字体の「兒」が復活し，7月号では再び「儿」が用いられている．これに対して，雑誌『文字改革』では，1959年に入っても依然として「兒」と「儿」の両方が用いられている．また，『文字改革』1957年9月号では伝統的字体の「發」と「習」が用いられているが，10月号ではそれぞれ「发」と「习」が用いられている．

1964年に発表された『簡化字総表』は，『漢字簡化方案』の欠点と遺漏を補う目的で中国文字改革委員会により編集されたもので，『漢字簡化方案』以来の簡化字という「体系」の構築に一区切りをつけたという意味合いが強い．『簡化字総表』は第1表「偏旁としては使用しない簡化字（352字）」，第2表「偏旁としても使用する簡化字（132字）と簡略化した偏旁（14部）」，第3表「第2表の簡化字と簡略化した偏旁とを用いて作られる簡化字（1754字）」の3表から成る．簡略化の類型としては，従来先行研究で指摘されてきたように，①同音字による代替，②声符（音符）の筆画の削減，③字形の輪郭や特徴的部分以外の省略，④草書体の利用，⑤字形の一部分の符号化，⑥会意による字形の新造，などがあげられる．

簡化字には，民間で俗字として広く通用している筆画の少ない字形が積極的に採用された．これにより『簡化字総表』の体系は成功したかにみえた．しかし，字体・字形の簡略化と漢字体系の簡素化をさらに推し進めるべく，約20年後に発表された『第二次漢字簡化方案（草案）』（1977年）およびその修訂草案（1981年）に対しては，否定的な反応が多く，そこに列挙された字形は実用には至らなかった．文化大革命終結が宣言された1977年に発表された草案は二つの表から構成され，第1表にはすでに広く通用している俗字，第2表には一部の地域や業種で通用している俗字などが列挙されている．巷間の俗字の採用といい，そして簡略化の類型といい，ともに『簡化字総表』で試みられたものと基本的に同じ趣旨であった．その草案の第1表から数例をあげると，次のとおりである（左が簡化字）．①から③までは異なる漢字の統合も兼ねているのだが，そのことにより字形による弁別機能が犠牲にされた点は否めない（林 1980：28）．

①邦（帮）　②艻（菜，蔡）　③歺（餐）

④妞（短）　⑤実（富）

草案および修訂草案は1986年に廃案となった．そしてそれに伴い，『簡化字総表』

がごく少数の字について修正を施した形で再発表されている.

〈異体の整理〉

1956 年に『漢字簡化方案』が発表, 1958 年に『漢語拼音方案』が批准されると, 漢語拼音（ラテン文字による漢字音表記法）を用いて簡化字を覚えるという現今の漢字学習様式が確立するが, この時期には異体の整理を目的とした『第一批異体字整理表』（1955 年）も発布されている. これは同音である複数の異体字に対して規範を定めたもので, 漢字の字数を抑えるという, 優先課題の一つに対する答えであった. 例えば, 異体字の関係にある「脣」と「唇」については「唇」を, 「牠」と「它」については「它」を規範に定めている. そのため, それ以降の簡化字を用いた印刷物には, 「脣」や「牠」はふつう現れない. 定められた規範のなかには, 「韻」に対する「韵」のように, 簡化字と思われがちな字形が選ばれたものもあるが, 実は「韵」はすでに宋朝期の韻書『集韻』に「韻」の異体字としてみえている. また, 「凶」と「兇」のように, 字義に重ならない部分があるにもかかわらず異体字として扱われた字もある[*1].

〈規範体系の完成〉

2013 年に発布された『通用規範漢字表』には, 8105 の漢字が収められている. これが 2017 年時点で最新の規範である. 建国期以来続けられてきた字体・字形簡略化と異体整理の両方についての結論であるのみならず, 2001 年に施行された『中華人民共和国国家通用語言文字法』の第二条に明文化された「規範漢字」に対する定義づけという役割も兼ねている. この『言語文字法』は, 法的責任こそ明記されていないものの, 国家語として「規範漢字」という概念を初めて明文化した点で新時代を画するものであった（藤井 2003：202-203）.

国家の規範としての簡化字は安定して運用される段階に入ったようにみえるが, それでも古典籍をはじめ伝統的字体の知識を前提とする出版物では, 依然として伝統的字体が用いられたものもある. また, 21 世紀に入って以降, 簡化（字）や異体整理に対する研究者からの批判が皆無というわけでもない. 例えば, 詹（2004）は「條」が「条」に簡略化されたことで, 義符（意符）「木」・声符（音符）「攸」という文字構造の理論的根拠が喪失したこと, 「後」が「后」に簡略化されたことで, 情報解析に要する労力が増したことなどをあげて, 簡化（字）を批判している. また, 邵（2004）は『第一批異体字整理表』に対して, 異体字の概念が明確に示されていないこと, それが原因で収録状況は複雑になっており, 「僵」と「殭」のように字義の全てが重な

---

*1 なお, 約半世紀後の 2001 年に『第一批異形詞整理表』が教育部国家語言文字工作委員会から発布されているが, これは語レベルでの異体の整理を目的としたものである.

り合うわけではない字や,「咱」と「喈」「俉」のようにまったく関係のない字までが異体字として扱われていることを指摘している.

7.1.2 台　　湾
〈伝統的字体のなかの規範〉

中国（中華人民共和国）で建国以来試みられた言語改革は,いうまでもなく中華民国台湾には波及しなかった.そのため,台湾では中華民国の国家語たる「國語」の表記に,伝統的な字体が襲用されている.

ただし,簡略化された字形の導入をめぐる論争は二度起きている（菅野 2012：101-144）.1951年から55年にかけての論争では,簡略化は議案として議会にまで持ち込まれた.外省人羅家倫は,戦前になしえなかった五四新文化運動の精神を実現させるべく簡略化を唱導し,また台湾社会では日本統治期の教育で持ち込まれた日本式字体から脱却するための方策として,新たな字体の必要性が認識されていた.これに対して反対派は,伝統文化の護持を掲げた.論争が棚上げ状態になった後の1956年に教育部は簡略化された字形の使用を禁止しているが,そこには中華人民共和国がラテン文字（ローマ字）による表音文字化の前段階として簡化字を制定したことが影響している.また,1969年には軍部の何応欽が簡略化された字形の整理と使用の必要性を唱え,行政院で審議がなされたが,やはり実現には至っていない.何氏が提案したところの「簡筆字」とは,社会で実際に使われている筆画の少ない俗字や異体字を指すものであったと思われる.

さて,1970年代には伝統的字体についての規範の策定が進められた.教育部の社会教育司は1973年に国立台湾師範大学の国文研究所（日本で言う「中国文学研究科」に相当）に字体の規範についての研究・立案を委託,1975年に4709字を列挙した『國民常用字表初稿』を発行している.その後,国立台湾師範大学の編集による2408字を収めた『常用國字標準字體表』（1978年）が発行された[*2].これと中国文化研究所による『中文大辭典』（1962〜1968年）,国立編訳館による『國民學校常用字彙研究』（1967年）など15点の字典・字彙から選出された計4808の漢字が,同名の『常用國字標準字體表』にまとめられ,1979年6月に中正書局から刊行された.本表は1979年8月1日から1982年7月31日までの3年間の試用期間を経て,1982年9月2日に公告・施行されている.これに付随して,国立台湾師範大学は1981年に『次常用國字標準字體表稿』,1983年に『罕用國字標準字體表』を編集している.前者は『次常用國字標準字體表』として1982年に,後者は『罕用字體表』として1984年にそれぞれ中正書局から刊行された.

[*2]　表紙には『常用國字標準字體表（初稿名國民常用字表)』と記す.

7.1 中国・台湾・香港・シンガポール　　　　147

『常用國字標準字體表』『次常用國字標準字體表』『罕用字體表』に収められた合計約
3万の字形は「國字」や「標準字」と呼ばれ, 現在まで台湾で政府刊行物や教科書に
使用されている. 規範の選定基準には, ①楷書を主とする, ②複数の字形があり現代
語で意味を異にする場合は共に収録する, などが立てられている. ただし, 俗字の「温」
を斥け正字の「溫」を採用した例がある一方で, 正字の「隄」を斥け異体字の「堤」
を採用した例も見られる (中田 1982：120, 122).

〈電子媒体時代の異体〉

　規範の選定に続いて, 台湾ではコンピュータで漢字を利用するための符号化文字集
合の規格作りが進められた. 1980年に行政院が制定したCCCII (中文資訊交換碼)
が規格として最初のものである*3. その後, 台湾では1983年にCNS 11643 (中文標
準交換碼) の試用版が発表され, その翌年には資訊工業策進會によってBig5 (大五碼)
が制定された.

　この1984年には教育部から1万8000以上の漢字を含む『異體字表』が発行され
ている. 2000年になるとそれを発展させた『異體字字典』の試用版が, その翌年に
は正式版が, それぞれインターネット上で公開された. 収める正字は2万9000余り,
異体字は7万6000余りに及ぶ. 異体字の出典の絶対的多数が『説文解字』を筆頭と
する字書, そして韻書, 字様書, 簡牘, 碑文などであることから, 本書のコンセプト
は古典籍を志向した異体字の整理であると言える. つまり, 異体字の通時的総和に対
する網羅的把握に主眼が置かれている. この点で, 中国で行われた異体字の整理 (7.1.1
項参照) とは趣旨を異にしている. ただし, 中国の簡化字や方言字, 日本や韓国に特
有な字形も収められているため, 字形の共時的総和に対する把握も意図していること
がうかがえる.

　2012年に「國字標準字體宋體母稿」や「國字隸書母稿」をはじめとする各種書体
についての規範が公示されるに及び, コンピュータで表示される字形の規格化は一段
と進んだと考えてよい. 現在, 規範から逸脱する字形を日常生活で目にするとすれば,
それは手書きによるもののみになりつつあるのではないか. 手書きによるユニークな
字形の一例としては, 「邊」に対する「辺」(図7.1a), 「組」に対する「絽」(図7.1b)
が挙げられる. 前者は台湾で広く見られる字形であるのに対し, 後者は珍しい字形で
ある. しかし, いずれも『異體字字典』には収められていない. 手書きに現れる規範
から逸脱した字形は研究対象として有望であるかもしれず, これを生産的視点から論
じる学術気運の醸成が俟たれる.

---

*3　同年に中国ではGB 2313が制定されている (三上 2002：317).

 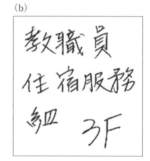

図7.1　台湾で見られる手書きの字形（2017年3月に筆者が台中と台北で撮影）

〈言語固有種の表記の現状〉

現在の台湾の言語状況は，高位言語と低位言語とが存在するポリグロシアである．高位言語は第二次世界大戦後に中国大陸から持ち込まれた「國語」であり，低位言語は固有種の閩南語や客家語，そして「原住民語」と総称されるオーストロネシア語族に属する言語群である．このような現状は，国民党政府による統治のもとで，國語以外の諸言語が公の場から排除されたことに起因する．

閩南語や客家語の漢字による書記は，出版物では概して宗教文書（聖書や教義書）や言語教材，文学作品に限定してみられ，コンピュータ・ネットワークではウェブサイトに集中してみられる．街頭で広告や看板に現れることは少ない（図7.2）．閩南語は本字（字源）の不明な語を多く有するが，同音字や同義字を用いてそれを書き表すことが多く，新造字による対応はさほど生産的には行われてこなかった．台湾で［guanˇ］（私たち）に「阮」を当てるのは同音字を用いた代替であり，［batˋ］（知っている）に「識」を当てるのは同義字を用いた代替である．独自の字形で伝承されたものもあるが少ない．「囝」［kiãˇ］はその一つであり，すでに『集韻』巻六に「閩人呼兒曰囝」とみえている．一方で，台湾で比較的新しい時期に創造されたとおぼしき字形も存在はしているが，目にする機会は少ない．「个」［e˧］（〜の）はその一つであり，「下」［e˧］が声符となっている．

台湾では閩南語の表記体系に，漢字を

図7.2　閩南語の「个」（2008年1月に筆者が台北で撮影）

7.1 中国・台湾・香港・シンガポール 149

> Lán 自 suè-hàn tiòh 足愛步 lián 四界走。Tsc pān-phue 是我會 kap gún 牽手 thang tsiah 合 ê 要素之一。I 有 kaʹ 講過，in 大學 1 ê 老師有 kā in 教，講見若 kàu 1 lê 新所在，tiòh-ài 費 kuaʹ 心 tsiâⁿ 去認識、了解。當地人 án-tsuáⁿ 度活，生活慣勢，kap 人 tsih-tsiap án-tsuáⁿ，i 尤其愛 sèh 菜市 á。Lán 內山本性 khah 畏人，tshuì khah 土白，所致 lán khah 愛散步看光景。麻豆，lán tshím kàu ê 時，mih 項 lóng 心 sik，特別 siōng 出名 ê 文

図 7.3 『永遠 ê 故郷』所収の台湾閩南語で記された文学作品「Hu ——去 ê 故郷」の一節（2015 年）

用いるものとラテン文字を用いるものの二つの流派が併存してきた．これはデール（Dale 1980）の提唱した「複数の表記体系が同時代に一つの言語に対して用いられている」，共時的ダイグラフィアに該当する．そのなかで，比較的新しい時期に確立した表記体系として，漢字・ラテン文字を混在させた形態がある（吉川 2013：28-31）．これは日本語を漢字・仮名を交えて書くのと同じ原理であり，「阮識伊（私たちは彼を知っている）」を「阮 bat 伊」のように文字化するものである（図 7.3）．字形の新造を要しない点が長所の一つであり，漢字文化圏における表記体系の発展という見地に立つ場合，この形態のもつ意味は大きい．

7.1.3 香　　港
〈レッセフェールのなかの規範模索〉

1842 年から 1997 年までイギリス領であり，中華民国や中華人民共和国という国民国家の外にあった香港では，現在に至るまで粤語（すなわち広東語）が音声言語として社会を束ねる機能を有してきた．清朝末期以来中国大陸で展開されてきた，国家語の構築を頂点とする種々の言語改革は，香港へ直接波及したわけではなかった．また，中国や台湾で「普通話」や「國語」を掲げて行われたような，華人の音声言語の統一を推進する施策を，香港政庁は事実上行わなかった．

そのレッセフェールのなかにあって，初等教育のための字形表が，教育司署から少なくとも 2 点刊行されている．一つは 1968 年刊の『中國語文書寫字彙』であり，1851 字が列挙されている．もう一つは 1979 年刊の『中文字彙研究』であり，3084 字が列挙されている．1960 年代は香港で中産階級が形成された時期であり（吉川 2009），1965 年には義務教育の導入が政府内で議論され始めていた．そして 1971 年には小学 6 年間の，1978 年には中学 3 年間の義務教育が導入された．両書は伝統的字体についての規範の策定というよりは，漢字の難度の測定であり，小学何年でどの字を教えるかの検討が主眼であった．それでも，「兩」に「両」，「冊」に「册」を付記していることから，編集作業において俗字や異体字という観念が保持されていたことがうかがえる．

伝統的字体についての規範の策定を主眼とした字形表としては，1986 年に教育署から刊行された『常用字字形表』が知られている．編集の過程では台湾の『常用國字

標準字體表』が参照されているが，正字を定めて権威とするような意図はなく，社会に通用している異体字であれば寛容な態度をとるよう教師に呼びかけている．興味深いことに，「冊」は異体字として付記されているが，俗字「両」は表中にはみえない．教育署が1988年に発行した『小學中國語文科課程綱要（初稿）』に付されている「小學常用字表」が本書に準拠し，教育局が2007年に刊行した『香港小學學習字詞表』が本書を採録したことで，本書の掲げる字形は教育界で規範として扱われることが多くなった．

　『常用字字形表』に列挙された字形は概して台湾の「國字・標準字」と同じであるため，両者は繁体字という範疇で括られる傾向が強い．それでも，台湾が「溫」や「裡」を標準字に定めたのに対して『常用字字形表』が「温」や「裏」を掲げたような違いは，たいへん少数ではあるがみられる．また，どの漢字を用いるかに香港の独自性が現れることもある．例えば，香港社会ではふつう「部分」や「百分之一」には「分」ではなく「份」を用いる．一部の研究者・教育家から批判されている現象であるが，なぜその漢字が用いられるのかというメカニズムの解明はいまなお等閑にされている．

〈繁体字社会から繁・簡併用社会へ〉

　英領期を通じて使用された伝統的字体は，現在でも正式な字体として使用されており，中国の簡化字（香港では「簡体字」と呼ばれる）に対して，香港ではこれを「繁体字」と称する．簡化字の学習を初等教育のカリキュラムに盛り込む準備は，1997年の中国への返還前後に教育署で進められていた（吉川 1997：23）．現在では政府の印刷物には簡化字版も用意されるようになっている．この変化に歩調を合わせて進められたのが，政府のウェブサイトにおける簡化字ページの整備である．全ての媒体においてではないが，繁体字に簡化字が併存する現在のこの状態は，社会言語学でツィーマ（Zima 1974）が提起した「同一表記体系だが異なる正書法を使用」するダイオーソグラフィアに該当する．返還後わずか10年ほどで，政府や企業における簡化字使用は相当な浸透をみせた．だが，簡化字の使用についての市民の感情はさまざまなようだ．

　なお，私信など個人が発信者となる非公式な手書きの媒体では，筆画を省略した字形を混ぜて文章を書くという現象が，1990年代にはすでにある程度みられたことを付言しておきたい（実際にはより早くから存在したと思われる）．ただし，その字形は往々にして中国が正字とする簡化字とは符合しないものであった．

〈音声言語の表記の発展〉

　以上に述べたことは，古典中国語や規範的な現代中国語についての話である．これとは別に，コンピュータの普及以前，香港では現地の音声言語である粤語を文字化す

ることが新聞記事，広告，漫画，芝居の脚本などで徐々に実践されつつあった．台詞だけでなく長文の叙述を文字化することも，1980年代後半には実現している（吉川 1999：73-74）．台湾における閩南語の場合と似て，香港の音声言語である粵語を書き表すことは，既存の漢字体系のみでは実現できない．表記手段としての力を与えたのは，「嘢」「嘥」「嗰」「冇」「嘅」といった新造字の使用に代表される，独特な文字使用であった．

ところが，新造字は前述の規範字形の策定では対象とされていない．粤語に特有な字形であるため，國語を書き表すための『常用國字標準字體表』にも概して含まれていない．そのため，台湾で1984年に制定された伝統的字体の文字コードである Big5（大五碼）に登録されることもなかった．同じ「繁体字」圏という理由で香港では Big5 が使用されたが，粵語を書き表すための新造字以外にも，社会に浸透している俗字や異体字など，香港に特有な字形は少なくなかった．そこで，香港政庁は拡張セットの制作に着手し，返還後の1999年に香港政府が『香港増補字符集』として制定した．これにより，IT用語で「香港字」と総称される香港に特有な字形の，コンピュータ・ネットワークにおける規格化が進んだ．『香港増補字符集』に収録された4702の文字・記号には，新造字だけでなく「鯽魚涌」，「深水埗」，「赤鱲角」といった香港の地名に不可欠な字も含まれている．社会の慣習として受け継がれてきた字を，ネットワークで使用可能にすることは，返還をまたぐ1990年代の香港にとって急務であった．その後，『香港増補字符集』は2008年までに数度の改訂を経ている．

図7.4 粤語の広告（2015年3月に筆者が香港で撮影）

1990年代以降各種文字媒体に粵語が現れる機会は増えたが，それも新造字や俗字，異体字がコンピュータで難なく使えるようになったことが一因とみられる．例えば，図7.4では「唯」と「嘢」が『香港増補字符集』に収録されている（「咪」は粵語に特有な字形ではない）．そして，独特な字形がコンピュータ・ネットワーク上で自由に使用できることは，個人が情報発信源となりうるというインターネットの特性と相俟って，書記言語としての粤語の価値を飛躍的に高めた．

独特な字形の使用と並行して，現在香港のウェブサイトにみられる粵語の文字化は，既存の漢字に「o」や「0」といった補助記号を付した拡張的な文字体系，さらにはそれにラテン文字や記号を混在させた表記体系で実現していることも多い（吉川 2013：28-31）．アスペクト助詞「咗」を漢字「左」に補助記号としての「o」を付して表記した「食o左喇．（食べました．）」や，語気助詞「呀」をラテン文字で表記し

表7.2　ウェブサイトにおける香港粤語の機能語の表記

語義（品詞）	音価	本字（字源）	辞書形式	ウェブサイトにおける表記		
				漢字（単体）	漢字（補助記号付き）	ラテン文字（単体）
あれ（代名詞）	[kɔː˧]	個	嗰	個[Y'（注）] 果[Y] 嗰[X]	o個，0個，口個 o果，0果	gor
何（代名詞）	[mɐt˥]	物？	乜	乜[Y]	—	mut
～た（アスペクト助詞）	[tʃɔː˧]	不明	咗	左[Y] 阻[Y] 咗[X]	o左，0左，口左 o阻	jor
～ている（アスペクト助詞）	[tʃy:˨]	住	住	住	o住	—

本字（字源）と異なる字形については，「漢字（単体）」の欄に，X（新造字），Y（同音字），Y'（不完全な同音字）を付した.
（注）「嗰」の本字は「個」であるが，「個」は「嗰」と声調が異なるため「不完全な同音字」による代替と見なし，Y'を付す.

た「邊隻好ar？（どれがいいの？）」はその典型的な例である. 表7.2に掲げたように，新造字と同音字を主とし，ラテン文字や記号も援用した文字化が，機能語などに実現している. 台湾の閩南語とは異なるこの表記体系もまた，漢字文化圏における表記体系の発展の一可能性を示すものといえよう.

7.1.4　シンガポール

〈「華語」の漢字表記〉

　シンガポール建国時点での言語ごとの話者数を示すデータはないが，1970年のセンサスでは漢語派諸言語を母語とする人口は閩南語66万6944人，潮州語35万2971人，粤語26万8548人，海南語11万5460人，客家語11万746人となっている. これらがマレー語26万8175人やタミル語9万6190人，ジャワ語2万4133人などとともに独特な多言語社会を構成していた（Arumainathan 1973：256）. 華人の間でリンガフランカとして機能していたのは閩南語や粤語である. この状況を一変させ，現在の言語状況を作り上げたのが，労働市場の拡大と都市開発による，言語ごとの小地域社会の崩壊（太田 1994：105-107），そして1978年に始まる華語運動（Speak Mandarin Campaign）である. 「多讲华语，少讲方言（もっと華語を話し，方言は控えよう）」というスローガンに象徴されるこの言語政策の結果，「吃饭先」のように副詞「先」を文末に置き[*4]，Iced Kacang（小豆シェイク）のように英語やマレー語に

---

*4　これは現代中国語の規範に照らすと非文になる.

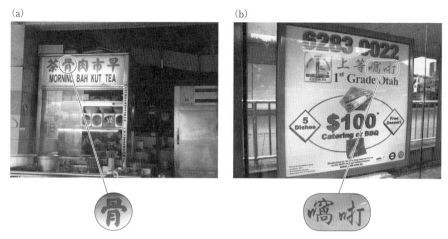

図7.5 シンガポールの看板と広告（2008年6月に筆者がシンガポールで撮影）

由来する語形を取り込んだ「華語」——厳密にはシンガポール式中国語——がシンガポール華人の新たな母語となった．そして早くも1990年ころには，在来種たる漢語派諸言語は小学1年生にとっては家庭内言語ですらなくなろうとしていた（交通及新聞部 1989：付表C）．

実は，華人の中産階級ではすでに1970年代には華語への言語シフトが起きつつあった（太田 1994：104-105）．そして，文字と発音について中国の規格が導入されたのもこの時期であった．シンガポールの教育省が簡化字と漢語拼音を採用したのは華語運動開始以前の1973年のことである（Ang 1998：341）．それ以来，政府の発信する媒体では漢字は簡化字で記されてきた．いまなお街頭の風景に繁体字を見ることこそ珍しくないとは言え，社会は確かに簡化字が前景で繁体字が後景をなすダイオーソグラフィアの末期状態にある．ところが，そこに「骨」の如き台湾や香港の「骨」とも中国の「骨」とも異なる字形（図7.5a）や，「嚜吔」の如き新造字（図7.5b）が時折現れるのが，シンガポールの漢字使用の特徴であるといえる．

〈地名にみる往時の多言語状況〉

華語への言語シフトが急速に進行したとはいえ，まだ地名に往時の多言語状況を偲ぶことは可能である．大通りを「惹兰（惹蘭）」と書くことがあるが，これはマレー語のjalan（通り）を閩南語音に従って漢字化したものである．閩南語音に従ってマレー語や英語から漢字化された地名は多い．マレー語のteluk（入り江）と同語である Telok の漢字表記が「直落（直落）」[tit˦ lɔk˥]，英語 Orchard の漢字表記が「乌节（烏節）」[ɔ˧ tsat˦] となっているのもそれである．逆に，閩南語音に従って漢字

がラテン文字化された地名も少なくない. 英領時代の慈善家として有名な章芳林の名をとった Hong Lim, 東部の丘という意味の「东陵（東陵）」Tanglin などである.

シンガポール島中部に位置する Ang Mo Kio は, 本来の漢字表記は閩南語で［aŋ」mɔ」kio˧］と発音される「紅毛橋」であり, 現在の「宏茂桥」（宏茂橋）は閩南語の同音字によって書き換えられたものである.「紅毛」は往時西洋人を指す語であった. また, かつてブギス族が住んでいたことに由来する Bugis Street は「武吉士街」と書かれるが, この「武吉士」は潮州語音［bu˥ kik」sɿ˥］, もしくは客家語音［vu˩ kit˩ sɿ˥］に従って漢字化された可能性がある. ブギスは 19 世紀最大のシノロジストであるレッグ（James Legge）が 1841 年にマラッカで刊行した対訳文例集『Lexilogus』にすでにみえており, そこでは漢字は「嘸呪」が当てられている.

[吉川雅之]

7.2 韓国・北朝鮮

本節では, 朝鮮半島への漢字・漢文の伝来と受容, 訓民正音, 韓国・北朝鮮の漢字・漢字語・漢字教育の現状などについて, その概略を述べる. ここで紹介するのは諸先学の研究の成果であり, 筆者独自の見解ではない. 詳細は巻末に掲げた参考文献を参照されたい. なお, 現在韓国・北朝鮮の位置する朝鮮半島の地域名として「朝鮮」, そこで使われる言語の名称として「朝鮮語」を用いることにする.

7.2.1 借字表記

朝鮮半島に漢字・漢文が伝来したのは, 紀元前のことと思われる. 漢字・漢文は中国語を表記するために作られた文字・文章である. 一方, 朝鮮語は日本語に似た言語で, 中国語とは大きく異なる. 特に助詞や語尾によって多様な表現をする点が最大の違いである. このような文法要素を表記するために, 朝鮮の人々は苦心した.

漢字を用いて朝鮮語を書き表す方法を借字表記と呼び, 借字は次のように分類される.

- 読字：漢字の表音性と表意性を利用した借字
   音読字：漢字を音読みした読字
   訓読字：漢字を訓読みした読字
- 仮字：漢字の表音性のみを利用した借字
   音仮字：漢字を音読みした仮字
   訓仮字：漢字を訓読みした仮字

まず,「読字」とは漢字の表音性と表意性を利用した借字で,「仮字」とは漢字の表音性のみを利用した借字である. 第一の「音読字」とは漢字を音読みした読字で, 例

えば「冬瓜」「茄子」と書いて「동과」「가자 (가지)」と読む．第二の「訓読字」とは漢字を訓読みした読字で，例えば「角」「鶏」と書いて「쓸 (뿔)」「돍 (닭)」と読む．第三の「音仮字」とは漢字を音読みした仮字で，例えば「阿次加伊」，「屈召介」と書いて「아즈가리 (아주까리)」(唐胡麻)，「굴조개」(牡蠣) と読む場合である．第四の「訓仮字」とは漢字を訓読みした仮字で，例えば「置等今只」と書いて「두드러기」(蕁麻疹) と読む場合の「置 (두)」や「等 (들/ㄷ)」である．

借字表記資料は一般的に次のように分類される．

- 単語表記
    - 固有名詞表記：人名・地名などの表記
    - 普通名詞表記：物名などの表記
- 文章表記
    - 口訣：漢文の途中に朝鮮語の文法要素を入れたもの
    - 吏読：漢文と朝鮮語文を混用したもの
    - 郷札：純粋な朝鮮語の表記を目指したもの

〈単語表記〉

漢字を用いて朝鮮語を書き表す努力は，まず単語レベルから始まった．単語表記は，人名・地名などの固有名詞表記と物名などの普通名詞表記に分けられる．

『三国史記』(金富軾編，1145 年) や『三国遺事』(一然編，1280 年ころ) には朝鮮の人名や地名などが多く記録されている．そのなかには訳音表記（音読みの表記）と訳意表記（訓読みの表記）が併記されたものがあり，古代語を研究する貴重な資料となっている．新羅の初代王・赫居世王（紀元前 69～紀元後 4 年，在位紀元前 57～紀元後 4 年）は弗矩内王とも書かれる．現在の水原市にあった古地名として，水城と買忽の二つの表記が残っている．弗矩内・買忽は音読み，赫居世・水城は訓読み（一部音読み）で，同じ読みかたになる．

かつてはこのように朝鮮でも訓読みが広く用いられていた．しかし，中国文化の影響が大きくなるにつれて，しだいに訓読みより音読みを好むようになり，人名や地名なども本来の名称を忘れて中国式になってしまった．象徴的な出来事として，新羅の第 35 代王・景徳王（？～765 年，在位 742～765 年）が 757 年に行政地名を固有語から漢語に変更したことがあげられる．

借字表記で記された朝鮮語の単語の中には，固有名詞だけではなく，普通名詞もある．宋の書状官が高麗を訪れて編纂した見聞録・語彙集『鶏林類事』(孫穆編，1100 年代) には，当時の朝鮮語が漢字で記録されている．例えば，天のことを漢捺というと書いてある．中期朝鮮語の하ᄂᆞᆯ/하ᄂᆞᆶや現代朝鮮語の하늘につながる語であったと推定される．また，『郷薬救急方』(1236 年) などに郷薬（朝鮮の薬種）の名前が残

されている．例えば，ドングリのことを猪矣栗と書いてある．訓読みと音読みを活用すると돝의밤となり，現代語도토리に対応する古語도토밤に近い．

〈文章表記〉

漢字によって朝鮮語を書き表そうという努力は，単語レベルにとどまらず文章レベルにも及んだ．

(1) 口　訣

口訣（구결：クギョル）とは朝鮮の固有語입겿（イプキョッ）を漢字で書き表したもので，二つの意味で用いられる．一つは，「吐（토：ト）」，つまり漢文の語句と語句の間に入れた朝鮮語の文法要素という意味である．もう一つは，「漢文＋吐」，つまり漢文の語句と語句の間に朝鮮語の文法要素を入れた文章という意味である．文章の途中に挿入した吐を除くと完全な漢文になる．

口訣は次のように分類することができる．

- 点吐口訣：漢字の四辺に点や線で吐を記したもの
  訓読口訣：朝鮮語の語順で読む口訣
  音読口訣：漢文の語順で読む口訣
- 字吐口訣：漢字（略体字）で吐を記したもの
  訓読口訣：朝鮮語の語順で読む口訣
  音読口訣：漢文の語順で読む口訣

点吐口訣または符号口訣は，漢字の四辺に点や線で吐を記したものである．日本語の訓点（ヲコト点）のようなものといえる．角筆で吐を記した角筆資料の発見には，広島大学の小林芳規名誉教授をはじめとする日本の学者たちの協力があった．

字吐口訣または文字口訣は，漢字（略体字）で吐を記したものである．吐表記には口訣字という朝鮮独自の略体字が用いられる．これらは本来の漢字とは異なるが，伝統的に借字に含めて考える．日本の片仮名に似た字も多い．朝鮮の口訣字が日本の片仮名の生成過程に影響を与えた可能性も論じられている．

点吐口訣にも字吐口訣にも，それぞれ，訓読口訣と音読口訣がある．訓読口訣は釈読口訣・逆読口訣ともいい，漢文訓読，すなわち漢文を朝鮮語に読み下す方法を吐によって表したものである．漢文が流入した当初は，おそらく訓読をしていたと考えられる．漢文読解力の向上とともに衰退していったが，朝鮮時代後半まで部分的に残っていた．音読口訣は順読口訣・直読口訣ともいい，漢文の語順のまま音読し，切れ目に朝鮮語の助詞や語尾を挿入したものである．これは釈読口訣と漢文の直読が融合して発達したものであり，漢文学習の蓄積を前提とする．12〜13世紀ごろから本格的に使われはじめた．

訓読字吐口訣の例として，12世紀なかばに書かれたと推定される『旧訳仁王経』

の冒頭部をあげておく.

　　信行乚 具足ソ二か 復ソ乁 有セナか 五道セ 一切 衆生刂 （口訣文）

　　信行乚 具足ソ二か 復ソ乁 五道セ 一切 衆生刂 有セナか （読み下し文）

　　신행을 구족하시며 또한 오도의 일체 중생이 있으며 （現代朝鮮語）

　　信行ヲ 具足シタマヒテ マタ 五道ノ 一切衆生ガ 有リ （日本語）

　上の文に使われた口訣字は，「乚（乙）」「ソ（爲）」「二（示）」「か（彌）」「乁（隱）」「セ
（叱）」「刂（是）」「ナ（在）」のように，それぞれ括弧内の漢字の略体字と推定されて
いる.

　（2）　吏　読

　吏読（이두：イドゥ／리두：リドゥ）には，吏道・吏吐・吏刀・吏頭・吏套・吏書・
吏文・吏語・吏札・里読などの異称もある. 漢文と朝鮮語文を混用した表記法で，吐
を除いても完全な漢文にはならない.

　行政文書など実用的な散文を書き表すために用いられ，4～5世紀から19世紀末ま
で千数百年にわたって使われ続けた. 最も代表的な朝鮮語の表記といえる.

　三国時代（4世紀初め～7世紀なかば）には，助詞や語尾を挿入せず，朝鮮語の語
順で読字を並べただけであった. 552年または612年に作られたと思われる壬申誓記
石の冒頭部を見てみよう.

　　壬申年 六月十六日 二人幷誓記 天前誓 （吏読文）

　　임신년 6월 16일에 두 사람이 함께 서약하여 기록한다. 하늘 앞에 맹세한다. （現代朝鮮
　　　語）

　　壬申年 6月16日，二人がともに誓って記す. 天の前に誓う. （日本語）

　漢文の語順では「前天」となるところを朝鮮語の語順で「天前」と書いてある.

　統一新羅時代（7世紀後半～10世紀前半）には，朝鮮語の語順で読字を並べ，助
詞や語尾などを表す吐を挿入した. そして，高麗時代（10世紀初め～14世紀末）には，
吐表記がさらに精密になる. しかし，高麗時代後期に入ると，漢字語が多用され，だ
んだん漢文に近づく. さらに，朝鮮時代（14世紀末～19世紀末）の後期になると，
漢文の中に形式化された用語を混用した特殊な文語となっていく. 1395年に編纂さ
れたと推定される『大明律直解』を見てみよう.

　　凡男女定婚之初良中 萬一 殘疾・老弱 及 妾妻子息・收養子息 等乙 兩邊戈只 仔細
　　　相知疾爲良只 各從所願以 婚書相送 （吏読文）

　　무릇 남녀가 정혼하려 할 처음에 만일 질병이 있는지 늙어서 쇠약한지 첩의 자식인지 수양
　　　자식인지 등을 양쪽／량쪽 집안끼리 자세히 서로 알아야 하겠기에 각각 알고자 하는 바
　　　를 적어서 서로 혼서를 보내어 （現代朝鮮語）

　　そもそも男女が婚約しようとする場合，最初に，疾病があるか，老いて弱ってい
　　　るか，妾の子か，養子かなどを，両家が互いに詳しく知らなければならないた

め，それぞれの知りたいことを書いて互いに婚書を送り，（日本語）

上の文のなかで，「良中」（〜に），「等乙」（などを），「戈只」（〜が），「爲良只」（〜ので），「以」（〜で）などが，吏読独特の吐表記である．

吏読は長きにわたって使われた借字表記であり，独特の読みかたがあるが，なかには起源の不明なものもある．例えば，「喩（디）」「上（자）」「冬（돌）」などは，なぜそう読むのかわからない．

（3）郷　札

朝鮮固有の詩歌の形式に郷歌（향가：ヒャンガ）というものがある．郷歌は，統一新羅時代から高麗時代初期にかけて，民間で広く歌われた．しかし，現存する資料はごくわずかしかない．

郷札（향찰：ヒャンチャル）とは郷歌（韻文）を書き表すために用いられた表記法で，純粋な朝鮮語の表記を目指したものといえる．漢文としては意味をなさない．

『三国遺事』に掲載された薯童謠を見てみよう．薯童は百済の第10代王・武王（？〜641年，在位600〜641年）の幼名といわれている．

善花公主主隱 他密只 嫁良 置古 薯童房乙 夜矣 卯乙 抱遣 去如（郷歌）
선화공주님은 남몰래 짝지어 두고 서동방을 밤에 몰래 안고 간다（現代朝鮮語）
善花姫は 人知れず嫁ぎ 薯童の部屋に こっそり夜這いする（日本語）

郷札の表記法は非常に複雑で，郷歌の解釈も定説がない．この歌についてもさまざまな説が提起されており，上の解釈もその一つにすぎない．とりあえずこのように考えると，「主隱（님은）」（様は），「他密只（남몰래）」（人知れず），「嫁良 置古（짝지어 두고）」（嫁いでおいて）のように，漢字の音読みと訓読みを駆使して朝鮮語を書き表そうという努力の跡がみえる．

7.2.2　訓民正音

「訓民正音（훈민정음：フンミンジョンウム）」という語は，二つの意味をもつ．一つは文字の名称で，もう一つはその文字についての解説書の名称である．本項では，前者を訓民正音，後者を『訓民正音』と書いて区別することにする．訓民正音については野間（2010），『訓民正音』については趙（2010）などが参考になる．

朝鮮王朝の第4代王・世宗（1397〜1450年，在位1418〜1450年）は，旧暦1443年12月末（新暦1444年1月）に訓民正音を完成し，その後，集賢殿（研究機関）の学者らとともに研究を重ねて旧暦1446年9月上旬（新暦1446年10月上旬）に『訓民正音』を完成させた．

訓民正音の創製過程に関してはいまだに謎が多い．特に，世宗が一人で創製したという説と世宗が臣下らと協同で創製したという説が拮抗していたが，現時点では世宗が一人で（あるいは王子や王女の協力を得て）創製したと考えるのが一般的になって

7.2 韓国・北朝鮮

表 7.3 訓民正音の初声字母

形成原理	字母				
基本字母	ㄱ [k/g]	ㄴ [n]	ㅁ [m]	ㅅ [s/ʃ]	ㅇ [無]
加画字母	ㅋ [kʰ]	ㄷ [t/d]	ㅂ [p/b]	ㅈ [ʧ/ʤ]	ㆆ [ʔ]
		ㅌ [tʰ]	ㅍ [pʰ]	ㅊ [ʧʰ]	ㅎ [h/ç/x]
異体字母	ㆁ [ŋ]	ㄹ [ɾ/l]		△ [z]	

表 7.4 訓民正音の中声字母

形成原理	字母		
基本字母	﹡ [ɐ/ʌ]	ㅡ [ɯ]	ㅣ [i]
初出字母	ㅗ [o]	ㅜ [u]	ㅏ [a] ㅓ [ɔ]
再出字母	ㅛ [jo]	ㅠ [ju]	ㅑ [ja] ㅕ [jɔ]

いる．新しい文字が一通り完成した後，世宗の思いに同意する優秀な学者らと一緒に理論的な補強をして，新文字の解説書を出すに至った．

『訓民正音』にはいくつかの異本がある．まず，漢文のみで解説された「漢文本」で，これには２種類がある．一つは単行本として刊行されたもので，「原本」または「解例本」と呼ばれる．単に『訓民正音』といえば，これを指す．大きく「例義篇」と「解例篇」に分かれており，「例義篇」には，世宗による序文（新文字創製の目的と趣旨），字母の音価と文字の運用法，「解例篇」には五つの解（制字解・初声解・中声解・終声解・合字解）と一つの例（用字例），鄭麟趾序文（解例部分の序文）が含まれる．もう一つは『世宗実録』に掲載されたもので，「実録本」と呼ばれる．これには「例義篇」の部分のみ載っている．次に，訓民正音による朝鮮語文で解説された「諺解本」がある．「国訳本」「例義本」「『月印釈譜』巻頭本」とも呼ばれる．「例義篇」の部分のみ漢文と朝鮮語翻訳文が掲載されているが，「原本」とはすこし異なる点もある．

訓民正音にはさまざまな異称がある．まず，訓民正音を縮めて正音（정음：チョンウム）という．あるいは正音という名称が先だった可能性もある．また，当初から諺文（언문：オンムン）・諺字（언자：オンチャ）・諺書（언서：オンソ）とも呼ばれた．漢字の字音を表す反切の代わりに訓民正音が用いられたことから，反切（반절：パンジョル）とも呼ばれた．近代に入って西洋列強がアジア諸国を植民地化し始めると，漢字漢文に対する無用論が台頭する．そのような動きのなかで，訓民正音を国文（국문：クンムン），つまり自国の文字と呼ぶようになる．しかし，それも束の間，1910 年，日本によって併合されてしまう．それにしたがって，国文といえば日本の文字や文章を指すことになった．そのため，1920 年代なかば，大韓帝国の文字という意味で韓文と書き，音訓を交えて한글（ハングル）と読むことにした．後世になってさまざま

図7.6 訓民正音の字母の組み合わせ

な解釈が加えられ，いまでは偉大な文字・正しい文字・一つの文字などの意味を担うようになった．しかし，北朝鮮ではこの名称をよしとせず，朝鮮文（조선글：チョソングル）または訓民正音と呼ぶ．

さて，訓民正音とはいかなる文字なのか．訓民正音は初声字母・中声字母・終声字母と傍点から成る．

初声字母とは音節の初めに来る子音を表す字母のことで，象形の原理と加画の原理によって形成された（表7.3）．

初声字母は五行説によって理論づけされている．初声は牙音・舌音・唇音・歯音・喉音に分けられ，それぞれが木・火・土・金・水に対応する．牙音の基本字母ㄱは舌根が喉をふさぐ形，舌音の基本字母ㄴは舌先が上歯茎に付く形，唇音の基本字母ㅁは口の形，歯音の基本字母ㅅは歯の形，喉音の基本字母ㅇは喉の形をかたどったとされる．そして，発音が強くなるのに応じて線を書き加えた．ただし，ㆁ・ㄹ・ㅿなどはその類ではない．牙音系鼻音字母ㆁが牙音の基本字母ㄱではなく喉音の基本字母ㅇの系列に属する形になっているという問題点については，現代の学者もつとに指摘するが，当時の学者たちも気がついており，中国の韻書において疑母と喩母の混同がみられることを理由としてあげている．ちなみに，現在，ㆁ・ㅿ・ㆆは使われない．

中声字母とは音節の中核をなす母音や半母音＋母音を表す字母のことで，象形の原理と合成の原理によって形成された（表7.4）．

中声字母は陰陽説によって理論づけされている．基本字母は天（ㆍ）・地（一）・人（丨）をかたどったもので，それぞれ陽性・陰性・中性である．まず天（ㆍ）と地（一）または人（丨）を一つずつ組み合わせてㅗ・ㅜ・ㅏ・ㅓを作り，天（ㆍ）を二つと地（一）または人（丨）を一つ組み合わせてㅛ・ㅠ・ㅑ・ㅕを作った．天（ㆍ）が地（一）の上か人（丨）の右に位置するㅗ・ㅏ・ㅛ・ㅑは陽性，天（ㆍ）が地（一）の下か人（丨）の左に位置するㅜ・ㅓ・ㅠ・ㅕは陰性である．ちなみに，現在，基本字母のㆍは使わない．

終声字母とは音節の終わりに来る子音を表す字母のことであるが，新たな字母を作らず，初声字母と同じ字母を用いることにした．

初声・中声・終声はそれぞれ現代言語学の音素に相当するが，訓民正音ではこれら

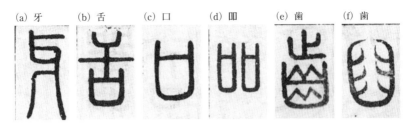

図 7.7 『説文解字』の字形

の字母を別々に書くのではなく,音節単位に組み合わせて書く方式を採用した.やや単純化して示すと,組み合わせには図 7.6 に示す 4 通りがある.

なお,現在の表記法は必ずしも発音どおりではなく同じ形態素の表記を一定に保つように工夫されている.そのため,組み合わせた文字の単位は音節と形態素の中間程度の単位となる.音節や形態素と一致する場合もある.

訓民正音が創製された当初は,上のような初声字母・中声字母・終声字母の組み合わせの左側に,声調を表す傍点が加えられた.平声の場合は無点,去声の場合は点を一つ(・),上声の場合は点を二つ(：)書き加えた.中期朝鮮語ではすでに入声は区別されなくなっていた.『訓民正音』解例本では,固有語にのみ声調を示し,漢字語には声調を示さなかった.また,15〜16 世紀の文献には傍点がつけられていたが,17 世紀にはつけられなくなった.

訓民正音は漢字とまったく無関係に作られた文字と思われるかもしれないが,決してそうではない.中国の文字学と音韻学,朝鮮における借字表記の伝統などを踏まえて生み出された文字である.

第一に,字母のなかには,漢字の字形に影響を受けたものがある.『説文解字』に掲げられた字形と比べてみよう(図 7.7).牙音の基本字母ㄱは「牙」の右上部,舌音の基本字母ㄴは「舌」の上部,唇音の基本字母ㅁと加画字母ㅂは「口」,歯音の基本字母ㅅは「歯」の下部に似ている.ㅃ [$^{?}$p] のような各自並書もおそらく漢字から着想を得たに違いない.舌音の異体字母ㄹも,借字表記で用いていた「乙」に近づけたのではないか.ただし,似ているのは形だけで,字音や字義は共通していない.

第二に,組み書きの手法も漢字の構成に似ている.先に掲げた 4 通りの組み書きの形は,それぞれ「音」「奴」「意」「怒」などに似ている.もちろん,漢字の各部が音素に対応するわけではないので,その点は大きく異なる.

訓民正音の字形は漢字の篆書に似ていると当初からいわれていた.訓民正音を創製する際に漢字の造字と運用の原理である六書法を参考にしたという説と完成した形が結果的に篆書のようになったという説がある.

第三に,音素単位の字母を組み合わせて音節単位で書くようにしたのは,漢字と混

用する際の見栄えを考慮したためであった．例えば，漢字「訓民正音」の字音を訓民正音で書くと同じく4文字で「훈민졍음」（現在の表記で「훈민정음」）となり，「ㅎㅜㄴㅁㅣㄴㅈㅓㅇㅎㅡㅁ」（現在の表記で「ㅎㅜㄴㅁㅣㄴㅈㅓㅇ（ㅇ）ㅡㅁ」）のように字母ごとに並べて書くより，混用したときに違和感がない．

　また，上述したとおり，訓民正音は漢字音を表示する発音記号として利用され，漢字・漢文の学習のために活用された．

　『訓民正音』諺解本序文の文字数は108字，それに対応する漢文は54字である．この事実を仏教の教理と関連づける説や『説文解字』の部首の数が540であることと関連づける説などがある．

7.2.3　韓国・北朝鮮の漢字・漢字語

　韓国・北朝鮮の漢字・漢字語の現状についてもみておきたい．

　韓国でも北朝鮮でも，日常の言語生活は，基本的に訓民正音のみで営んでいる．新聞や一般向けの書籍にはほとんど漢字が現れない．だが，語学の専門書などでは必要に応じて漢字を併記している．

　表記においては漢字を常用しないけれども，言語使用においては漢字語の比率は高い．韓国の統計をみてみよう．国語辞典の漢字語の比率をみると，低いもので約50％，高いものは約70％に上る．分野別の漢字語の使用率をみると，台本は低く約25％だが，新聞は約60％となっている．北朝鮮の実情も同様と思われる．

　また，漢字を常用しないとはいえ，漢字の教育・学習が行われていないわけではない．韓国では中等学校教育用漢字1800字が定められているが，ハングル専用論と国漢混用論，漢字教育無用論と漢字教育必須論が激しく対立しており，漢字教育も彷徨を続けている．一方，北朝鮮では小学5年生から7年間で約3000の漢字を教えている．その間に，漢字の音訓のみならず，部首，六書，字源まで，徹底した教育を行っており，漢文教育用の国漢混用読本教材もある．

　すでにみたように，朝鮮でも日本と同様，漢字を訓読みしたり音読みしたりしていた．しかし，中国文化の影響が強まるにつれて，しだいに訓読みの伝統は失われ，音読みが主流となった．とはいえ，まったく訓読みをしなくなったわけではなく，いまでもまれに用いられる．吉本（2016）では，韓国の言語景観のなかに現れる漢字の諸相を紹介し，意外に訓読みもなされていることを論じた．

　漢字だけで書かれた場合，音読みをするのが一般的である．中期朝鮮語の漢字音については伊藤（2007），現代の韓国・北朝鮮の漢字音については菅野（2004）が参考になる．韓国と北朝鮮の漢字音において最も大きく異なる点は，頭音法則の適用である．頭音法則とはㄹ［r］やㄴ［n］が語頭に使われることへの制約のことで，朝鮮語の特徴の一つである．韓国ではその特徴を維持している（ただし語頭以外でも制約が

みられる）のに対し，北朝鮮では人為的に制約を撤廃した.

　韓国・北朝鮮における漢字・漢字語や漢字教育が今後どうなっていくのか，研究を続けていきたい.　　　　　　　　　　　　　　　　　　　　　　　[吉本 一]

7.3　ベトナム

7.3.1　ベトナム漢字音

　ベトナム社会主義共和国（以下，ベトナム）の歴史を遡ると，1975年ベトナム戦争（抗米戦争）終結に伴い，それまで南北に分断されていたベトナム民主共和国（北ベトナム）とベトナム共和国（南ベトナム）が統一されていまの姿となった．1945年から始まる第一次インドシナ戦争（抗仏戦争）が終結するきっかけとなった1954年ジュネーブ会議で南北に分断された状態が再統一された姿ともいえる．さらに，フランス領インドシナ時代（1887〜1954）以前には，中部の古都フエに都を置く統一王朝阮朝（1802〜1945）が存在した．その前の黎朝時代（1428〜1789）末期は，やはり北部の鄭氏と南の阮氏という2大勢力が争う南北朝時代（1532〜1789）であった．このように歴史上南北の対立を何度か経験したベトナムが現在のように南北に細長い領土を獲得するに至ったのは，実は15世紀から始まる南方への領土拡張（南進と呼ぶ）の結果である．それ以前は紅河デルタを中心とする北部地域のみがその故地であった．元来ベトナム民族（越族，または京族）が分布していた北部紅河デルタ一帯は，ベトナムの正史『大越史記全書』によると約1000年にわたる長い中国支配の時期を経て10世紀に独立したとされている．10世紀以降独立国家を建設する過程で，ベトナム（かつて大瞿越，大越と称した）は中国的統治機構と官吏登用制度を採用したため，そこでは漢語・漢文が主な書記言語であった.

　ベトナムで作成される公式文書は基本的に中国風の漢文であり，言語の類型上日本語より中国語に近いベトナム語の話者が作成する漢文は，正統漢文に限りなく近いものであった．日本と決定的に異なる点は，漢文を読み上げる際，日本には「訓読」という訳読方式があったが，ベトナムでは全文が「音読み」で読み上げられたという点である．官吏および官吏を目指す書生（「科挙」受験者）は，誰しも漢文を音読みで読み上げその文意を理解することができたという点は，われわれ日本人にとって驚異的である．極端ないいかたをすれば「子曰く，学びて時に之を習う」とは読まず「シ・エツ，ガク・ジ・ジ・シュウ・シ（子曰，学而時習之）」と読んでその意味を理解するようなものである．漢文を読み上げる際に用いられたベトナム式の音読みを「ベトナム漢字音」（漢越音）と呼ぶ．ちなみに上記『論語』の一節をベトナム漢字音で読むと「Tử viết, học nhi thời tập chi（子曰，学而時習之）」となる．中国で作成された漢詩等の文学作品を読み上げる際にも当然のことながらこのベトナム漢字音が用

いられ，それに通ずることは知識人にとって当然の嗜みであったといっても過言ではない．

　漢字とその漢字音を習得する際，ベトナム独自のさまざまな方法が編み出された．そのなかの一つに，ベトナム特有の詩の形式「六八体」（6音節と8音節を交互に配列）のリズムに漢字音とその意味にあたるベトナム語彙を交互に乗せて覚えるという方法があった．『字学解義歌』等の書にその名残をみることができる（陳 1971）．

天	[坒]	地	[坮]	位	[𤼭]		
Thiên	trời	địa	đất	vị	ngôi		
覆	[𩄲]	載	[迬]	流	[潘]	満	[搭]
Phúc	che	tải	chở	luru	<u>trôi</u>	mãn	<u>đầy</u>
高	[髙]	博	[𢌗]	厚	[𡢩]		
Cao	cao	bác	rộng	hậu	<u>dày</u>		
晨	[𣈙]	暮	[暭]	轉	[搓]	移	[移]
Thần	mai	mộ	tối	chuyển	<u>xây</u>	di	<u>dời</u>

　　上段：角括弧内は直前の漢字に相当するベトナム語を字喃で示したもの

　　下段：漢字・字喃のローマ字表記，下線部は押韻箇所

　ところで，ベトナム漢字音の母体となった中国語の時代と方言は，唐代末期の首都長安の方言という意見が一般的である[*5]．唐代の詩において，平仄・押韻の規則は命であり，それが豊富な音節構造を有する声調言語特有のリズムを最大限に活かした詩を生み出す．現代中国語（標準語）は唐代からの変化が激しく，本来のリズムを味わうことが難しい箇所がしばしばあるが，ベトナム漢字音の場合，平仄の区別だけでなく[*6]，入声に特徴的な音節末の閉鎖音（-p, -t, -k）を保持することから，唐詩本来のリズムを忠実に再現することができる．

　後述の「字喃_{チュノム}」で記された古い時代のベトナム語を分析すると，その時代のベトナム漢字音がわかる場合がある．例えば，現代ベトナム語 *rắn* /zạn⁵/「蛇」を表す15世紀の字喃が「散」（漢字音は *tán* /taːn⁵/），ベトナム語に s＞ʐ の変化が起こったことが知られており，かつ現代のベトナム漢字音とももととなった中国語の復元音から「散」の子音に s＞t という変化が起こったことがわかる．そこから，15世紀の「散」のベトナム漢字音を /*saːn⁵/ と復元することができる．

[*5]　他に北宋の開封方言説（藤堂 1971），中国南部に分布する「平話」と呼ばれる方言が起源とする説（李 2000），海南島の文昌方言を起源とする説（橋本 1960）などさまざまあるが，その発音を体系的に比較すると唐末長安音系が最もよく合致する（三根谷 1972）．平話・文昌方言説は一部の音声特徴の類似（入破音 [ɓ, ɗ] 等）に基づくものであり，字音体系の母体と考えるにはさらに検討が必要である．

[*6]　唐代漢語の平声に対し，ベトナム語の ngang, huyền 調，仄声のうち上声に hỏi, ngã 調，去・入声に sắc, nặng 調が対応する．

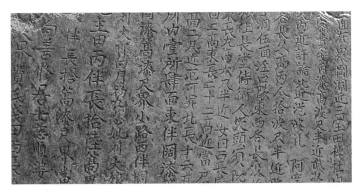

図 7.8　ノン・ヌオック山碑文

7.3.2　字喃

　漢字とその読みかたがベトナムで定着すると，他の漢字文化圏諸民族と同様，ベトナムでも漢字を利用して民族言語を表記しようとする試みがみられた．一つは，地方に伝わる文書や碑文のなかで，本来漢字で表記できない地名や人名を近似音の漢字で表そうとした場合，もう一つは，仏教経典の内容を漢字を解さない人々に説くために，ベトナム語訳を漢文で書かれた本文の傍らに記し説教に用いた場合等である．このような漢字の利用が字喃の初期的形態である．後者は前者に比べて字喃の出現率は格段に高くなるが，いずれの場合も漢字あるいは漢文に従属する文字という位置づけであったことに変わりはない．初期の字喃は，ベトナム版「万葉仮名」のようなもので，漢字をもとの字形のまま利用した．ただ漢字を同意のベトナム語で読み上げた「訓読み」の例はほとんどみられない．

　地方の碑文の例として，ニンビン省ノン・ヌオック山に14世紀の年代を記す摩崖碑文がある．そこには地名・人名に加えて，数詞や度量衡の単位もベトナム語で記されている（図7.8）．また，現存する資料のなかで古い時代（15世紀）のベトナム語を保存するものとして，日本にも広く流布した漢文仏典『父母恩重経』の漢文・字喃対訳版が知られる．漢文で記された本文の傍らに，逐語訳を基本とした訳文が付されている（図7.9）．

　当初は漢文に紛れたり漢文に従属する形で用いられた字喃だが，民族意識の高揚に伴い字喃自体によって文学作品が書かれるようになる．その形跡を歴史書のなかに探すと，『大越史記全書』に「壬午四年，……時有鱷魚至濾江，帝命刑部尚書阮詮爲文投之江中，鱷魚自去，帝以其事類韓愈，賜姓韓，詮又能國語賦詩，我國賦詩多用國語，實自此始．」(壬午四年（西暦1282年），……鰐が濾江にやってきた時，皇帝が刑部尚書の阮詮に文を書かせて川の中に投げたところ，鰐は自ずと去っていった．帝はその

第7章 アジアのなかの漢字

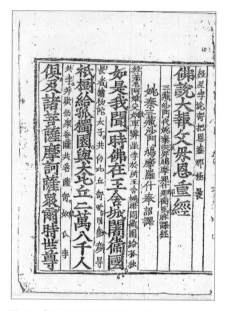

図7.9 『仏説大報父母恩重経』漢文・字喃対訳版

事件が韓愈の故事に似ていることから，阮詮に韓の姓を賜った．詮は国語の賦詩を得意としたことから，わが国の賦詩が国語をよく使うようになったのは，正にこの時からだ．）という記事がみえる．残念ながら阮詮の著作としては『披沙集』の書名が知られるだけで，その中身も含め現代まで伝わるものはない．一方，版本が現代まで伝わる初期の字喃詩集として阮廌(グエンチャイ)（1380〜1442）の『国音詩集』が知られる．阮廌とは，明の軍隊を打ち破り黎朝（1428〜1789）を開いた黎利(レーロイ)（1385〜1433）の参謀として有名だが，早い時期に字喃詩を作り，明への勝利を称えた『平呉大誥(ビンゴーダイカオ)』を著すなど，初期の民族主義者として知られる．明への勝利を契機に，北の国（中国）に対する南の国という意識がより強まると（古田 1995），民族の表現手段として字喃文学が発展し，17世紀から18世紀にかけてその頂点に達した．字喃文学の最高峰としてしばしば言及される阮攸(グエンズー)（1765〜1820）の『金雲翹(キムヴァンキェウ)』*7 は，まさにその時代を代表する作品である．ここにその冒頭部分を字喃とローマ字表記で示す．

聭	醭	𥪞	㙁	𠊛	些		
Trăm	năm	trong	cõi	người	ta,		
𡨸	才	𡨸	命	窖	羅	恄	饒
Chữ	tài	chữ	mệnh	khéo	là	ghét	nhau.
𣦰	過	没	局	𣷭	橷		
Trải	qua	một	cuộc	bể	dâu,		
仍	條	𥊛	𧡊	㐌	切	疸	悇
Những	điều	trông	thấy	đã	đau	đớn	lòng.

（人生百年のなかで，才能の「才」と運命の「命」の字は実によく嫉みあう．
桑田変じて滄海となる「桑の海」のように変化の激しい人生を経るにつけ，目に

---

*7 中国清朝初期の作家青心才人が著した『金雲翹伝』を原作とする翻案文学．六八体で書かれたベトナム屈指の韻文学．

するものすべてに心が痛むことだ.)

太字：平韻，斜体字：仄韻，下線部：押韻箇所

　ここで字喃の構造についてみてみたい．まずは漢字の読み（ベトナム漢字音）だけを利用して，元来の漢字の字形のままその意味を無視してベトナム語の音に当てる「仮借」字がある．そして，それに意味を表す義符が付加された「形声」字がある．実際，字喃のほとんどがそのいずれかに分類される．それ以外の字は多くの場合，漢語そのものを漢字で表記したもの，およびごく少数の「会意」字がみられる程度である．字数は限られるが会意字としてしばしば目にする例として，「天」「空」を意味する「峱」（天＋上，trời）があげられる．上記『金雲翹』の一節に含まれる字喃を分類すると表 7.5 のようになる.

　公式の文書が漢文で書かれる一方，民族文学，地方文書，あるいは漢文翻訳文（演音と呼ばれた）などは 20 世紀初頭まで字喃で書かれ続けたのである.

7.3.3　ローマ字表記

　ベトナムが西洋文化と接触する先駆けとなったのは，16 世紀から始まるヨーロッパ人宣教師によるカトリック布教である．その過程でベトナム語をローマ字で表記するという試みがなされた．そのプロセスはある意味で字喃の発生過程と似ており，ローマのイエズス会本部への書簡がイタリア語やポルトガル語で記されるなか，翻訳が難しい概念（Ông Nghè「進士様」など）が当初は稚拙なローマ字遣いで表記された．現地の文化を尊重しつつ教義を説く「現地主義」の名のもとでベトナム語の研究が進められるなか，ローマ字表記法も徐々に整理されていった．最終的にそれを辞書の形に体系化したのが，アレクサンドル・ド・ロード（Alexandre de Rhodes, 1591～1660）である.

　現在のローマ字正書法（「国語」と呼ばれる）に含まれるローマ字は，ラテンアルファベット 26 文字から f, j, w を除き，子音文字 đ，母音文字 ă, â, ê, ô, ư, ơ を加えた 30 文字，さらに母音に付加される五つの声調記号（a, à, á, ả, ã, ạ）から成る．このような正書法が確立した背景には，イエズス会共通の音声表記法があったものと想像される．その一端がわかる資料として，例えばジョアン・ロドリゲスによる『日本大文典』所収「日本語の発音法に関する論」（土井訳 1955）などがあげられる．同様に，アレクサンドル・ド・ロード『安南語・ポルトガル語・ラテン語辞典（Dictionarium Annamiticum Lusitanum et Latinum)』付録「トンキンの安南語：簡紹（Languae Annamiticae Seu Tunchinensis Brevis Declaratio)」もきわめて重要である．この記述の分析により，当時のベトナム語の音韻体系が浮かび上がると同時に，カトリック教会，特にイエズス会の宣教師達が利用したローマ字使用の一端が見て取れる．例えば，[ʃ] の音を表現するために，ポルトガル語の正書法に従って x を利用したり，[dʒ]

表 7.5 『金雲翹』の一節に含まれる字喃

文字種	字喃	表音要素 （漢字音 ＞ 字喃読音）	表意要素
仮借字	些	ta ＞ ta	「われわれ」
	窖	giáo ＞ khéo	「巧みな」
	羅	la ＞ là	「～である」
	饒	nhiêu ＞ nhau	「互い」
	没	một ＞ một	「一」
	仍	nhưng ＞ những	「(複数)」
	條	điều ＞ điều	「事」
	迤	拖（の略体）đà ＞ đã	「(既然)」
形声字	𡨸	林 lâm ＞ trăm	百「百」
	𢆥	南 nam ＞ năm	年「年」
	𥪝	竜 long ＞ trong	中「中」
	𡎝	癸 quý ＞ cõi	土「世」
	𠊛	碍 ngại ＞ người	人「人」
	𡨸	貯 trữ ＞ chữ	字「字」
	恄	吉 cát ＞ ghét	忄「嫌う」
	𣦰	吏 lại ＞ trải	歴「経る」
	波	彼 bi ＞ bể	氵「海」
	椯	兜 đâu ＞ dâu	木「桑」
	𥄡	龍 long ＞ trông	望「見る」
	𧡊	体 thể ＞ thấy	見「見える」
	忉	刀 đao ＞ đau	忄「痛い」
	疸	旦 đán ＞ đớn	疒「痛い」
	𢙇	弄 lộng ＞ lòng	心「心」
漢字	才	tài	「才能」
	命	mệnh	「運命」
	過	quá ＞ qua	「過ぎる」
	局	cục ＞ cuộc	「局面，一生」

を表現するためにイタリア語の gi を利用したりするのは，『日本大文典』と『安南語・ポルトガル語・ラテン語辞典』で共通する．

　辞書を出版した 1651 年，ロードは同時にキリスト教の要理を説いた『八日間の公教要理（Catechismus in Octo Dies Divisus）』を出版している．その内容をつぶさにみると，ロードが中国あるいはベトナムの古典をしばしば引用しているのがわかる．「呉国の書に曰く」「孔翁の書に曰く」「大明の書に曰く」「安南の書に曰く」で始まる漢文のくだりがそうである．例えば，「呉の文字に『天』がある．解して『一』と『大』の二字，つまり『大いなる一<ruby>はじめ</ruby>』である．しかるに誰が大いなる一であろうか．正に，天地万物を生んだ神こそが大いなる一である．……」（「第一日」p.14）これは明らかに後漢の書『説文解字』にみえる「天，……，从一，大．」を踏まえた記述であり，イエズス会士が現地社会の知識背景に極力配慮していた事実がうかがえる．17 世紀

の在ベトナムイエズス会においては，宣教師達の便宜のためにベトナム語のローマ字表記が進められる一方で，現地の漢語・漢文，および字喃文の重要性も十分に意識されていた（牧野 2005）.

　1880年代なかばから本格化するフランスによる植民地支配のなかで，教会内部でのみ使用されていたローマ字に変化が生じる. 植民地政庁は，王朝で正統な書記言語として使われていた漢字・字喃に代わってフランス語を公用語とする言語政策を展開し，漢字・漢文を基礎とする科挙官僚制度からフランス語による植民地官僚制度への移行を目指した. ベトナム人をよりフランス語に接近させる手段として注目したのがこのベトナム語のローマ字表記法である. 第一の公用語としてのフランス語に次いで，ベトナム語のローマ字表記法を第二の公用語と位置づけ，ローマ字表記法がキリスト教会を抜け出し全土に広まるきっかけをつくった. そのなかでメコンデルタ出身のチュオン・ヴィン・キー（Trương Vĩnh Ký, 1837～1898）のように，ベトナム語のローマ字正書法そのものを「国語^{クオックグー}」と呼び，フランス人にとってはせいぜいフランス語への橋渡しとしか認識されなかったローマ字正書法にフランス語と比肩しうる地位を与えようとした人物なども出現した.

　フランス植民地政庁が教育改革に着手するなか，科挙の廃止に先立って，まず科挙試験にフランス語およびクオックグーを課した事実が知られる（岩月 2005）. その結果，伝統的知識人社会においても，いよいよローマ字を無視することはできなくなった. そして1945年，八月革命以降独立国家を主張するなかで文盲一掃運動が推進され，その習得対象として選ばれた文字が皮肉にもクオックグーであった. 一般大衆にとっては当然のことながら複雑な漢字や字喃よりもローマ字のほうが学びやすかったに違いない. それがベトナム全土のすべての層にクオックグーが広まる直接のきっかけとなったのである.
　　　　　　　　　　　　　　　　　　　　　　　　　　　　　　　　[清水政明]

参 考 文 献

〈1.1 節〉

阿辻哲次, 1989『図説 漢字の歴史』大修館書店.

大西克也, 宮本徹, 2009『アジアと漢字文化』放送大学教育振興会.

河野六郎, 千野栄一, 西田龍雄, 2001『言語学大辞典 別巻 世界文字辞典』三省堂.

大修館書店, 朝日新聞社 編, 1989『「漢字の歴史」展』大修館書店.

〈1.2 節〉

阿辻哲次, 1985『漢字学──『説文解字』の世界』東海大学出版会.

阿辻哲次, 1988「漢字の分類──六書を中心として」『漢字講座 1 漢字とは』(佐藤喜代治 編) 明治書院.

沖森卓也, 2011『日本の漢字 1600 年の歴史』ベレ出版.

落合淳思, 2014『漢字の成り立ち──『説文解字』から最先端の研究まで』筑摩選書.

小池和夫, 2013『異体字の世界 最新版』河出文庫 (旧版 2007).

洪誠, 1984『訓詁学』(森賀一惠, 橋本秀美 訳『訓詁学講義──中国古語の読み方』アルヒーフ 2003).

河野六郎, 1978「轉注考」『東洋学報』59 (3-4)(『文字論』三省堂 1994 所収).

段玉裁, 1815『説文解字注』(中州古籍出版社 2006).

王力, 1980『漢語史稿』中華書局 (2004 年刊の第二版を使用).

朱駿聲, 1848『説文定訓通聲』(中華書局 1984).

〈1.3 節〉

阿辻哲次, 1989『図説 漢字の歴史』大修館書店.

李建植, 2014「韓国固有漢字字形構成方法研究二題」『東アジア固有漢字と辞典編纂』檀国大学校出版部.

オバタ・ライマン エツコ, 1990『日本人が作った漢字』南雲堂.

吉川雅之, 倉田徹 編著, 2016『香港を知るための 60 章』明石書店.

笹原宏之, 2006『日本の漢字』岩波書店.

笹原宏之, 2007a『国字の位相と展開』三省堂.

笹原宏之, 2007b「「蛯」の使用分布の地域差とその背景」『国語文字史の研究』10, 和泉書院.

笹原宏之, 2007c「日本製漢字「蛯」の出現とその背景」『訓点語と訓点資料』118.

笹原宏之, 2012「異体字・国字の出自と資料」『漢字字体史研究』勉誠出版.

笹原宏之, 2013「クシを意味する「串」の来歴」『太田斎・古屋昭弘両教授還暦記念中国語学論集』好文出版.

笹原宏之, 2016「国字(日本製漢字)と誤認されてきた唐代の漢字──佚存文字に関する考察」『東アジア言語接触の研究』関西大学東西学術研究所研究叢刊 51.

清水政明, Lê Th. Liên, 桃木至朗, 1998「護城山碑文に見る字喃について」『東南アジア研究』36 (2).

菅原義三, 1990『国字の字典』東京堂出版.

参 考 文 献

〈**2.1 節**〉

荒川清秀，2014『中国語を歩く──辞書と街角の考現学パート 2』東方選書.

魚住和晃，2010『「書」と漢字』講談社学術文庫（元本 1996）.

江守賢治，1965『漢字字体の解明』日本習字普及協会.

江守賢治，2000『規範のある書道を』（江守賢治国語国字研究所研究紀要第 3 輯）.

小塚昌彦，2013『小塚昌彦 ぼくのつくった書体の話』グラフィック社.

小宮山博史，2009『日本語活字ものがたり──草創期の人と書体』誠文堂新光社.

財前謙，2015『日本の金石文』芸術新聞社.

齋藤希史，2014『漢字世界の地平──私たちにとって文字とは何か』新潮選書.

笹原宏之，2003「異体字とは」『現代日本の異体字──漢字環境学序説』（笹原宏之，横山詔一，
エリク・ロング）三省堂.

佐野光一 編，1985『木簡字典』雄山閣出版.

白川静，1971『金文の世界──殷周社会史』平凡社東洋文庫.

白川静，1972『甲骨文の世界──古代殷王朝の構造』平凡社東洋文庫.

冨谷至，2014『木簡・竹簡の語る中国古代──書記の文化史 増補新版』岩波書店.

冨谷至 編，2015『漢簡語彙考証』岩波書店.

原田種成 編，1989『漢字小百科辞典』三省堂.

藤枝晃，1971『文字の文化史』岩波書店（岩波同時代ライブラリー版（1991）を使用，講談
社学術文庫版（1999）もあり）.

行均，997『龍龕手鏡（鑑）〔高麗本〕』（中華書局 2006）.

〈**2.2 節**〉

犬飼隆，2002『シリーズ〈日本語探究法〉5 文字・表記探究法』朝倉書店.

落合淳思，2011『甲骨文字小字典』筑摩選書.

亀井孝，大藤時彦，山田俊雄，1966『日本語の歴史［別巻］言語史研究入門』平凡社（平凡
社ライブラリー版（2008）は 1976 年の第二版を底本としている）.

笹原宏之，2003「異体字とは」『現代日本の異体字──漢字環境学序説』（笹原宏之，横山詔一，
エリク・ロング）三省堂.

笹原宏之，2006『日本の漢字』岩波新書.

佐藤栄作，2013a『見えない文字と見える文字──文字のかたちを考える』三省堂.

佐藤栄作，2013b「字体とその示し方」（『論集 IX アクセント史資料研究会』）.

杉本つとむ，1974「正字と異体字──または漢字入門」『言語生活』5 月号.

高田智和，2009「常用漢字と「行政用文字」」『新常用漢字表の文字論』（文字研究会 編）勉誠
出版.

冨谷至，2014『木簡・竹簡の語る中国古代──書記の文化史 増補新版』岩波書店.

西原一幸，2015『字様の研究──唐代楷書字体規範の成立と展開』勉誠出版.

根本寛，2015『新筆跡鑑定──事件を見抜く筆跡心理学』三和書籍.

鳩野恵介，2010「『字体』再考」『漢字文化研究』1.

藤枝晃，1971『文字の文化史』岩波書店（岩波同時代ライブラリー版（1991）を使用，講談
社学術文庫版（1999）もあり）.

劉元春，2010『隋唐石刻與唐代字様』南方日報出版社.

張涌泉，1996『敦煌俗字研究』上海教育出版社（2015 年に第二版が刊行）.

〈**2.3 節**〉

井上進，2006『書林の眺望──伝統中国の書物世界』平凡社.

大熊肇，2009『文字の骨組み——字体／甲骨文から常用漢字まで』彩雲出版.

小塚昌彦，2013『小塚昌彦 ぼくのつくった書体の話』グラフィック社.

笹原宏之，2006『日本の漢字』岩波新書.

志村和久，1988「漢字の発達」『漢字講座 1 漢字とは』(佐藤喜代治 編) 明治書院.

杉村邦彦 編，2002『中国書法史を学ぶ人のために』世界思想社.

鈴木広光，2015『日本語活字印刷史』名古屋大学出版会.

文化庁 編，2016『常用漢字表の字体・字形に関する指針 文化審議会国語分科会報告』三省堂.

陳国慶，1957『漢籍版本入門』研文出版 (沢谷昭次 訳 1984).

長村玄，2009『外字管理と文字同定——合理的な文字作成のために』日本加除出版.

根本寛，2015『新筆跡鑑定——事件を見抜く筆跡心理学』三和書籍.

原田種成，1989『漢字小百科辞典』三省堂.

〈3.1 節〉

太田斎，2013『韻書と等韻図』神戸市外国語大学外国学研究所.

平山久雄，1967a「中古漢語の音韻」『中国文化叢書 1 言語』(牛島徳次，香坂順一，藤堂明保 編)
　　大修館書店.

平山久雄，1967b「唐代音韻史に於ける軽唇音化の問題」『北海道大学文学部紀要』15 (2).

古屋昭弘，1996「17 世紀ドミニコ會士ヴァロと『官話文典』」『中國文學研究』22.

吉川雅之，2015「十九世紀在華欧米人の官話像——階級変種・標準変種・地域変種」『ことば
　　と社会』17.

曹志耘 編，2008『汉语方言地图集』语音卷. 商务印书馆.

丁邦新，1975「平仄新考」『中央研究院歷史語言研究所集刊』47 (1).

忌浮，1984「《中原音韵》无入声内证」『音韵学研究』1.

李方桂，1980『上古音研究』商務印書館.

李榮，1952a「四聲三調説」『切韻音系』中國科學院.

李榮，1952b「皇極經世十聲十二音解」『切韻音系』中國科學院.

陸志韋，1946「記邵雍皇極経世的‘天声地音’」『燕京学報』31.

陸志韋，1947「古音説略」『燕京学報』(Monograph series 20)，Harvard-Yenching Institute.

羅常培，1933『唐五代西北方音』國立中央研究院歷史語言研究所.

羅常培，1935「京劇中的幾個音韻問題」『羅常培語言学論文選集』.

羅常培，1939「經典釋文和原本玉篇反切中的匣于兩紐」『中央研究院歷史語言研究所集刊』8
　　(1).

梅祖麟，1983「跟见系字谐声的照三系字」『中国语言学报』(1).

王力，1936「南北朝詩人用韻考」『清華學報』11 (3).

王力，1963『汉語音韵』中華書局.

王力，1985『漢語語音史』中国社会科学出版社.

杨耐思，1981『中原音韵音系』中国社会科学出版社.

尉迟治平，1986「日本悉昙家所传古汉语调值」『语言研究』(2).

赵克刚，1989「《经典释文》郑玄音声母系统研究」『古汉语研究』(3).

郑张尚芳，2003『上古音系』上海教育出版社.

周法高，1953「中國語法札記」『中央研究院歷史語言研究所集刊』24：197-281.

周祖謨，1963「切韵的性质和它的音系基础」『語言学論叢』5：39-70.

Baxter, William H., 1992. *A Handbook of Old Chinese Phonology*. Mouton de Gruyter.

Haudricourt, André Georges, 1954. Comment reconstruire le chinois archaïque. *Word*, 10
　　(2-3).

Karlgren, Bernhard, 1915-1924. *Études sur la phonologie chinoise*. E. J. Brill；K. W.

参 考 文 献　　　　*173*

Appelberg.

Karlgren, Bernhard, 1940. Grammata serica：Script and phonetics in Chinese and Sino-Japanese. *Bulletin of the Museum of Far Eastern Antiquities,* 12.

Maspero, Henri, 1920. Le dialecte de Tch'ang-ngan sous les T'ang. *Bulletin de l'École Française d'Extrême-Orient,* 20：1-119.

Mei, Tsu-lin, 1970. Tones and prosody in Middle Chinese and the origin of the rising tone. *Harvard Journal of Asiatic Studies,* 30.

Norman, Jerry L. and W. South Coblin, 1995. A new approach to Chinese historical linguistics. *Journal of the American Oriental Society,* 115（4）.

Sagart, Laurent, 1986. On the departing tone. *Journal of Chinese Linguistics,* 14（1）.

Sagart, Laurent, 1993. Chinese and Austronesian：Evidence for a genetic relationship. *Journal of Chinese Linguistics,* 21（1）.

Sagart, Laurent, 1999. *The Roots of Old Chinese.* John Benjamins.

Yakhontov, S. E., 1960. Consonant combinations in Archaic Chinese. Papers presented by the USSR delegation at the 25th International Congress of Orientalists, Moscow. Oriental Literature Publishing House.

〈3.2 節〉

岡本勲，1991『日本漢字音の比較音韻史的研究』桜楓社.

佐藤宣男，1998「教育漢字における慣用音」『福島大学教育学部論集（人文科学）』64：1-17.

中澤信幸，2011「呉音について」『日本語学』30（3）：18-29.

沼本克明，1982『平安・鎌倉時代に於る日本漢字音に就ての研究』武蔵野書院.

沼本克明，1997『日本漢字音の歴史的研究』汲古書院.

鳩野恵介，2008「漢和辞典における慣用音の規範」『語文』91：35-46.

湯沢質幸，1996『日本漢字音史論考』勉誠社. 297p.

若松由美，1999「日本漢字音における慣用音の研究」『神田外語大学大学院紀要』5：87-100.

〈3.3 節〉

飯間浩明，2011『ことばから誤解が生まれる──「伝わらない日本語」見本帳』中公新書ラクレ.

石山茂利夫，2001『裏読み深読み国語辞書』草思社（草思社文庫 2012）.

小川剛生，2012『足利義満──公武に君臨した室町将軍』中公新書.

小倉肇，2014『続・日本呉音の研究 第Ⅰ部 研究篇』和泉書院.

洪誠，1984『訓詁学』（森賀一惠，橋本秀美 訳『訓詁学講義──中国古語の読み方』アルヒーフ 2003）.

佐藤喜代治ほか 編，1996『漢字百科大事典』明治書院.

高松政雄，1987「日本の漢字音」『漢字講座 3 漢字と日本語』（佐藤喜代治 編）明治書院.

沼本克明，1982『平安鎌倉時代に於る日本漢字音に就ての研究』武蔵野書院.

沼本克明，1997『日本漢字音の歴史的研究』汲古書院.

沼本克明，2014『帰納と演繹とのはざまに揺れ動く 字音仮名遣いを論ず』汲古書院.

平山久雄，1967「中古漢語の音韻」『中国文化叢書 1 言語』（牛島徳次，香坂順一，藤堂明保 編）大修館書店.

三根谷徹，1956「中古漢語の韻母の体系──切韻の性格」『言語研究』31（『中古漢語と越南漢字音』汲古書院 1993 所収）.

湯沢質幸，1996『日本漢字音史論考』勉誠社.

頼惟勤，1953「上古中國語の喉音韻尾について」『お茶の水女子大學人文科學紀要』3（『頼惟

勤著作集Ⅰ中國語音韻論集』汲古書院 1989 所収).

頼惟勤, 1956「中古中國語の喉音韻尾」『東大中文學會報』7 (『頼惟勤著作集Ⅰ 中國語音韻論集』汲古書院 1989 所収).

頼惟勤 著, 水谷誠 編, 1996『中国古典を読むために——中国語学史講義』大修館書店.

龍宇純, 1971「論聲訓」『清華學報』第九卷第 1・2 期.

〈4章〉

乾善彦, 2006「意味と漢字」『朝倉漢字講座 2 漢字のはたらき』(前田富祺, 野村雅昭 編) 朝倉書店, pp.65-82.

大阪府立近つ飛鳥博物館 編, 2011『倭人と文字の出会い』近つ飛鳥博物館.

小川環樹, 1951「語義沿革挙例」(高田時雄 編, 2011『小川環樹中国語学講義』臨川書店所収, pp.165-249).

沖森卓也, 2003『日本語の誕生——古代の文字と表記』吉川弘文館.

落合淳思, 2011『甲骨文字小字典』筑摩選書.

小林芳規, 1998『図説 日本の漢字』大修館書店.

小松英雄, 2004『みそひと文字の抒情詩——古今和歌集の和歌表現を解きほぐす』笠間書院.

佐竹秀雄, 2006「漢字と表記」『漢字のはたらき』(前田富祺, 野村雅昭 編) 朝倉書店, pp.44-64.

佐藤喜代治, 1981「和語の諸相」『言語生活』359, pp.16-25.

ジスク マシュー, 2009「和語に対する漢字の影響——「写」字と「うつす」の関係を一例に」『漢字教育研究』10, pp.53-78.

ジスク マシュー, 2010「意味の上の漢文訓読語——和語「あらはす」に対する漢字「著」の意味的影響」『訓点語と訓点資料』125, pp.53-78.

ジスク マシュー, 2012「啓蒙表現における漢字を媒介とした意味借用——和語「あかす」の意味変化過程における「明」字の影響」『国語文字史の研究』13, 和泉書院, pp.105-126.

ジスク マシュー, 2015「漢字・漢文を媒介とした言語借用形式の分類と借用要因」『日本語語彙へのアプローチ』(斎藤倫明・石井正彦 編) おうふう, pp.197-213.

白川静, 1970『説文新義』第 6 巻, 五典書院.

白川静, 2004『新訂字統』平凡社.

築島裕, 2007-2010『訓点語彙集成』第 1-8 巻・別巻, 汲古書院.

水上静夫, 1966「「樂」字攷」『日本中国学会報』18, pp.23-37.

峰岸明, 1986『平安時代古記録の国語学的研究』東京大学出版会.

頼惟勤 著, 水谷誠 編, 1996『中国古典を読むために——中国語学史講義』大修館書店.

陳新雄, 1994『訓詁學』上冊, 台灣學生書局.

高明 編著, 2004『古文字類編』中華書局.

林桂榛, 王虹霞, 2014「"樂"字形, 字义综考——《释"樂"》系列考论之二」『南京艺术学院学报』2014：3 (141), pp.68-78.

羅振玉, 1927『增訂殷虛書契考釈』東方学会.

宋蕾, 2009「"脸"字小考」『阅读与写作』10, p.3, 48.

修海林, 2004『中国古代音乐美学』福建教育出版社.

周碧香, 2015『實用訓詁學』第二版, 洪葉文化事業有限公司.

Baxter, William H. and Laurent Sagart, 2014. Baxter-Sagart Old Chinese reconstruction, version 1.1 (20 September 2014). (http://ocbaxtersagart.lsait.lsa.umich.edu/BaxterSagartOCbyMandarinMC2014-09-20.pdf)

Beckwith, Christopher I., 2004. *Koguryo, the Language of Japan's Continental Relatives：An Introduction to the Historical-Comparative Study of the Japanese-Koguryoic Languages with a Preliminary Description of Archaic Northeastern Middle Chinese*. Brill.

DeFrancis, John, 1984. *The Chinese Language：Fact and Fantasy*. University of Hawaii Press.

Gelb, I. J., 1963. *A Study of Writing*, Revised Edition. The University of Chicago Press.

Kennedy, George A., 1951. The monosyllabic myth. *Journal of the American Oriental Society*, 71（3）.

Kennedy, George A., 1955. The butterfly case. Wennti Papers, 8.

Unger, J. Marshall, 2004. *Ideogram：Chinese Characters and the Myth of Disembodied Meaning*. University of Hawaiʻi Press.

〈5.1 節〉

乾善彦, 2003『漢字による日本語書記の史的研究』塙書房.

犬飼隆, 1992『上代文字言語の研究』笠間書院.

犬飼隆, 2002『シリーズ〈日本語探求法〉5 文字・表記探求法』朝倉書店.

犬飼隆, 2005『上代文字言語の研究 増補版』笠間書院.

遠藤邦基, 2010『国語表記史と解釈音韻論』和泉書院.

沖森卓也, 2011『日本の漢字 1600 年の歴史』ベレ出版.

沖森卓也, 笹原宏之, 常盤智子, 山本真吾, 2011『図解 日本の文字』三省堂.

亀井孝, 1957『古事記大成 言語文字篇』平凡社.

亀井孝, 大藤時彦, 山田俊雄 1963『日本語の歴史』第二巻, 平凡社.

小松英雄, 2006『日本語書記史言論』笠間書院.

齋藤希史, 2014『漢字世界の地平──私たちにとって文字とは何か』新潮選書.

サンソム G.B., 1931『日本──その文化のあゆみ』(福井利吉郎 訳『日本文化史』創元社 1951).

田中克彦, 2011『漢字が日本語をほろぼす』, 角川新書.

野村雅昭, 2008『漢字の未来』三元社, 246p.

山田俊雄, 1955「国語学における文字の研究について」『国語学』20.

ルーリー ディヴィッド, 2013『世界の文字史と『万葉集』』笠間書院.

〈5.2 節〉

大島中正, 1989「表記主体の表記目的から見た漢字仮名並列表記形式──いわゆる振り仮名付き表記形式をめぐって」『同志社女子大學學術研究年報』40（4）.

笹原宏之, 2006『日本の漢字』岩波新書.

笹原宏之, 2010『当て字・当て読み 漢字表現辞典』三省堂.

笹原宏之, 2011『漢字の現在 リアルな文字生活と日本語』三省堂.

笹原宏之, 2013『方言漢字』角川書店.

田島優, 1998『近代漢字表記語の研究』和泉書院.

玉村文郎, 1983「「懸文字」のこと──文字による重層的表現の考察」『同志社国語学論集』(同志社国語学研究会 編).

築島裕, 1960「宛字考」『言語生活』7 月号.

野村雅昭, 2008『漢字の未来』三元社.

矢田勉, 2012『国語文字・表記史の研究』汲古書院.

〈6.1 節〉

田中章夫, 1999『日本語の位相と位相差』明治書院.

笹原宏之, 2007『国字の位相と展開』三省堂.

笹原宏之，2011『漢字の現在 リアルな文字生活と日本語』三省堂.

〈6.2 節〉
阿辻哲次，2010『戦後日本漢字史』新潮社.

〈6.3 節〉
香川邦生，2010『四訂版 視覚障害教育に携わる方のために』慶應義塾大学出版会.

〈7.1 節〉
遠藤紹徳，1986『早わかり中国簡体字』国書刊行会.
太田勇，1994『国語を使わない国——シンガポールの言語環境』古今書院.
菅野敦志，2012『台湾の言語と文字——「国語」・「方言」・「文字改革」』勁草書房.
中田正心，1982「標準字体私見——台湾省の「常用国字標準字体表」について」『中央学院大学論叢』17 (2).
林嘉言，1980「第二次漢字簡化方案（草案）の分析と研究」『教養論叢』55.
藤井（宮西）久美子，2003『近現代中国における言語政策——文字改革を中心に』三元社.
松岡榮志，2010『漢字・七つの物語——中国の文字改革一〇〇年』三省堂.
三上喜貴，2002『文字符号の歴史 アジア編』共立出版.
吉川雅之，1997「香港——守れるか言語的ユニティ」『月刊言語』10 月号.
吉川雅之，1999「香港粤語文學作品書目」『開篇』18.
吉川雅之 編，2009『「読み・書き」から見た香港の転換期——1960～70 年代のメディアと社会』明石書店.
吉川雅之，2013「ウェブサイトにおける音声言語の書記——香港粤語と台湾閩南語の比較」『ことばと社会』15.
费锦昌，1997『中国语文现代化百年记事（1892-1995)』语文出版社.
交通及新闻部 编，1989.『十年华语（1979-1989)』交通及新闻部.
邵文利，2004「《第一批异体字整理表》存在的主要问题及其原因」『异体字研究』(张书岩 编)商务印书馆.
吴彦鸿，2008「新加坡街名由来（增订版)」宏砚工作厅.
詹鄞鑫，2004「关于简化字整理的几个问题」『简化字研究』(史定国 编) 商务印书馆.
Ang, Beng Choo, 1998. The teaching of the Chinese language in Singapore. *Language, Society and Education in Singapore*：*Issues and Trends*. 2nd ed. Times Academic Press.
Arumainathan, P., 1973. *Report on the Census of Population 1970, Singapore. Vol. I.* Dept. of Statistics, Singapore.
Dale, Ian R.H., 1980. Digraphia. *International Journal of the Sociology of Language,* 26.
Zima, Petr, 1974. Digraphia：The case of Hausa. *Linguistics,* 124.

〈7.2 節〉
伊藤智ゆき，2007『朝鮮漢字音研究』汲古書院.
菅野裕臣，2004『朝鮮の漢字音の話』神田外語大学韓国語学科.
趙義成 訳注，2010『訓民正音』平凡社.
野間秀樹，2010『ハングルの誕生』平凡社.
吉本一，2016「韓国言語景観の中の漢字」『異文化交流』16. 東海大学外国語教育センター異文化交流研究会.
姜信沆，1987／1990『訓民正音研究』成均館大學校出版部.
김무림，2004『국어의 역사』한국문화사.

参 考 文 献　　　　　　　　　　　　　　　　*177*

김슬옹, 2010／2013『(개정판) 세종대왕과 훈민정음학』지식산업사.
김인호, 2005『조선인민의 글자생활사』사회과학출판사.
김주원, 2013『훈민정음』민음사.
南豊鉉, 2014a『韓國語와 漢字・漢文의 만남』月印.
南豊鉉, 2014b『國語史研究』太學社.
문효근, 2015『훈민정음 제자원리』경진.
박부자 외, 2014『한글이 걸어온 길』국립한글박물관.
박창원, 2011『한글박물관』책문 (성인당).
박창원, 2014『한국의 문자 한글』이화여자대학교출판부.
安秉禧 (2007).『訓民正音研究』서울대학교출판부.
李基文, 1998『新訂版 國語史概說』太學社.
李基文 外, 2005『漢字敎育과 漢字政策에 대한 硏究』역락.
이상규, 2014『한글공동체』박문사.
이상혁, 2004『훈민정음과 국어 연구』역락.
이현희 외, 2014『『訓民正音』의 한 이해』역락.
정우영, 2008「〈訓民正音〉해례본 (해설)」『문화재 사랑』10. 문화재청.
최경봉 외, 2008『한글에 대해 알아야 할 모든 것』책과함께.
허웅, 1974『한글과 민족문화』세종대왕기념사업회.
홍윤표, 2013『한글 이야기』(전 2 권) 태학사.

〈7.3 節〉

岩月純一, 2005「近代ベトナムにおける『漢字』の問題」『漢字圏の近代――ことばと国家』
　東京大学出版会.
土井忠生 訳, 1955『日本大文典』(ジョアン・ロドリゲス 原著) 三省堂.
藤堂明保, 1971「ベトナムの漢字文化の成立」『中国語研究学習双書 3 漢字とその文化圏』光
　生館.
橋本萬太郎, 1960「安南漢字音の一特質」『中国語学』100.
古田元夫, 1995『ベトナムの世界史 中華世界から東南アジア世界へ』東京大学出版会.
牧野元紀, 2005「パリ外国宣教会西トンキン代牧区における布教言語」『ことばと社会』9.
三根谷徹, 1972『越南漢字音の研究』東洋文庫.
陳荊和, 1971『嗣德聖製字学解義歌訳注』香港中文大学.
李連進, 2000『平話音韻研究』広西人民出版社.

索　引

欧　文

Big5　147, 151

JIS 第一水準　136
JIS 第二水準　136

LINE　122

rebus　86

ア　行

『安愚楽鍋』　59
当て片仮名　119
当て字　111
当て読み　120
当てローマ字　119
新井白石　15

域外漢字音　47
位相　60, 123
位相語　124
位相差　123
位相表記　127
異体字　15, 17, 29
移調　94
『一切経音義』　48, 93
佚存文字　17
一等韻　45
吏読　157
意符　3, 10
異文　44
異分析　113
意味　73
意味拡大　78
意味借用　89
意味縮小　79
意味分裂　95
意味変化　78, 85

『韻鏡』　48, 49
隠語　125, 127
印刷字形　35, 37
韻書　47, 78, 81
引伸義　13
韻図　47
陰声韻　45
インターネット　124
韻尾　69
韻母　43
韻目　49
『韻略易通』　53
陰類　69

『浮雲』　59
右文説　10

永字八法　36
亦声　84
粤語　54, 149, 150, 152

押韻　44
王羲之　34, 36
欧文資料　53
大槻文彦　114
送り仮名　133
オーストロネシア語族　44, 148
音節　161
音素　160
音通　126
音符　3, 10, 74
音訳　111
音読み　55, 103

カ　行

開　50
会意　11, 74, 75, 144
会意形声字　10
会意文字　17, 80, 81, 84

介音　68
開音　59
回帰訓　16
回帰字　16
楷書　20, 25, 26, 147
諧声　8, 10
海南語　152
『華夷訳語』　51
外来語　60, 113
何応欽　146
書き換え　112, 120
科挙　163
学習　135
学習指導要領　137, 141
拡張新字体　33
学年別漢字配当表　137, 139
歌詞　111
譌字　34
仮借　3, 12, 44, 74, 75, 111, 167
仮借文字　107
活字　27, 37, 39, 40
科斗文　23
仮名垣魯文　59
歌謡曲　116, 121
カールグレン，B.　43, 47
漢音　55, 56, 58
韓化　85
簡化字　143-145, 150, 153
『簡化字総表』　144
贛語　54
漢語音　43
韓国　109, 114, 140, 154, 162
韓国語　15
漢語拼音　145
『漢語拼音方案』　145
漢字　2, 4, 13
『漢字簡化方案』　143
漢字圏　2
漢字政策　112, 129

索　　引　　　　　　179

『漢書』　93
簡書　44
漢蔵対音　48
簡体字　143, 150
広東語　149
漢文　14
漢文訓読　86, 91, 93, 94
慣用音　15, 61, 64
『罕用國字標準字體表』　147
『干禄字書』　32
官話　51, 53, 54

徽語　54
基準字　94
北朝鮮　154, 162
契丹文字　15
義符　3, 10, 74, 145
『金雲翹』　166
義務教育　130, 137
義訳　111
旧字　33
旧字体　33
教育　135
教育漢字　136
教科書体　27
共時的ダイグラフィア　149
行書　20, 26
『玉篇』　47
許叙　7
去声　46, 52
許慎　6
許容　133, 134
近古音　51
金石学　22
金石文　21
今文　13
金文　6, 21, 23, 43, 75, 83

阮攸　166
阮鷹　166
クオックグー　169
口訣　156
ク語法　91
訓　85, 86
訓仮名　127
訓詁　70, 86
訓詁学　86
訓点語彙　93
訓点資料　90, 94

訓読　86
訓民正音　158
訓読み　86, 103

軽唇音　45
形声　3, 10, 74, 75, 167
形声文字　14, 44
形態素　161
形態変化　46
『経典釈文』　48, 85
系統論　54
外題　116
欠画　42
元曲　51
原住民語（台湾）　148
見組　45
現代日本語書き言葉均衡コー
　　パス　92
『元朝秘史』　51
限定符　74
『元和韻譜』　51

科挙　163
合　50
高位言語　148
『広韻』　49, 78, 81, 82
江永　45
合音　59
合音字　71
『康熙字典』　15, 23, 39, 66,
　　132
康熙字典体　39
公共　130
甲骨文　43
甲骨文字　5, 20, 73, 75-77
好字　107
合字　17
合体　7, 8
顧炎武　45, 46
呉音　55, 56
古今音　108
『古今集注』　111
『国音詩集』　166
国語　137
国語（ベトナム）　167, 169
國語（台湾）　146, 148, 149
国字　14, 16, 116, 121
國字（台湾）　147, 150
呉語　45, 54

誤字　34
『古事記』　87, 104, 115
五四新文化運動　146
戸籍帳　17
呉楚之音　56
国訓　14, 15, 113, 116
『国故論衡』　45
誤読　63
「今年の漢字」　110
コノテーション　112, 118
古文　23
『五方元音』　53
固有名詞　19, 107, 116
『今昔物語集』　18, 94

サ　行

『三国史記』　87
三十六字母　48

『字彙』　35
子音連結　44
演音　167
字音仮名遣い　59
字音語　16
字音の分裂　82
視覚　99
『字学解義歌』　164
視覚障害　141
字義　75, 84, 88, 96
『詩経』　43, 82
字訓　85
字形　29, 34
字源　73, 76
指事　9, 74, 75
字誌　19
字種　28, 29
字書　76, 93
辞書　94
『次常用國字標準字體表稿』
　　146
四声　50, 52
四声一貫　46
四声三調　50
字体　27, 29
次濁　52, 55
『七音略』　48
指導要領　137
社会　132, 140

索　　引

借音　87
借字表記　154
『釈名』　71
借用　96
借用義　89, 91
借用字音　66
借用転成　91
借用統語　91
借訓　87
ジャワ語　152
『集韻』　79, 145, 148
重韻　50
習慣　100
重唇音　45
熟字訓　17, 111, 113, 115, 118
『春秋左氏伝』　93
『小學中國語文科課程綱要（初稿）』　150
「小学篇」　18
省画文字　128
象形　8, 17
象形文字　2, 73, 75
鄭玄　79
湘語　54
上古音　43, 81
照三組　45, 48
上声　52
少数民族　14
小説　111, 116, 121
正倉院文書　18, 100
小篆　7, 9, 23, 24, 26, 76
蒸部　46
章炳麟　45
情報機器　132, 136
抄物書き　33
『将門記』　18
常用漢字　129, 132, 136
常用漢字表　18, 28, 33, 39, 114, 116, 118, 122
『常用國字標準字體表』　146, 150, 151
『常用字字形表』　149
徐鍇　85
女真文字　15
舒声　54
書体　20, 32, 38
初文　13
白川静　78

『事林広記』　51
秦音　56
シンガポール　152
新漢音　60
晋語　54
新字　33
新字体　33
『新撰字鏡』　18
人名　117

『水滸伝』　79
スラング　124

姓　116
清　52
正音　56
正訓　87
声訓　44, 70
正字　30
正歯音　48
正書法　98
正体　30
静態　105
声調　43
声符　3, 10, 44, 46, 74, 144, 145
声母　43, 67
摂　49
『切韻』　47, 78
石経　23, 31
舌上音　45
舌頭音　45
説文　6
『説文解字』　6, 7, 9, 12, 23, 24, 33, 76, 80, 85, 161
『説文解字詁林』　76
『説文解字注』　77
『説文解字繫伝』　85
『節用集』　113
銭大昕　45
全濁　49, 51, 52, 55
全濁音　56

『操觚字訣』　92
草書　20, 25, 144
荘組　54
宋体　27
宋朝体　27, 39
曾運乾　45

俗字　15, 33
仄声字　51
『楚辞』　43
俗解　113
孫詒譲　83

タ　行

体　8
『第一批異体字整理表』　145
『大越史記全書』　163, 165
ダイオーソグラフィア　150, 153
『大漢和辞典』　18
大篆　23
『第二次漢字簡化方案（草案）』　144
『太平記』　94
台湾　146
タミル語　152
段玉裁　8, 12, 45, 77, 85
端組　45

地域訓　14
地域差　123
地域字　14
知組　45
チベット・ビルマ語派　44
地名　115, 116, 128
『中華人民共和国国家通用語言文字法』　145
『中原音韻』　51
中古音　47, 78
中国　15, 111, 114, 143
『中国語言地図集』　54
『中國語文書寫字彙』　149
注釈書　93
籀文　22
『中文字彙研究』　149
字喃　14, 165
潮州語　152, 154
朝鮮　15, 58, 154
朝鮮漢字音　48
朝鮮語　15, 154
直音　44, 48
『塵袋』　111
チワン文字　15

通仮　71

通仮字　82
通則　133
『通用規範漢字表』　145
対馬音　56

低位言語　148
定訓　111
手書き字形　27, 35, 39, 40
転義　75, 78
点字　141
篆書　22, 161
転注　11
伝来漢字音　62

唐音　60
等韻学　45, 49
同音異義語　65
同音異字　65
同音語　118
同訓異字　91
同字　30
動態　105
『同文通考』　15
当用漢字音訓表　115, 118
当用漢字表　33, 72, 112,
　　118, 119, 132
独体　7, 8
『土左日記』　100
土話　45

ナ 行

夏目漱石　114
難読　116

『新字』　17
入声　46, 54, 55
入声韻　45
入声字　52
二等韻　45
日本漢字音　55, 66
『日本書紀』　87
日本製漢字　15
入派三声　53

抜き漢字　119

ノン・ヌオック山碑文　165

ハ 行

帛書　44
白話　116
パスパ文字　51
客家語　45, 54, 148, 152,
　　154
漢越音　164
反切　47
繁体字　150

比較言語学　44, 47
避諱字　42
卑字　107
非組　45
筆跡　36
非鼻音化　56
百姓読み　63, 120
郷札　158
比喩的拡張　80
表意性　74, 82
表意的　86
表意文字　1, 73, 75, 106
表音性　74, 82
表音的　75
表音文字　1
表音用法　107
表記　97
表記感　112, 118, 121
表記誌　19
表形態素音節文字　75
表現力　96
表語　99
表語音節文字　75
表語文字　1, 73, 75, 106
標準字　147, 150
平声　52
平声陰　52
平上去入　50
平声字　51
拼音　145, 153
『拼音』　144
閩語　44, 45, 54
『平呉大誥』　166
閩南語　148, 152-154

フォント　38
藤原定家　100

二葉亭四迷　59
普通話　149
仏教　57, 58, 61
『仏説大報父母恩重経』　166
『風土記』　87
振り仮名　111, 114, 115,
　　118
振り仮名廃止論　112
文脈　105
訓民正音　158

平上去入　50
平話　54
北京語　53, 54
ベトナム　114, 163
ベトナム漢字音　163, 167
ベトナム語　14, 46
変異　19
変化　19

傍訓　115
方言　82, 115, 128
方言字　14
幫組　45
補空　41
『墨子』　83
『墨子間詁』　84
本義　75, 84
香港　149
香港字　151
『香港小學學習字詞表』　150
『香港増補字符集』　151
本字　31
本則　133
翻訳　59, 94
翻訳借用語　91

マ 行

交ぜ書き　97, 100, 112
マレー語　152
漫画　111, 116, 121
『万葉集』　17, 87, 95, 113

水上静夫　77
『名語記』　111
明朝体　27, 39

無声音化　56

メール 122

『蒙古字韻』 51
『文字改革』 144
文字感 112
文字文化圏 2
木簡 17, 18
本居宣長 69
モンゴル語 51

ヤ 行

『訳文筌蹄』 92
役割表記 119

右文説 10
『夢の代』 94

用 8
陽声韻 45

ラ 行

羅家倫 146
羅振玉 77

六書 8, 74, 76, 161
『六書故』 79
李斯 23
吏読 157
略字 33
リンガフランカ 53, 152

『類聚名義抄』 18, 93
類推 81
ルビ 115
ルーリー, ディヴィッド 98

例外 133
隷書 24
隷変 33
レッグ, J. 154
連錦詞 75

六八体 164
ロード, アレクサンドル・ド
  167
『論語』 84, 91, 163

ワ 行

和音 56
和化 85, 88
和訓 86, 93

編著者略歴

沖森卓也
1952年　三重県に生まれる
1977年　東京大学大学院人文科学研究
　　　　科国語国文学専門課程修士課
　　　　程修了
現　在　立教大学文学部教授
　　　　博士（文学）

笹原宏之
1965年　東京都に生まれる
1993年　早稲田大学大学院文学研究科
　　　　博士後期課程単位取得退学
現　在　早稲田大学社会科学総合学術
　　　　院教授
　　　　博士（文学）

日本語ライブラリー
漢　字
定価はカバーに表示

2017年10月25日　初版第1刷
2018年 7 月20日　　　第2刷

編著者	沖　森　卓　也
	笹　原　宏　之
発行者	朝　倉　誠　造
発行所	株式会社　朝　倉　書　店

東京都新宿区新小川町6-29
郵便番号　　162-8707
電　話　03（3260）0141
FAX　03（3260）0180
http://www.asakura.co.jp

〈検印省略〉

© 2017〈無断複写・転載を禁ず〉

教文堂・渡辺製本

ISBN 978-4-254-51617-3　C 3381　　　Printed in Japan

JCOPY ＜(社)出版者著作権管理機構 委託出版物＞
本書の無断複写は著作権法上での例外を除き禁じられています．複写される場合は，
そのつど事前に，(社)出版者著作権管理機構（電話 03-3513-6969，FAX 03-3513-
6979，e-mail: info@jcopy.or.jp）の許諾を得てください．

◆ 日本語ライブラリー ◆
誰にでも親しめる新しい日本語学

立教大 沖森卓也編著　成城大 陳　力衛・東大 肥爪周二・
白百合女大 山本真吾著
日本語ライブラリー
日 本 語 史 概 説
51522-0 C3381　　　　A 5 判 208頁 本体2600円

日本語の歴史をテーマごとに上代から現代まで概説。わかりやすい大型図表、年表、資料写真を豊富に収録し、これ1冊で十分に学べる読み応えあるテキスト。〔内容〕総説／音韻史／文字史／語彙史／文法史／文体史／待遇表現史／位相史／他

立教大 沖森卓也編著　拓殖大 阿久津智・東大 井島正博・
東洋大 木村　一・慶大 木村義之・早大 笹原宏之著
日本語ライブラリー
日 本 語 概 説
51523-7 C3381　　　　A 5 判 176頁 本体2300円

日本語学のさまざまな基礎的テーマを、見開き単位で豊富な図表を交え、やさしく簡潔に解説し、体系的にまとめたテキスト。〔内容〕言語とその働き／日本語の歴史／音韻・音声／文字・表記／語彙／文法／待遇表現・位相／文章・文体／研究

奈良大 真田信治編著
日本語ライブラリー
方 言 学
51524-4 C3381　　　　A 5 判 228頁 本体3500円

方言の基礎的知識を概説し、各地の方言を全般的にカバーしつつ、特に若者の方言運用についても詳述した。〔内容〕概論／各地方言の実態／（北海道・東北、関東、中部、関西、中国・四国、九州、沖縄）／社会と方言／方言研究の方法

立教大 沖森卓也編著　白百合女大 山本真吾・
玉川大 永井悦子著
日本語ライブラリー
古 典 文 法 の 基 礎
51526-8 C3381　　　　A 5 判 160頁 本体2300円

古典文法を初歩から学ぶためのテキスト。解説にはわかりやすい用例を示し、練習問題を設けた。より深く学ぶため、文法の時代的変遷や特殊な用例の解説も収録。〔内容〕総説／用言／体言／副用言／助動詞／助詞／敬語／特殊な構造の文

立教大 沖森卓也編著
名大 齋藤文俊・白百合女大 山本真吾著
日本語ライブラリー
漢 文 資 料 を 読 む
51529-9 C3381　　　　A 5 判 160頁 本体2700円

日本語・日本文学・日本史学に必須の、漢籍・日本の漢文資料の読み方を初歩から解説する。〔内容〕訓読方／修辞／漢字音／漢籍を読む／日本の漢詩文／史書／説話／日記・書簡／古記録／近世漢文／近代漢文／和刻本／ヲコト点／助字／他

立教大 沖森卓也・立教大 蘇　紅編著
日本語ライブラリー
中 国 語 と 日 本 語
51611-1 C3381　　　　A 5 判 160頁 本体2600円

日本語と中国語を比較対照し、特徴を探る。〔内容〕代名詞／動詞・形容詞／数量詞／主語・述語／アスペクトとテンス／態／比較文／モダリティー／共起／敬語／日中同形語／親族語彙／諸声／擬音語・擬態語／ことわざ・慣用句／漢字の数

立教大 沖森卓也・東海大 曹　喜澈編著
日本語ライブラリー
韓 国 語 と 日 本 語
51612-8 C3381　　　　A 5 判 168頁 本体2600円

日韓対照研究により両者の特徴を再発見。韓国語運用能力向上にも最適。〔内容〕代名詞／活用／助詞／用言／モダリティー／ボイス／アスペクトとテンス／副詞／共起関係／敬語／漢語／親族語彙／類義語／擬声・擬態語／漢字音／身体言語

立教大 沖森卓也・白百合女大 山本真吾編著
日本語ライブラリー
文 章 と 文 体
51614-2 C3381　　　　A 5 判 160頁 本体2400円

文章とは何か、その構成・性質・用途に最適な表現技法を概観する教科書。表層的なテクニックを身につけるのでなく、日々流入する情報を的確に取得し、また読み手に伝えていくための文章表現の技法を解説し、コミュニケーション力を高める。

立教大 沖森卓也・東洋大 木村　一編著
日本語ライブラリー
日 本 語 の 音
51615-9 C3381　　　　A 5 判 148頁 本体2600円

音声・音韻を概説。日本語の音構造上の傾向や特色を知ることで、語彙・語史まで幅広く学べるテキスト。〔内容〕言語と音／音声／音節とモーラ／アクセント／イントネーションとプロミネンス／音韻史／方言／語形と音変化／語形変化

上記価格（税別）は 2018 年 6 月現在